北京市教委"北京地区高校科技发展报告"项目资助
北京知识管理研究基地项目

金融学科核心课程系列教材

商业银行经营学

（第二版）

徐文彬　陈雪红　彭娟娟／编著

经济科学出版社

图书在版编目（CIP）数据

商业银行经营学/徐文彬，陈雪红，彭娟娟编著．—2 版．
—北京：经济科学出版社，2014.3
ISBN 978 - 7 - 5141 - 4155 - 9

Ⅰ.①商…　Ⅱ.①徐…②陈…③彭…　Ⅲ.①商业
银行 - 经营管理 - 教材　Ⅳ.①F830.33

中国版本图书馆 CIP 数据核字（2013）第 307265 号

责任编辑：段　钢　卢元孝
责任校对：刘　昕
版式设计：代小卫
责任印制：邱　天

商业银行经营学

（第二版）

徐文彬　陈雪红　彭娟娟/编著
经济科学出版社出版、发行　新华书店经销
社址：北京市海淀区阜成路甲 28 号　邮编：100142
总编部电话：010 - 88191217　发行部电话：010 - 88191522
网址：www. esp. com. cn
电子邮件：esp@ esp. com. cn
天猫网店：经济科学出版社旗舰店
网址：http://jjkxcbs. tmall. com
北京万友印刷有限公司印装
710×1000　16 开　21.5 印张　400000 字
2014 年 3 月第 1 版　2014 年 3 月第 1 次印刷
ISBN 978 - 7 - 5141 - 4155 - 9　定价：38.00 元

编委会名单

丛书主编：葛新权

副　主　编：徐文彬

编　　　委：（按姓氏笔画排序）

王立荣　　王建梅　　王　斌　　孙　静
刘亚娟　　李玉曼　　李宏伟　　陈雪红
侯风萍　　徐文彬　　徐弥榆　　徐　颖
葛新权　　谢　群　　彭娟娟

总　　序

　　随着经济一体化与金融全球化的发展，我国金融改革从 2007 年以来呈现出快速发展的势头，步伐不断加快。因此，现有的金融类教材大都一定程度地存在着金融理论知识滞后于金融改革现实的问题，迫切需要更新，添加近三年金融改革的最新内容。因而，北京信息科技大学经管学院财务投资系教师经过三年多的打磨与研究，着手编写这套金融学科核心课程系列教材。系列教材共包含《金融学》、《国际金融》、《商业银行经营学》、《证券投资学》、《保险学》、《财政与金融学》、《中央银行学》、《金融工程学》等 8 本。

　　本系列教材严格按照教育部关于普通高等院校金融学科教学基本要求编写，以培养应用型经济与金融人才为原则，以在保证基础理论知识系统性的基础上进一步提升系列教材的实用性和针对性为宗旨。本系列教材具有三方面的特色：

　　第一，优化金融学科核心课程结构，减少教材之间的重复。本教材力求改变现有教材涉猎内容过多的现状，减少相近教材内容上的交叉和重复。如，《金融学》中，不再涉及国际金融中的汇率和国际收支方面内容，不再讲授证券投资学中的资产定价内容，不再涉猎金融工程学中金融创新的内容，不再介绍发展经济学中金融深化和金融抑制等内容。在有限的学时内，使教学内容更加突出和明确，从而优化了课程结构，提升教学的针对性，使教材更加具有实用性。

　　第二，为了培养应用型经济、金融人才，添加了金融改革实践的最新内容，其中，重点添加了近三年我国金融改革实践的新内容，同时添加了国际金融业监督管理机构对银行业、证券业、保险业监管的最新要求，并且结合国际、国内金融改革的实践，添加了相应的金融案例分析。

第三，力求理论基础知识与金融实践相结合。主要是三个方面：一是将金融学科专业基础知识的传授与金融从业人员资格考试及金融机构招聘等各类考试的介绍进行适当地结合。即在每一章节相应的知识点处添加了银行从业人员资格考试、证券基金从业人员资格考试、期货人员资格考试内容。添加了经济师考试两门课程——"经济基础知识"和"金融专业知识与实务"的相关内容。二是本学科教学改革的成果与教学内容相结合。三是面对面单纯讲授与金融模拟交易实训及上机实验活动相结合。

教材的最终成果可能会与编写宗旨存在差距，而且也可能存在不足甚至舛误。因此，我们以真诚的心，接受各位专家、学者、同行及使用者的批评与指教，以便我们今后不断完善和改进这一系列教材。

感谢编写委员会全体教师的辛勤劳动，并将此系列教材真诚地献给使用它们的学生们！

北京信息科技大学经管学院

葛新权

2010 年 7 月

前　　言

商业银行经营学是高等院校金融学专业与经济及管理学科下设相关专业的专业基础课程，有多种教材面世且各具特色。

然而近三年来我国银行改革呈现出日新月异的发展态势，教材更新速度远跟不上银行改革的步伐，迫切需要在教材中添加金融改革的新知识和新内容。

因而，我们所编教材进行了以下几方面的尝试，这也是本教材的特别之处：

首先，把实践经验与理论知识有机结合，提升教材的趣味性、实用性。把作者对国内外金融改革热点问题的科研成果应用到教材中，贯穿于相关章节。如书中添加了理论界尚处于探讨和研究的一些内容，意在激发学生思考金融热点问题和学习金融知识的积极性。

其次，在保证专业知识学习的基础上，把银行从业人员资格考试的五门课程公共基础、个人理财、风险管理、个人贷款、公司信贷的部分内容与知识点融入本书的相关章节，提升了教材的实用性，加强了学生对银行业务的操作能力。

第三，由于商业银行经营学是一门偏向实务的课程，因此本教材加重了向银行业务具体操作和实务的倾斜力度。如添加贷款合同填写、各项业务办理的流程和操作规则、表内表外业务监控的风险点等。

第四，由于金融理论抽象且大多从宏观角度论述，理论研究又有许多前提和条件，而实际工作中银行并不完全按照理论知识来办理，业务操作与理论有较大差距，也就是说，即便学好理论，学生仍然不会操作。本书尝试将抽象、笼统、宏观的理论知识具体化。如在讲述商业银行经营发展趋势中，不是笼统介绍混业经营、并购、集约化、网络化等，而是用具体的案例和发展路径来阐述商业银行的发展趋势。

第五，添加国际银行业改革的最新内容和案例。如撰写本教材时正逢国际银行业监督管理协会——巴塞尔委员会提出提高资本充足率，防范金融风险，增加银行抗风险能力。故而，添加了新管理规定的内容，同时用案例说明世界各国银行为达到《巴塞尔资本协议Ⅲ》新标准而做的准备。

本教材共10章，编写分工如下：

葛新权（北京信息科技大学经济管理学院院长、教授、博士生导师）第十章。

徐文彬（教授，博士）第四章、第五章、第六章、第七章、第八章。

陈雪红（讲师，硕士）第二章、第三章、第九章。

彭娟娟（讲师，硕士）第一章。

初稿完成后，编委会成员徐弥榆老师和硕士研究生孙玉奎、王彬彬、刘茜对内容进行了校对，分别校对了1章、5章、3章、1章，并提出了修改意见。定稿后，翟盼盼同学对全部内容进行了校对，同样也提出了改进建议，在此一并感谢。

由于时间紧迫、水平有限，书中难免存有疏漏和不足，恳请专家、读者批评指正。

作 者

2011 年 2 月

目　　录

第一章 商业银行导论

商业银行是适应社会化大生产和市场经济发展的需要而形成的一种金融组织，在金融体系中占有十分重要的地位，发挥不可替代的作用。本章主要介绍商业银行的概念，商业银行的形成与发展、特点与职能，商业银行的组织形式，商业银行经营管理的原则以及我国商业银行体系。

第一节 商业银行的概念、特点及职能

一、商业银行的概念

现代商业银行是以获取利润为经营目标、以多种金融资产和金融负债为经营对象、具有综合性服务功能的金融企业。由于商业银行具有信用创造功能，可以通过吸收存款、发放贷款产生派生存款，因此商业银行一般又被称为存款货币银行。

我国商业银行是指依照《中华人民共和国商业银行法》和《中华人民共和国公司法》设立的吸收公众存款、发放贷款、办理结算等业务的企业。

商业银行是人们长期沿袭下来的习惯称谓。严格来说，这一称谓和它目前的实际含义存在很大差别。首先，最初的商业银行只是专门从事短期性商业融资的机构，而现代商业银行的业务范围已远不限于此；其次，这一名称没有正确反映不同类型商业银行之间的差别；第三，它容易使人产生误解，因"商业"二字而误以为是专业银行，掩盖了它综合性和多功能的特点。但是，由于约定俗成，这一称谓仍为世人所接受。

二、商业银行的形成与发展

(一) 商业银行的形成

在西方，银行最初是在货币经营业的基础上产生的。"银行"（bank）一词源于意大利语 banca 或者 banco，原义是货币兑换商办理业务时使用的板凳。在 14～15 世纪的欧洲，社会生产力有了较大发展，各国的贸易已相当繁荣，特别是意大利的威尼斯、热那亚已成为世界贸易中心。贸易的发展使得欧洲各国（地区）之间的商业往来相应扩大。但由于当时封建割据，不同国家（地区）所使用的货币在名称、成色等方面存在很大的差异，对这些货币进行真伪的识别和兑换就成为商业活动中不可或缺的一部分。货币兑换业务和货币兑换商由此应运而生，后来各国（地区）的商人为了避免携带和保存货币的不便和风险，于是把货币交给货币兑换商保存或者委托他们办理支付和汇兑，货币兑换商开始经营货币保管以及由交易引起的货币支付，至此，在意大利就产生了银行的萌芽——货币经营业，这是近现代银行业的开端。但当时的货币兑换、保管和出纳，都是由货币本身的职能所引起的单一技术性业务活动，与信用活动没有关系。

随着商品经济的发展，贸易及货币流通不断扩大，货币兑换商由于经常能保管大量的货币以及代办支付和汇兑，手中集存了大量货币资金，这便形成了放款业务的基础。与此同时，货币兑换商也不满足于只经营收取一定手续费的技术性业务，而想获得更多的收益。于是，货币兑换商逐渐开始从事信用活动，即利用积聚起来的暂时闲置的货币，从事一些可以获得利息收入的借贷活动。借贷与货币经营业的结合，使货币经营业得到了充分的发展，古老的货币经营业也就发展成为办理存款、放款和货币汇兑的银行业。但在漫长的中世纪，这些初期的银行业虽已具备了银行的本质特征，但它仅仅是现代银行的原始发展阶段。因为这些由货币兑换商演变成的早期银行业的生存基础还不是社会化大生产的生产方式，其放款对象主要是政府和封建贵族，主要从事高利贷放款，他们没有为工商企业的扩大再生产提供资金，因而还不具备广泛的客户基础。

以工商业贷款为主要业务的商业银行，随着资本主义生产关系的产生而产生。随着 18、19 世纪产业革命在英法等国取得成功，资本主义制度得到了基本确立，高利贷性质的银行业已不能满足经济发展对信用的需求，新兴资产阶级需要按低于平均利润率的利息率获得贷款，普遍要求压低利息率，使生息资本从属于商业资本和产业资本。这样，适应资本主义经济发展的现代商业银行的产生有

金融学科核心课程系列教材

了客观的基础。在这种形势下，西方商业银行以两种不同的途径建立起来：一种是早期的高利贷性质的商业银行适应新的商品经济形势，"脱胎换骨"，成为新型的商业银行；另一种是按照资本主义的组织原则，以股份制的形式组建和创立的银行。其中后一途径是主要的。资本主义发展较早的英国，1694 年在政府的帮助下成立了世界上第一家资本主义股份制的商业银行——英格兰银行，标志着资本主义现代银行制度开始形成。从这个意义上说，英格兰银行是现代商业银行的鼻祖。继英格兰银行之后，欧洲各资本主义国家都相继成立了商业银行。从此，现代商业银行体系开始在世界范围内普及。

（二）商业银行的发展

由于西方各国经济、政治发展的不平衡，各国实行的银行制度不尽相同，加上商业银行产生的条件各异，业务经营范围和特点都存在着一定的差异。但从商业银行发展的历史来看，大致有两种类型：

1. 传统式商业银行——英国型

最具代表性的传统式商业银行产生于资本主义发展最早的英国。这一传统深受"实质票据论"的影响和支配。根据实质票据论，资金融通具有明显的商业性质，其主要业务集中于自偿性贷款。所谓自偿性贷款主要是指工商业流动资金贷款，这种贷款一般期限较短，并以实际的票据作为抵押，票据到期后会形成资金自动偿还，因此又称为"真实票据贷款"。这种放款由于同商业行为、企业的产销活动相结合，期限短，流动性高，商业银行经营的安全性就能得到可靠的保证，并能获得相对稳定的利润。例如国际贸易中的进出口押汇与国内贸易中的票据贴现等。

2. 综合式商业银行——德国型

最具代表性的综合式商业银行产生于德国。与英国相比，德国的工业化起步较晚，直到 19 世纪中叶，德国的工业革命才进入高潮阶段。德国商业银行应时之需，不仅为工商企业提供短期周转资金，而且也提供长期固定资产贷款。除此之外，商业银行还直接投资于新兴企业，积极参与企业的决策和发展过程，在技术革新、公司机构调整等方面提供咨询服务，这种综合性的银行业务把商业银行业务和投资银行业务有机地融合到一起。

第二次世界大战以后，由于商品经济发展对资金的需求日益多样化，对金融服务提出了新的要求，特别是由于电子计算机等先进的技术设备在银行业务中的广泛应用，使得商业银行经营的内容、范围及所具有的功能都在不断发展变化。事实上，商业银行发展到今天，所谓的"英国式商业银行"与"德国式商业银行"之间的区别已逐渐消失，明确的分工界限被打破，商业银行的业务范围不断拓展，在大多数国家中，商业银行已由原来的业务单一性银行逐渐成为多功能、综合性的"金融百货公司"。

20 世纪 90 年代，国际金融领域出现了不少新情况，直接或间接地对商业银行的经营与业务产生了深远的影响。主要表现在：银行资本越来越集中，国际银行业出现竞争新格局；国际银行业竞争激烈，银行国际化进程加快；金融业务与工具不断创新，金融业务进一步交叉，传统的专业化金融业务分工界限逐渐缩小；金融管制不断放宽，金融自由化的趋势日益明显；国内外融资出现证券化趋势，资本市场蓬勃发展；出现了金融全球一体化的趋势。这些金融发展趋势的出现必将对今后商业银行制度与业务产生更加深远的影响。

三、商业银行的特点

从商业银行产生和发展的历史过程可以看出，商业银行是以追求最大利润为经营目标，以多种金融资产和金融负债为经营对象，为客户提供多功能、综合性服务的金融企业。其特点有三条：

（1）与一般工商企业相比，商业银行的经营对象不同。商业银行具有一般工商企业的基本特征，拥有业务经营所需的自有资金，依法经营、独立核算、自负盈亏，照章纳税，并且也要把获取最大限度的利润作为自己的最终目标。但商业银行的经营对象与一般工商企业不同。工商企业经营的对象是具有一定使用价值的商品和服务，从事商品的生产和流通，而商业银行是以金融资产和金融负债为经营对象，经营的是特殊商品—货币和货币资本，经营的内容包括货币的收付、借贷以及各种与货币有关的或与之相联系的金融服务。从社会扩大再生产的过程来看，商业银行的经营活动是服务于生产和流通的各个环节，所以它并不直接创造价值、它所获得的利润是产业利润的再分配。

（2）与一般金融企业相比，商业银行的业务更综合、功能更全面。商业银行作为金融企业，与专业银行和其他金融机构都在经济生活中发挥信用中介作用，从这方面讲，商业银行与其他专业银行和非银行金融机构并无本质上的差别。但商业银行的业务更为综合、功能更为全面，它既经营"零售"业务又经营"批发"业务，为客户提供全面的金融服务，特别是它在放款业务中具有信用创造的功能，使得它在国民经济中起着其他金融机构无法比拟的作用，在整个金融体系中处于特殊的地位。

（3）商业银行是金融体系的主体。一般来说，各国中央银行、政策性银行、商业银行和其他金融机构共同组成金融体系，商业银行是金融体系的主体。因为商业银行具有综合性、多功能的特点，它才成为国民经济中融资的主体。它拥有庞大的存、放款金额，成为工商企业短期资金的主要供给者。商业银行还可通过直接进入短期货币市场和长期资本市场成为直接融资的主体。在商业银行资产中，政府债券占有相当比重，商业银行除了自身发行证券，代理客户进入证券市场外，还通过购买工商企业股票成为控股公司的直接参与者。

四、商业银行的职能

（一）信用中介

信用中介是商业银行最基本、最能反映其经营活动特征的职能。这一职能是指商业银行通过负债业务（如吸收存款），把社会上的各种闲散货币资金集中到银行，通过资产业务（如放款），把它投向需要资金的国民经济各个部门，充当资金闲置者与资金短缺者之间的中介人，实现资金的融通。银行大部分经营利润来自发放贷款所获得的利息收入与吸收资金所花费的成本之间的差额。

商业银行通过信用中介职能实现资本盈余与短缺之间的调剂，并不改变货币资本的所有权，改变的只是其使用权。这种使用权的改变，可对经济活动起到一个多层面的调节转化作用，具体而言，体现在三个方面：

（1）变小额资金为大额资本。社会闲置资金分散在千家万户，这些小金额的剩余资金很难直接转换为生产投资资本，但通过商业银行的中介作用，可以积少成多，使那些本不具备生产力的剩余资金转化为货币资本，为扩大再生产提供前提条件。

（2）变消费资金为投资。商业银行可以将用于消费的资金转化为能带来货币收入的投资，扩大社会资本总量，加速经济增长。

（3）变短期资本为长期资本。商业银行的信用中介职能好比是"蓄水池"，可以把短期资本的稳定余额当做长期资本使用，从而把一部分短期资本转化为长期资本，为一些建设工期长的项目提供贷款。在利润原则的支配下，还可以把货币资本从效益低的部门引向效益高的部门，形成对经济结构的调节。商业银行这种借短贷长的功能对促进国民经济的持续、稳定和平衡发展起着重要的作用。

（二）支付中介

支付中介是银行作为货币经营业的传统职能，这种职能是指商业银行以存款账户为基础，为客户办理货币结算、转移存款、货币兑换、收付货币的行为。通过这一职能，商业银行成为工商企业、团体和个人的货币保管者、出纳者和支付代理人，商业银行也因此成为经济过程中的支付链条和债权债务关系的中心。

在现代经济中，各种经济活动如商品交易、对外投资、国际贸易等所产生的债权债务关系，最终都要通过货币的支付来清偿。在这方面，现金支付手段所带来的局限是显而易见的，取而代之的是以商业银行为中心的非现金支付手段。商业银行为客户办理支付、结算业务时，主要方式是账户间的划拨和转移，从而最大限度地节约现钞使用和降低流通成本，加快结算过程和货币资本的周转速度，为社会化大生产的顺利进行提供前提条件。

（三）信用创造

商业银行的信用创造职能是在信用中介和支付中介职能的基础上产生的。这种职能是指商业银行所具有的创造信用流通工具并扩大放款和投资的能力。

商业银行和其他金融机构的一个重要区别是，法律规定它能够吸收各类存款。在部分准备金制度下，当一家商业银行吸收到一笔存款，按规定向中央银行缴纳存款准备金后，可把剩余资金贷给客户；当客户收到贷款后，可能用来支付投资款项，或用作其他支付，但最终会转变成其他人的资金来源；假如其他人把收到的款项存入另一家银行，另一家银行扣除存款准备金后再把剩余款项重新贷给客户……如此循环下去，当初的一笔原始存款将在整个银行体系中形成数倍的派生存款。在不断地创造派生存款的过程中，商业银行发挥着信用创造职能。

当然，商业银行不可能无限制地创造信用，更不能凭空创造信用，它要受以下因素的制约：

（1）要以存款为基础。就每一个商业银行而言，要根据存款发放贷款和进行投资；就整个商业银行体系而言，派生存款是在原始存款的基础上创造出来的，信用创造的限度，取决于原始存款的规模。

（2）受到中央银行存款准备金率、商业银行自身现金准备率、贷款付现率的制约。商业银行的信用创造能力与上述比率成反比。

（3）要有贷款有效需求。如果没有足够的贷款需求，存款就贷不出去，也谈不上信用创造；反之，如果收回贷款，派生存款将会相应地收缩。

（四）金融服务

随着经济的发展，工商企业的业务经营环境日益复杂化，银行间的业务竞争也日益剧烈化，银行由于联系面广，信息比较灵通，特别是电子计算机在银行业

金融学科核心课程系列教材

务中的广泛应用，使其具备了为客户提供信息服务的条件，咨询服务，资信调查服务，对企业"决策支援"等服务应运而生，工商企业生产和流通专业化的发展，又要求把许多原来的属于企业自身的货币业务转交给银行代为办理，如发放工资，代理支付其他费用等。个人消费也由原来的单纯钱物交易，发展为转账结算。在现代经济生活中，金融服务已成为商业银行的重要职能。

商业银行因其职能广泛，对整个社会经济活动的影响十分显著，在整个金融体系乃至国民经济中位居特殊而重要的地位。随着市场经济的发展和全球经济的一体化发展，现在的商业银行已经凸显出职能多元化的发展趋势。

第二节 商业银行的组织形式

一个国家的商业银行组织形式或银行制度是否健全，是否有效率，对经济和金融的发展具有相当重要的意义。一般来讲，在市场经济发达的国家，商业银行的组织形式应遵循以下三条基本原则：

（1）公平竞争、效率至上的原则。这是西方银行制度所遵循的首要原则。竞争是现代商品经济发展的主旋律，只有公平竞争，优胜劣汰，效率高的商业银行才会不断发展壮大，效率低的则最终被淘汰。

（2）安全、稳健原则。商业银行在开展竞争的同时，还必须遵循安全、稳健的原则，即在银行体系中，要防止和限制银行间过度竞争。过度竞争的结果往往导致整个银行体系的脆弱。从银行监管角度出发，商业银行追求利润的内在动力必须服从于稳健经营的前提。为此，各国金融监管当局制定了许多规章制度，限制商业银行过度竞争，从而保证整个银行体系的安全。

（3）规模适度原则。商业银行资本和资产规模，人员数量、业务范围的设定等，必须适度。这是考虑到单位成本和垄断经营等方面的因素。如果商业银行规模太小，单位成本难以控制，竞争实力也不敌大银行；如果商业银行规模太大，容易形成行业垄断，造成权力集中，从而不利于全行业的竞争和发展。

西方经济发达国家一般都是按上述原则来建立商业银行和商业银行制度的。但是，由于各国商业银行产生与发展的经济条件不同，其组织形式存在一定的差异。

一、商业银行的外部组织形式

商业银行的外部组织形式是指商业银行在社会经济生活中的存在形式，从组织结构上看，有总分行制、单一银行制和银行持股公司制；从业务结构上看，有全能银行制和银行分业制；从所有权结构上看，有股份制银行和私人银行。

（一）总分行制、单一银行制和银行持股公司制

1. 总分行制

总分行制，又称分支行制，是一种设有总行同时又在总行之下设立分行的商业银行制度。这是当今许多国家普遍采取的一种商业银行组织形式。

总分行制按总行职能不同又分为总管理处制和总行制。总管理处制是指总行只负责控制各分支行，不对外营业，总行所在地另设对外营业的分支行或营业部。总行制则指总行除管理控制各分支行外，本身也对外营业。

总行对属下分支机构的管理制度有三种类型：

（1）直隶型。总行直接管辖、指挥、监督所有分支机构。

（2）区域型。把所有分支机构划分为若干区，每区设一区域行作为管理机构，不对外营业，其任务是代表总行指挥、监督区域内所属各分支行，各分支行则直接对区域行负责。

（3）管辖行型。选择各分支行中地位较重要的为管辖行，它代表总行管理、监督所辖的分支机构，但它同时也对外办理业务。

上述三种类型彼此是可以交叉的。较大规模的银行，可以根据实际需要，在其组织结构中同时采用上述三种类型。

总分行制的优点在于：

（1）分支机构多，分布广，业务分散，因而易于吸收存款，调剂资金，充分有效地利用资本；同时由于放款分散，风险分散，可以降低放款的平均风险，提高银行的安全性。

（2）银行规模较大，易于采用现代化设备，提供多种便利的金融服务，取得规模效益。

（3）由于银行总数少，便于金融当局的宏观管理。

总分行制的缺点在于：

（1）该制度容易形成金融垄断，使小银行处于不平等的竞争地位。

（2）该制度要求总行对分支机构具备较强的控制能力，要求总行具有完善的信息系统和严密的成本控制手段，否则将造成效益的下降。

（3）分支机构管理人员不像单一银行制管理人员那样关心当地经济的发展，分支机构的经营成果主要由上级行来评价，盈利也要上缴总行，其经营决策自然要依据总行的业务方针来决定。

2. 单一银行制

单一银行制也称独家银行制，其特点是银行业务完全由各自独立的商业银行经营，不设或限设分支机构。单一银行制以美国最为典型。美国是一个各州具有较高独立性的联邦制国家，在历史上，各州经济发展不平衡，尤其是东西部差距较大。为使经济均衡发展，鼓励中小企业的成长，各州都采取许多措施来限制金融权力的集中，均出台银行法禁止或限制开设分支机构，以达到阻止金融渗透、反对金融权力集中、防止银行兼并的目的。近年来，开设分支行的限制有所放松，但也只有40%的州准许银行在本州范围内开设分支行，有三分之一的州允许商业银行在所在地同一城市开设分支行，而南部和中西部的一些州则不允许银行开设分支行。

单一银行制度的优点在于：

（1）限制银行业垄断，有利于自由竞争。

（2）有利于银行与地方政府的协调，能适合本地区需要，集中全力为本地区服务，促进本地区的经济发展。

（3）各银行独立性和自主性很大，经营较灵活，能根据市场环境的变化及时改变经营策略。

（4）管理层次少，有利于中央银行管理和控制。

单一银行制度的缺点在于：

（1）商业银行不设分支机构，与现代经济的横向发展和商品交换范围不断扩大存在着矛盾，同时，在电子计算机等高新技术的大量应用条件下，其业务发展和金融创新受到限制。

（2）银行业务多集中于某一地区、某一行业，容易受到经济波动的影响，筹资不易，风险集中。

（3）银行规模较小，经营成本高，不易取得规模经济效益。

3. 银行持股公司制

银行持股公司制是指由一个集团成立股权公司，再由该公司控制或收购两家以上的银行。在法律上，这些银行是独立的，但其业务与经营政策，统属于同一股权公司。这种商业银行的组织形式在美国最为流行。

银行持股公司使得银行更便利地从资本市场筹集资金，并通过关联交易获得税收上的好处，也能够规避政府对跨州经营银行业务的限制。

银行持股公司制有两种类型。一种是非银行控股公司，另一种是银行控股公司。前者是由主要业务不在银行方面的大企业拥有某一银行股份组织起来的；后者是由一家大银行组织一个控股公司，其他小银行从属于这家大银行。

　　近年来，我国银行控股公司发展迅速，出现了光大集团、中国银行、工商银行、海尔集团、首创集团等金融资本控股和实业资本控股的金融控股公司。我国金融控股公司的发展主要是由于金融业高度管制所造就的垄断利润的存在。同时，通过这种新的组织形式，控股公司的金融创新空间增加，并可以实现金融业的规模经济、范围经济与协同经济。目前，我国对金融控股公司的管理还存在法律缺失、系统内关联交易混乱、资本金重复计算等问题，导致金融控股公司的资本杠杆比率过高，影响集团公司财务安全；庞大的集团公司管理体系使内部管理与风险控制难度加大。这些风险如果得不到有效控制将会危及我国金融与经济的稳定。

（二）全能银行制和银行分业制

1. 全能银行制

　　全能银行制又称综合银行制，也是通常所说的混业经营，是指一种在金融业务领域内没有什么限制的商业银行组织形式。全能银行制商业银行可以经营所有的金融业务，即不仅可以经营普通的存放款业务，也可经营诸如公司债券的承销、包销、对企业投资持股以及保险、信托、租赁等业务。这种银行制度以德国为代表。

　　全能银行制的优点在于：

　　（1）能够快速适应市场。全能银行的多元化经营为银行开发金融产品和开拓业务市场提供了巨大的潜在发展空间，从而极大增强了商业银行对金融市场变化的适应性，抗风险能力，使其能及时根据金融市场的发展变化调节自身的经营管理活动；促进金融创新，拓宽业务范围，增强市场竞争力；业务经营多样化、综合化，资产组合均衡发展，以及证券市场和借贷市场的互补性，利息收入和非利息收入的互补性，使得银行在面对市场风险时，具有较高的灵活性。而且在银行内部，可对一部分业务亏损，用其他部分业务的盈利来补偿，使银行经营更加稳健，有利于整个银行体系保持稳定。

　　（2）全能银行作为"金融百货公司"，提供全方位的金融服务，从而降低服务成本。它通过内部机构之间的业务交叉和外部集团之间的相互持股，发挥整体优势，设计出满足不同客户、不同需求的金融产品组合，并以全能银行的一个窗口，向顾客提供包括存贷款、投资、发债、资产管理、咨询、抵押、保险等内容的全方位综合金融服务，不仅方便了客户，而且降低了信息搜集成本和金融交易成本，不但使单个银行盈利能力提高，整个经济体系的效率也随之提高。

　　（3）稳定、优质的基本客户群是全能银行的法宝。一方面，全能银行模式有利于形成银企之间的利益制衡关系。由于全能银行和客户之间的关系更加全面，双方都不会轻易破坏双方的信任关系，有利于建立一种双方内在的守信机制，这是一种建立在市场及双方共同利益基础之上的持久信任机制。另一方面，因为可以开展投资银行业务，持有或承销工商企业的各类有价证券，甚至作为股东代理机构行使股东权利（如德国、日本的银行），银行与公司客户之间建立了紧密持久的联系。

全能银行制的缺点在于容易导致金融业垄断和商业银行倒闭。

2. 银行分业制

银行分业制，也是通常所说的分业经营，是指不同的金融业务由不同的经营机构经营的一种商业银行组织形式。在银行分业制情况下，商业银行业务与证券业务、保险业务、信托租赁业务截然分离，彼此之间存在明显的业务界限。

银行分业制的优点在于：

（1）由于各种业务由不同的经营机构经营，从而可避免金融业的垄断。

（2）由于业务分开经营，即使某一种业务发生问题，也不至于引发整个金融机构倒闭。

银行分业制的缺点在于：不能最大限度地满足客户的实际需要；业务单一，不利于资产负债结构调整，使银行竞争能力相对较低。

3. 混业经营与分业经营的发展过程

金融业在历史发展过程中，本身并无分业与混业之说。在 20 世纪 20 年代末的大危机之前，西方各国金融业基本上都是混业经营的。1929～1933 年世界经济大危机造成大批银行倒闭，混业经营受到广泛指责。1933 年，美国国会通过著名的《格拉斯—斯蒂格尔法》，确定了银行与证券分业经营的法律框架，随后其他国家如日本、英国等也实行了相似的分业框架。

20 世纪 70 年代，金融自由化思潮逐渐盛行，各国纷纷放松了金融管制。1997 年 5 月，日本进行全面的金融改革，彻底打破了分业经营的界限，金融机构业务迈向混业经营。1999 年 11 月，美国正式颁布《金融服务现代化法案》，它标志着世界金融正处于一个大变革时代，这也表明混业经营是当今经济金融全球化的需要和发展的必然趋势。

我国当前金融业仍实行分业经营。但为了谋求更好的生存与发展空间，近年来国内一些商业银行开始突破分业经营的界限，通过战略联盟、金融控股公司等模式开展综合经营。2003 年 12 月 27 日，全国人大常委会修改通过的《中华人民共和国商业银行法》第四十三条，对混业经营留下了空间。当我国经济发展需要实行混业经营的金融业时，只需国务院做出决定即可。

（三）股份制银行和私人银行

西方商业银行多是采用股份有限公司的组织形式。其特点是，商业银行资本来自银行公开发行的股票筹资，股东是银行所有者，它们根据所持有投票的数量而拥有相应的投票权。

私人银行即独资形式的银行，大多是由西欧大陆 16～17 世纪家族银行特别是德国的家族银行演变而来。银行业主负有无限责任。从 1976 年起，德国当局不允许成立独资银行，新设的私人银行以及部分老的私人银行也成为合伙企业，但其股权不能自由转让或公开上市。

二、商业银行的内部组织结构和管理系统

（一）商业银行的内部组织结构

商业银行的内部组织结构是指就单个银行而言，银行各部门内部及各部门之间相互联系、相互作用的组织管理系统。商业银行的内部组织结构，以股份制形式为例，可分为决策机构、执行机构和监督机构三个层次。决策机构包括股东大会、董事会以及董事会下设的各委员会；执行机构包括行长（或总经理）以及行长领导下的各委员会、各业务部门和职能部门；监督机构即指董事会下设的监事会。

1. 股东大会

现代商业银行由于多是股份制银行，因此股东大会是商业银行的最高权力机构，每年定期召开股东大会和股东例会。在股东大会上，股东有权听取银行的一切业务报告，有权对银行业务经营提出质询，并且选举董事会。

2. 董事会

董事会是由股东大会选举产生的董事组成，代表股东执行股东大会的建议和决定。董事会的职责包括制定银行目标、确定银行政策模式、选举管理人员、建立委员会、提供监督和咨询以及为银行开拓业务。

3. 各种常设委员会

常设委员会由董事会设立，其职责是协调银行各部门之间的关系，也是各部门之间互通情报的媒介，定期或经常性地召开会议处理某些问题。

4. 监事会

股东大会在选举董事的同时，还选举监事，组成监事会。监事会的职责是代表股东大会对全部经营管理活动进行监督和检查。监事会比董事会下设的稽核机构的检查权威性更大，除检查银行业务经营和内部管理外，还要对董事会制定的经营方

金融学科核心课程系列教材

针和重大决定、规定、制度执行情况进行检查，对发现的问题有督促限期改正之权。

5. 行长（或总经理）

行长是商业银行的行政主管，是银行内部的行政首脑，其职责是执行董事会的决定，组织银行的各项业务经营活动，负责银行具体业务的组织管理。

6. 总稽核

总稽核负责核对银行的日常账务项目，核查银行会计、信贷及其他业务是否符合当局的有关规定，是否按照董事会的方针、纪律和程序办事，目的在于防止篡改账目、挪用公款和浪费，以确保资金安全。总稽核是董事会代表，定期向董事会汇报工作，提出可行性意见和建议。

7. 业务和职能部门

在行长（或总经理）的领导下，设立适当的业务和职能部门便构成了商业银行的执行机构。业务职能部门的职责是经办各项银行业务，直接向客户提供服务。职能部门的职责是实施内部管理，帮助各业务部门开展工作，为业务管理人员提供意见、咨询等。

8. 分支机构

分支机构是商业银行体系业务经营的基层单位。分支行里的首脑是分支行行长。各商业银行的分支机构按照不同地区、不同时期的业务需要，还设有职能部门和业务部门，以完成经营指标和任务。

典型的股份制商业银行的组织结构如图 1.1 所示。

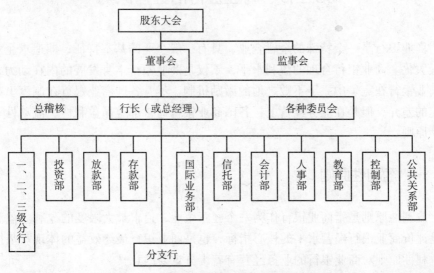

图 1.1 典型的商业银行内部组织结构

（二）商业银行的管理系统

商业银行的管理系统由以下五个方面组成。

（1）全面管理。由董事长、行长（或总经理）负责。主要内容包括确立银行目标、计划和经营业务预测，制定政策，指导和控制及评价分支机构及银行的管理和业务工作。

（2）财务管理。主要内容包括处理资本金来源和成本，管理银行现金，制定费用预算，进行审计和财务控制，进行税收和风险管理。

（3）人事管理。主要内容包括招募雇员，培训职工，进行工作和工资评审，处理劳资关系。

（4）经营管理。主要内容包括根据计划和目标安排组织各种银行业务，分析经营过程，保证经营活动安全。

（5）市场营销管理。主要内容包括分析消费者行为和市场情况，确定市场营销战略，开展广告宣传、促销和公共关系，制定银行服务价格，开发产品和服务项目。

以上五项管理内容分别由各部门分工负责，同时，各部门之间也需相互协作，以实现银行的既定目标。

第三节　商业银行的经营原则

商业银行是一个特殊的金融企业，具有一般企业的基本特征，即追求企业利润最大化。商业银行合理的盈利水平，不仅是商业银行本身发展的内在动力，也是商业银行在竞争中立于不败之地的激励机制。尽管各国商业银行在制度上存在一定的差异，但是在业务经营上，各国商业银行通常都遵循盈利性、流动性和安全性原则。

一、盈利性原则

盈利性原则是指商业银行作为一个经营企业，追求最大限度的盈利。盈利性既是评价商业银行经营水平的核心指标，也是商业银行最终效益的体现。坚持贯彻盈利性原则对商业银行的业务经营有着十分重要的意义。

其一，只有保持理想的盈利水平，商业银行才能充实资本和扩大经营规模，并以此增强银行经营实力，提高银行的竞争能力。

其二，只有保持理想的盈利水平，才能增强银行的信誉。银行有理想的盈利水平，说明银行经营管理有效，可以提高客户对银行的信任度，以吸收更多的存款，增加资金来源，抵御一定的经营风险。

其三，只有保持理想的盈利水平，才能保持和提高商业银行的竞争能力。当今的竞争是人才的竞争。银行盈利不断增加，才有条件利用高薪和优厚的福利待遇吸引更多的优秀人才。同时，只有保持丰厚的盈利水平，银行才有能力经常性地进行技术改造，更新设备，努力提高工作效率，增强其竞争能力。

其四，银行保持理想的盈利水平，不仅有利于银行本身的发展，还有利于宏观经济活动的进行。因为，商业银行旨在提高盈利的各项措施，最终会反映到宏观的经济规模和速度、经济结构以及经济效益上来，还会反映到市场利率总水平和物价总水平上来。

商业银行的利润是收入与经营成本的差额。因此，增加利润只能通过提高收入水平和降低成本来实现。商业银行的收入大致可分为资产收入与服务费收入两部分。资产收入是指从投资与贷款等业务所获取的收入，如贷款利息收入、证券投资收入、同业存放收入、外汇交易收入等，这是商业银行业务收入的主要部分；服务费收入则是指商业银行从事咨询、代理、租赁、信托等业务时获取的收入。20世纪末以来，服务费收入在银行业务收入中所占的比重有逐渐增大的趋势。业务支出则包括利息支出、同业拆借利息支出、职员工资支出、业务费用支出、固定资产折旧等。

一般来说，商业银行利润水平主要受内部经营管理水平的影响，因此提高盈利水平应改善银行的经营管理水平。例如，提高业务收入可以采取提高贷款利率、扩大贷款规模、增加服务手续费、投资高收益证券、尽量降低非营利资产的比例等方法；降低经营成本则可考虑降低存款利息支出、减少各项非经营性支出、降低管理费用、降低职员工资等手段。衡量商业银行盈利水平高低的指标主要包括利润率、资本收益率、资产收益率等。

此外，各种外部的因素对商业银行的利润也有很大影响。例如，国家宏观经济形势的好坏、货币政策的松紧、证券市场行情、金融业的竞争情况等都可能影响银行预期利润水平。

二、流动性原则

流动性是指商业银行能够随时应付客户提现和满足客户借贷的能力。流动性在这里有两层意思，即资产的流动性和负债的流动性。资产的流动性是指银行资产在不受损失的前提下随时变现的能力。负债的流动性是指银行能经常以合理的成本吸收各种存款和其他所需资金。例如从同业拆入资金、向中央银行借款、发行大额可转让存单、从国际金融市场借入资金等。一般情况下，我们所说的流动性是指前者，即资产的变现能力。银行要满足客户提取存款等方面的要求，银行在安排资金运用时，一方面要求使资产具有较高的流动性，另一方面必须力求负债业务结构合理，并保持较强的融资能力。一般来说，为了保证资产的流动性，商业银行主要通过建立两级准备金来实现。

（1）一级准备，又称现金准备，包括商业银行库存现金、在中央银行存款以及同业存款等。由于一级准备的盈利性很低，商业银行应将此类准备金减少到较低的程度。

（2）二级准备，又可称为二级准备金，主要包括短期国债、商业票据、银行承兑票据及同业短期拆借等。这些资产的特点是能够迅速地在市场上出售、贴现，或者能够立即收回，因而流动性很强。商业银行通过持有这些资产可以获得一定的收益，在盈利性方面要优于一级准备。

流动性是实现安全性和盈利性的重要保证。作为特殊的金融企业，商业银行要保持适当的流动性是非常必要的，因为：

（1）作为资金来源的客户存款和银行的其他借入资金要求银行能够保证随时提取和按期归还，这主要靠流动性资产的变现能力。

（2）企业、家庭和政府在不同时期产生的多种贷款需求，也需要及时组织资金来源加以满足。

（3）银行资金的运动不规则性和不确定性，需要资产的流动性和负债的流动性来保证。

（4）在银行业激烈的竞争中，投资风险难以预料，经营目标不能保证能够完全实现，需要一定的流动性作为预防措施。在银行的业务经营过程中，流动性的高低非常重要。事实上，过高的资产流动性，会使银行失去盈利机会甚至出现亏损；过低的流动性可能导致银行出现信用危机、客户流失、资金来源丧失，甚至会因为挤兑导致银行倒闭。因此，作为商业银行关键是要保持适度的流动性。这种"度"是商业银行业务经营的生命线，是商业银行成败的关键。然而这种"度"既没有绝对的数量限制，又要在动态的管理中保持。这就要求银行经营管理者及时果断地把握时机和做出决策。当流动性不足时，要及时补充和提高；当流动性过高时，要尽快安排资金运用，提高资金的盈利能力。

金融学科核心课程系列教材

三、安全性原则

安全性原则是指银行的资产、收益、信誉以及所有经营生存发展的条件免遭损失的可靠程度。安全性的反面就是风险性，商业银行的经营安全性原则就是尽可能地避免和减少风险。商业银行的经营风险主要包括资金构成风险、贷款和投资规模与期限结构风险、贷款客户的信用风险、外部不确定因素引起的风险等。影响商业银行安全性原则的主要因素有客户的平均贷款规模、贷款的平均期限、贷款方式、贷款对象的行业和地区分布以及贷款管理体制等。商业银行坚持安全性原则的主要意义在于：

第一，风险是商业银行面临的永恒课题。银行业的经营活动可从债权与债务两个方面归纳其风险：一方面是银行的债权人要按期还本付息；另一方面是银行的债务人同样要求按期还本付息。这种信用活动的可靠程度是银行经营活动的关键。在多大程度上被确认的可靠性，又称为确定性。与此对应的是风险性，即不确定性。但在银行经营活动中，由于确定性和不确定性等种种原因，存在着多种风险，如信用风险、市场风险、政治风险等，这些风险直接影响银行本息的按时收回，必然会削弱银行的清偿能力，甚至使之丧失。所以，银行管理者在风险问题上必须严格遵循安全性原则，尽力避免风险、减少风险和分散风险。

第二，商业银行的资本结构决定其是否存在有潜伏的危机。与一般工商企业经营不同，银行自有资本所占比重很小。远远不能满足资金的运用，它主要依靠吸收客户存款或对外借款用于贷款或投资，所以负债经营成为商业银行的基本特点。由商业银行的资本结构所决定，若银行经营不善或发生亏损，就要冲销银行自有资本来弥补，银行倒闭的可能性是随时存在的。

第三，坚持稳定经营方针是商业银行开展业务所必需的。首先，有助于减少资产的损失，增强预期收益的可靠性。不顾一切地一味追求利润最大化，其效果往往适得其反。事实上，只有在安全的前提下营运资产，才能增加收益。其次，只有坚持安全稳健经营的银行，才可以在公众中树立良好的形象。因为一家银行能否立足的关键就是银行的信誉，而信誉主要来自于银行的安全，所以要维持公众的信心，稳定金融秩序，有赖于银行的安全经营。由此可见，安全性原则不仅是银行盈利的客观前提，也是银行生存和发展的基础；这不仅是银行经营管理本身的要求，也是社会发展和安定的需要。

四、商业银行经营原则之间的协调与平衡

商业银行的基本经营目标是追求利润最大化、银行价值最大化。商业银行要获得更高的收益，就可能承受更大的风险。但由于银行业自身的特点及其在国民经济中的重要作用，世界各国的金融管理当局采取很多措施来限制商业银行一味追求高额利润的行为，它要求商业银行的经营管理不仅顾及盈利性，同时还兼顾安全性和流动性。

从本质上说，"三性"原则是对立统一的，它们共同保证了商业银行正常有效的经营活动。安全性是前提，流动性是条件，盈利性是目的。只有资金安全得到保证，才能获得盈利；只有保证资金的正常流动，才能确立银行信用中介的地位，各项业务才能正常运行；之所以要保持安全性和流动性，目的就是盈利。然而，安全性、流动性和盈利性之间存在着矛盾。要提高安全性和流动性，必然会削弱盈利性；要提高盈利性，安全性和流动性往往会受到影响。

因此，对银行管理者来讲，一个重要的指导思想应是设法在这些对立统一的经营原则之间寻求平衡，力求在既定的风险水平上实现最高的盈利，或者是在既定的盈利水平上使银行承受的风险最低。

第四节　我国商业银行体系

一、当前我国银行体系的总体格局

改革开放以来，我国的银行业发展很快，逐渐打破了四大国有商业银行一统天下的单一国有银行体系（见图 1.2）。

2009 年，我国银行业金融机构包括政策性银行 3 家，分别为国家开发银行、中国农业发展银行、中国进出口银行；大型商业银行 5 家，分别为中国工商银行、中国建设银行、中国银行、中国农业银行、交通银行；股份制商业银行 12 家，分别为中信银行、中国光大银行、华夏银行、广东发展银行、深圳发展银行、招商银行、上海浦东发展银行、兴业银行、民生银行、恒丰银行、浙商银行、渤海银行，城市商业银行 143 家，城市信用社 11 家，农村商业银行 43 家，农村合作银行 196 家，农村信用社 3 056 家，邮政储蓄银行 1 家，金融资产管理

金融学科核心课程系列教材

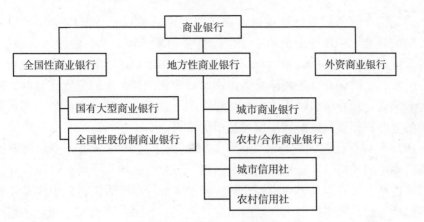

图 1.2 我国商业银行体系

公司 4 家，外资法人金融机构 37 家，信托公司 58 家，企业集团财务公司 91 家，金融租赁公司 12 家，货币经纪公司 3 家，汽车金融公司 10 家，村镇银行 148 家，贷款公司 8 家以及农村资金互助社 16 家。我国银行业金融机构共有法人机构 3 857 家，营业网点 19.3 万个，从业人员 284.5 万人。

截至 2009 年底，银行业金融机构资产总额 78.8 万亿元，负债总额 74.3 万亿元，所有者权益 4.4 万亿元。五家大型商业银行总资产达到 40.1 万亿元。从机构类型看，资产规模较大的依次为：大型商业银行、股份制商业银行和农村中小金融机构，三类机构资产占银行业金融机构资产的份额分别为 50.9%、15.0% 和 11.0%。2009 年，我国商业银行整体加权平均资本充足率 11.4%，基本保持 2008 年底的水平，超过国际平均水平。截至 2009 年底，239 家商业银行资本充足率全部达标，达标银行资产占商业银行总资产的比例达到 100%。

二、我国商业银行体系发展历程

（一）1949 年以前的银行体系

当西方资本主义各国先后建立起自己的银行体系时，中国金融业占统治地位的仍然是高利贷性质的钱庄（起源于明末）和票号（起源于嘉庆年间）。钱庄主要从事存、放款业务，票号则兼营汇兑。鸦片战争后，中国沦为半封建半殖民地社会，外国商品和资本纷纷进入中国市场。随着欧美资本家来华经商者日益增多，为贸易和商业服务的资本主义商业银行也开始陆续在中国设立。1845 年中国出现的第一家新式银行是英国人在广州开设的丽如银行。1897 年 5 月 27 日，经清政府核准，中国历史上第一家中国自办的新式银行——中国通商银行诞生，开辟了中国金融历史的新纪元。同时，它也是中国第一家股份制商业银行，总行设在上海，由时任督办铁路事务大臣、掌管多家洋务企业的盛宣怀创办。其组织制度和经营管理办法模仿汇丰银行，在业务上除经营存款、放款外，还兼办代收库银的业务，并被清政府授予发行纸币的特权。

1927 年以后，国民党当政期间，逐步进入了官僚资本垄断全国金融机构的阶段，除由国民党政府直接控制的中国银行、交通银行和中国农民银行外，还先后兼并控制了历史悠久但规模较小的中国通商银行、四明银行、中国实业银行和中国国货银行，间接控制了江浙财团的"南三行"——浙江实业银行、浙江兴业银行和上海商业储蓄银行，以及被人称作"北四行"的盐业银行、金城银行、中南银行和大陆银行。1935 年，全国有商业银行 165 家，到 1945 年 8 月，银行总行达 416 家，分支行达 2 575 个。除日本设在东北的一批地方性小银行外，1936 年即抗日战争爆发前一年，在华的外国大银行有 32 家。

（二）新中国银行体系的建立与发展

1. 改革开放以前的银行体系（1949～1978 年）

新中国成立初期的银行体系，是在解放区银行机构的基础上，通过接收官僚资本金融业、整顿私人资本金融业而建立起来的。1948 年 12 月 1 日，在原解放区华北银行、北海银行及西北农民银行的基础上，中国人民银行在石家庄成立，并发行各解放区统一流通的货币——人民币。1949 年 2 月，中国人民银行从石家庄迁往北平。当时人民银行的首要任务是，接管官僚资本银行，迅速建立人民银行的各级分支机构。同时，人民政府决定取消外商银行的在华特权，整顿和改造私人金融业。故此，外商银行在华特权和巨额利润消失了，多数外商银行相继申请歇业。中国人民银行在接管官僚资本银行的过程中，按行政区划，先后建立了总行、区行、分行和支行四级机构。到 1951 年年底，除西藏和台湾外，中国人民银行在全国都建立了分支机构，中国人民银行成为一个集中统一的全国性的大银行。同时，还增设了专用银行和其他金融机构，但它们都先后并入或直接接受中国人民银行的领导，由此形成了新中国的金融体系。这些专业银行和其他金融机构主要有农业银行、中国银行、中国人民建设银行和农业信用合作社。

（1）农业银行（主管农村金融）。早在 1949 年 2 月，在接收国民党农民银行和合作金库的基础上，组建了社会主义的农业合作银行，1950 年并入中国人民银行。1951 年农业银行恢复，1952 年因精简机构再次并入中国人民银行。在进入农业合作化高潮之后，1955 年 3 月成立了中国农业银行，但于 1957 年又被撤销。为了加强对国家支农资金的管理，克服 1958 年以来农业管理资金管理上的混乱现象，1963 年 10 月，国家为加强农业工作，增加对农业的资金支持，加强对国家支农资金的统一管理和农村各项资金的统筹安排，中共中央和国务院决定再次成立农业银行。此次农业银行直接归国务院领导，1965 年精简机构，又被归入中国人民银行。

（2）中国银行（主办外汇业务）。其前身是清政府于 1904 年成立的官商结合的"大清户部银行"，后于 1908 年改组为大清银行，1912 年改称为中国银行。中国银行从 1928 年起专营汇兑业务，1949 年由人民政府接管，1953 年确定为公私合营性质，后并入中国人民银行，主要办理外汇业务。

（3）中国人民建设银行（办理国家基本建设业务）。1954 年 9 月 9 日，国务院决定成立中国人民建设银行，1996 年 3 月 26 日更名为中国建设银行。其任务是经办国家基本建设投资的拨款，管理和监督使用国家预算内基本建设资金和部门、单位的自筹基本建设资金。1958 年，建设银行对外保留名义，对内改为财政部基本建设财务司。1962 年，建设银行恢复，1970 年并入中国人民银行，1972 年国务院批准其从人民银行分离出来，再次单设机构，复归财政部领导。

（4）农村信用合作社。我国 1949 年就开始试办农村信用合作社，1952 年 5 月，中国人民银行第一次全国农村金融会议，决定正式在全国农村发展这种金融机构，之后农村信用合作社很快在全国推开。在中华人民共和国成立以来的 60 年中，其他金融机构均有过重大的变化，唯有农村信用合作社比较稳定，不仅机构一直存在并有所发展，而且在商业化改革前始终处于中国人民银行的领导之下。

2. 改革开放以来的银行体系（1979 年至今）

改革开放以来，我国商业银行逐步形成，其途径为两条：一是中国人民银行中分设或新建的专业银行向商业银行转化，二是新建一批商业银行。

1979 年开始，从中国人民银行中先后分设出中国农业银行和中国银行，随后中国人民建设银行也从财政部分离出来，成为独立经济实体。1984 年 1 月，中国工商银行与中国人民银行分设，中国人民银行专门行使中央银行职能，不再办理工商信贷和储蓄业务。至此，中央银行体制开始建立，由中国工商银行、中国农业银行、中国银行和建设银行组成的专业银行体系也开始形成。专业银行建成后，在向国有商业银行转化过程中，进行了一系列改革。

（1）经营管理从计划向市场的转化

①改革传统的信贷资金管理体制。从 1980 年实行"统一计划、分级管理、存贷挂钩、差额控制"管理体制，到 1985 年实行"统一计划、划分资金、实贷

实存、相互融通"的管理政策，迫使专业银行逐步做到资金供求平衡，使它们有更多的信贷资金经营权。20世纪90年代，对专业银行进行了资产负债比例管理和信贷资产风险管理试点，开始实施审贷分离，依法管贷以及指标考核评比稽核等一系列资金管理办法，进一步规范专业银行的经营管理。

②实行业务交叉相互竞争。各专业银行在保持业务特色的同时，都开办了城乡人民币业务和外汇业务；银行和企业之间可以自由选择。通过业务交叉、打破垄断，通过在各专业银行间形成市场竞争的压力，促进其管理、服务水平和经济效益的提高。

③进入市场并加快资金的流动。随着同业拆借市场、票据市场、贴现市场、外汇调剂市场等货币市场在全国范围内的逐步建立，各专业银行利用信贷资金周转过程的时间差、地区差、行际差，以及在金融市场上相互拆借、平衡资金头寸的暂时性余缺，提高资金使用率。

④进行体制改革试点。各专业银行各自进行试点改革，普遍实行了各种形式承包制和岗位责任制，并把经营成果与职工的切身利益结合起来，由机关化管理逐步向企业化管理过渡。

（2）专业银行向商业银行转变

1993年10月，国务院做出了专业银行向商业银行转变的决定，加快了专业银行向商业银行转变的进程。

①成立政策性银行。1994年，国家先后成立了国家开发银行、中国农业发展银行和中国进出口银行三家政策性银行，把国家专业银行所承担的政策性业务划归政策性银行，使专业银行作为国有独资商业银行，从事商业性金融业务。

②新建立一批商业银行。继1987年重组交通银行后，我国陆续建立了中信实业银行、中国光大银行、招商银行、华夏银行、广东发展银行、福建兴业银行、深圳发展银行、上海浦东发展银行、中国民生银行、渤海银行等一批商业银行。1996年后，在对城市信用社进行整顿、改组的基础上，在全国大中城市建立了城市商业银行。这些大银行大都采用股份制形式，一开始就借鉴国际通行做法，按照商业银行的原则运作。由于这些银行实行新体制，没有历史包袱，经营比较灵活，发展相对较快。

③四大国有商业银行市场化改革。1998年财政部发行2 700亿元特种国债，用以补充四大国有商业银行的资本金，使当年的资本充足率达到8%，以满足《巴塞尔资本协议》关于银行资本充足率的要求。1999年，政府又相继成立了四大资产管理公司，将国有商业银行1.5万亿元不良资产予以剥离。2002年，中央更是明确指出，国有商业银行是经营货币的企业，并开始积极推进商业银行的市

场化改革。从 2003 年年底国务院决定将中国银行和中国建设银行作为实施股份制改革试点，到 2009 年中国农业银行股份有限公司成立，整整用 6 年时间基本完成了国有商业银行股份制改革。国有商业银行沿着注资、股份重组、引入战略投资者、公开上市的改革路径，完成了股份制改革，初步建立了现代银行制度。

④2005 年，邮政业务与储蓄业务分开，成立了国家邮政银行。

（3）银行业法规的不断完善

1995 年 5 月，《中华人民共和国商业银行法》颁布，明确了我国商业银行的性质和职责，确立了商业银行的法律地位，规范了商业银行的权利和义务。2003 年 12 月，我国颁布了《中华人民共和国银行业监督管理法》，修订了《中华人民共和国中国人民银行法》和《中华人民共和国商业银行法》。这三部法律对涉及金融体系的发展、金融体制改革的一系列重大问题，如中国人民银行和中国银行业监督管理委员会的职责分工、金融监管的协调机制、商业银行的经营管理、业务运作等问题做出了前瞻性的法律制度设计，为深化金融体制改革留下了空间，这三部法律是完善和深化我国金融体制改革的里程碑。

思　考　题

1. 什么是商业银行？它具有哪些基本职能？

2. 商业银行的经营原则有哪些？怎样贯彻这些原则以及怎样协调这些原则之间的矛盾？

3. 银行组织形式有哪些？近年来，银行控股公司为什么发展迅速？

练　习　题

一、单项选择题

1. 现代商业银行的发展方向是（　　　）。

    A. 金融百货公司   B. 以贷款为主

    C. 以吸收存款为主   D. 以表外业务为主

2. 商业银行的（　　　）被称为第一级准备。

    A. 贷款资产   B. 证券资产

    C. 股票资产   D. 现金资产

3. 最早的具有现代意义的商业银行产生于（　　　）。

    A. 英格兰   B. 法国   C. 美国   D. 意大利

4. 商业银行是（　　　）。

A. 特殊的金融服务企业　　　B. 一般企业

C. 国家机关　　　　　　　　D. 事业单位

5. 最能反映商业银行与其他金融机构相区别的职能是（　　　）。

A. 综合性职能　　　　　　　B. 信用中介职能

C. 信用创造职能　　　　　　D. 金融服务职能

6. 我国商业银行体制的形成是在（　　　）时期。

A. 改革开放以后　　　　　　B. "文革"时期

C. 新中国成立初期　　　　　D. 计划经济时期

二、多项选择题

1. 自 20 世纪 90 年代以来，国际金融领域出现了不少新情况，直接或间接地对商业银行的经营与业务发展产生了深远的影响。这些影响主要表现在（　　　）。

A. 银行资本越来越集中

B. 国际银行业出现竞争新格局

C. 国际银行业竞争激化，银行国际化进程加快

D. 金融业务与工具不断创新，金融业务进一步交叉

2. 商业银行的性质是（　　　）。

A. 具有金融服务职能

B. 以经营金融资产和负债为对象

C. 是向客户提供多功能、综合性服务的金融企业

D. 追求贷款数量最大化

3. 总分行制的优点包括（　　　）。

A. 分支机构较多，分布广，业务分散，因而易于吸收存款，调剂资金

B. 银行规模较大，易于采用现代化设备

C. 由于银行总数少，便于金融当局的宏观管理

D. 管理层次少，有利于中央银行管理和控制

4. 独家银行制的优点有（　　　）。

A. 限制银行业垄断，有利于自由竞争

B. 管理层次少，有利于中央银行管理和控制

C. 有利于银行与地方政府的协调，能适合本地区需要，集中全力为本地区服务

D. 各银行独立性和自主性很大，经营较为灵活

5. 商业银行的基本职能包括（　　　）。

　　A. 信用创造　　　　　B. 支付中介　　　　C. 宏观调控中心

　　D. 信用中介　　　　　E. 经济运行中枢

6. 1994 年，我国先后成立了（　　）等政策性银行。

　　A. 厦门国际银行　　　B. 农业发展银行

　　C. 中国进出口银行　　D. 国家开发银行

　　E. 深圳发展银行

7. 2003 年，我国修订的有关银行业的法律是（　　）。

　　A. 中华人民共和国银行业监督管理法

　　B. 中华人民共和国商业银行法

　　C. 中华人民共和国证券法

　　D. 中华人民共和国票据法

　　E. 中华人民共和国中国人民银行法

三、判断题

　　1. 商业银行是一种以追求最大利润为目标，以经营金融资产和负债为对象的特殊企业。　　　　　　　　　　　　　　　　　　　　　　　　　（　　）

　　2. 商业银行与一般的工商企业没有不同。　　　　　　　　　（　　）

　　3. 商业银行作为一国经济中最重要的金融中介机构，具有不可替代的作用。

　　　　　　　　　　　　　　　　　　　　　　　　　　　　　　（　　）

　　4. 信用中介职能是商业银行最基本也最能反映其经营活动特征的职能。

　　　　　　　　　　　　　　　　　　　　　　　　　　　　　　（　　）

　　5. 商业银行的信用创造职能是在信用中介与支付中介职能的基础上产生的，它是商业银行的特殊职能。　　　　　　　　　　　　　　　　　（　　）

　　6. 在西方，银行最初是在商品经营业的基础上产生的。　　　（　　）

第二章　商业银行资本管理

　　商业银行的资本是指商业银行自身拥有的或者能永久支配使用的资金。不同国家不同性质的商业银行，其资本的构成存在差异，不同的资本项目对商业银行经营有着不同影响。

　　商业银行资本是直接关系到商业银行生存和发展的关键。充足的资本有利于增强商业银行的债权人及社会公众对银行的信任感，有利于商业银行稳健经营和整个金融体系的稳定。商业银行的资本具有多种功能：第一，商业银行资本可以吸收银行的经营亏损，保护银行的正常经营；第二，商业银行资本为银行的注册、组织营业以及存款进入前的经营提供启动资金；第三，商业银行资本有助于树立公众对银行的信心；第四，商业银行资本为银行的扩张、新业务和新计划的开拓与发展提供资金；第五，商业银行资本作为银行增长的监测者，有助于保证单个银行长期和持续性发展。

　　通过本章的学习，了解商业银行资本的含义与功能，熟悉商业银行资本的构成、资本充足性的意义与衡量方法，掌握商业银行资本筹集渠道与管理方法。

第一节　商业银行的资本构成

　　从不同角度或按不同标准可以对商业银行资本进行不同的分类。

　　按资本的不同来源可分为拨入资本和自筹资本两类。其中，拨入资本包括财政拨入和上级银行拨入的资本；自筹资本包括内部自筹和外部自筹的资本。

　　按资本金筹措方式不同可分为产权资本（所有权资本）和债务资本。

　　按资本形成的来源渠道可分为外源资本和内生资本。其中，外源资本主要是普通股股本、优先股股本、资本公积的大部分和债务资本；内生资本是商业银行通过经营活动从内部形成的盈余公积、未分配利润和补偿。

　　按照银行监管部门的不同要求可分为核心资本和附属资本。其中，核心资本

金融学科核心课程系列教材

包括股本和公开储备；附属资本包括非公开储备、重估储备、各种准备金、混合资本工具以及次级债。

本节着重讨论产权资本和债务资本的构成及其特点。大部分产权资本属于一级资本或核心资本，包括股本（普通股和优先股）、盈余（资本盈余与留存盈余）、准备金（资本准备金与损失准备金）等资本形式。债务资本属于二级资本或附属资本，是商业银行通过发行资本票据和资本债券等方式筹措的资金。

一、股本

股本又分为普通股和优先股。商业银行普通股（common stock）和优先股（preferred stock）是银行股东持有的主权证书。银行通过发放普通股和优先股所形成的资本是最基本、最稳定的银行资本。它属于商业银行的外源资本。

（一）普通股

银行普通股构成银行资本的核心部分，它不仅代表对银行的所有权，而且具有永久性质。一方面，银行普通股股东拥有一系列权利：有权参与股东大会，对银行的重大事务（制定和修改银行章程、任免银行董事会成员、决定银行经营大政方针等）进行投票表决；有权分享银行的业务经营成果，获取股息红利；并通过银行规模的扩大、利润上升、资本总额提高而获得股东权益的增加。另一方面，普通股股东又负有一定的责任与义务：与商业银行共担风险，在银行遭受损失时承担股东权益的下降；一旦银行破产倒闭，普通股股东对银行剩余资产的要求权排在存款人、债权人及优先股股东之后。

银行通过发行普通股股票来筹措资本具有如下好处：（1）它是银行永久性使用的资本，稳定性强。在银行经营期间，普通股股东（投资者）不能退股，不得以任何方式抽走资金，而只能依法进行转让，银行不必向股东偿还本金。这样，可以为银行带来长期稳定的资金来源。（2）普通股股东在一定程度上参与决策管理，有助于发挥集体智慧，加强监督管理和实现平衡制约。（3）普通股股息和红利事先不确定，而是根据经营收益的状况来决定。这使得银行经营具有较大的灵活性，可以根据收益的多少支付股息。（4）普通股可以对债权人提供保障，以增强银行信誉。一般来说，银行的普通股数量越大，债权人的保障程度越好，在社会公众中的信誉就越好。

尽管普通股是银行资本的主要组成部分，然而从银行的角度来看，普通股并非是其最具吸引力的外源资本形式。首先，银行面临着银行股东因银行净收入增加而要求增发红利的压力；其次，普通股的交易费用因税后列支而一般高于其他外源资本形式；第三，当银行增发普通股时，大股东因面临股权稀释、失去控股地位而进行阻碍。但是，从金融管理当局的角度而言，银行普通股能起到健全和稳定银行制度的作用，普通股是银行最佳的外源资本来源。

（二）优先股

优先股是指对银行收益和资产的分配权优于普通股的银行股本形式。优先股有固定利息或红利，但不享有参与决策的投票权，它一般没有偿还期。但有的银行在发行股票时规定，经过一定时期后，按照事先约定的价格赎回股票或可转为普通股，即"可赎回优先股或可转换优先股"。优先股又可分为累积优先股和非累积优先股。累积优先股的股息可以累积，也就意味着当当年股息不足既定比例时，第二年会予以补发；非累积优先股则不再补发。优先股是国外大银行常用的外源资本渠道。

通过发行优先股来筹措银行资本的好处在于：（1）优先股无到期日，不存在偿债压力，且优先股的资本成本常低于普通股，银行对优先股股东所支付的股息是固化的，在红利分配的总量上小于支付给普通股股东的股息。（2）优先股股东只按固定比例获取股息，不参加红利分配，因而发行新股不会降低原有优先股和普通股红利，不会影响新发股票的市场价格，不会削弱银行股票的市场吸引力，且易被原有的股东所接受。（3）优先股股东不享有决策投票权，无权参与对银行的管理，不会削弱原有股东对银行的控制权，不会影响银行既定的经营决策。（4）银行在正常情况下，运用优先股资金进行营运，其所得利润高于支付给优先股股东的固定股息。这样，既可以增加银行的总收益，又可以提高银行财务杠杆的效力。

发行优先股筹措资本对银行经营的不足之处包括：（1）固定的股息支付使银行减少了经营中的灵活性，同时，也加重了银行经营困难时的负担。（2）固定的股息，其收益能力有限，这对投资者的吸引力不是很大。（3）优先股的发行超过一定限度，势必造成普通股在资本总量中所占比重下降，降低银行的信誉水平。

二、盈余：资本盈余与留存盈余

盈余也是银行资本的重要组成部分。由外源资本渠道形成的盈余称为资本盈余，而由内源资本渠道形成的盈余称为留存盈余。它们都属于权益资本的范畴。

（一）资本盈余

资本盈余的构成较为复杂，包括超缴资本、资本增值、资本馈赠等内容。

资本盈余（capital surplus）主要由投资者超缴资本所为。商业银行在发行普通股时通常采用溢价发行方式，那么银行通过股票筹资所取得的筹资额必然大于按面值所确定的金额（股本），这超过股本以上部分构成资本盈余的主体。资本盈余并非商业银行的利润，而是普通股股东投资股本的一部分，因而应列入缴纳的股本总额中。

资本盈余除反映超缴资本外，还反映银行资本的增值部分，反映接受捐赠所增加的资本等。

资本盈余是调节银行资本、制定股息政策的一个重要项目。当银行决定增加注册资本时，可将资本盈余划转股本来实现或部分实现这一目的。在企业不盈利或少盈利情况下，企业可以动用资本盈余发放股息。

（二）留存盈余

留存盈余（retained earnings）是尚未动用的银行累计税后利润部分。商业银行在进行年终结算时，一般不会将全部利润作为投资收益分给股东，总是会留下一部分作为留存盈余，用于商业银行扩大经营、增强流动性、偿还借款，或者为营业中可能发生的损失预先做准备等。

留存盈余是商业银行普通股股东权益的重要组成部分，是每年年末未分配利润积累而成的，是银行进行资本内部筹集最便捷的方式。留存盈余作为银行筹措资金的一种方式，具有如下的好处：（1）只需进行会计上的处理便可增加资本总量，比其他资本筹集方式都要容易。（2）留存盈余有益于银行未来的发展，而且不会削弱银行原有股东的控制权。（3）由于收取股息要缴纳所得税，因此将盈余以留存盈余的形式留在银行中可使股东免交所得税。但是，通过留存盈余的方式来增加资本毕竟有限，其金额往往不能满足商业银行对资本增加的需要。此外，进行盈余留存还涉及银行股东利益与管理层利益、短期利益与长期利益的权衡与博弈。

三、准备金：资本准备金与损失准备金

准备金是商业银行为了防备未来可能出现的亏损而设立的，以便一旦出现亏损而进行弥补的准备金，可以列入银行的附属资本范畴，它包括资本准备金和损

失准备金两部分。

（一）资本准备金

资本准备金（capital reserves）又称为资本储备金，指商业银行从留存盈余中专门划拨出来用于应付即将发生的有关股本的重大事件的基金。例如，商业银行为了赎回优先股或可赎回资本债券，或为了偿还债券本息，往往建立偿债基金。有时为了保护投资者的利益，在证券发行条款中常常要求商业银行每年或每半年提取一部分资金建立偿债基金。有时，商业银行也会根据其自身的经营需要从留存盈余中划拨部分资金充当资本准备金。资本准备金逐年积累，一次或多次使用，是商业银行资本的组成部分。

（二）损失准备金

损失准备金（reserves for losses）是指商业银行为了应付意外事件对商业银行带来损失而建立的基金。损失准备金主要包括贷款损失准备金和证券损失准备金两类，它们是从商业银行的税前利润中提取出来，用于弥补可能发生的贷款呆账损失和证券投资损失的基金。如果损失准备金在补偿贷款及证券投资损失之后还有余额的话，这一余额具有一定的资本特征，起着资本维护的职能和作用，故所有权归投资者（股东）所有，可按金融监管当局所规定的方式计入银行资本之中。

损失准备金作为资本形式之一，对银行经营的好处在于：（1）它是逐年累积的，提留时不会对当年分红产生剧烈影响。（2）能够避免因资产损失而对银行经营和当年收益产生的不利影响。（3）从税前利润中提留准备金，具有降低银行应税利润从而降低所得税的功效。

不过，作为银行资本组成部分之一的损失准备金具有明显的不足：（1）过多提留准备金会减少银行当年利润和分红，会影响普通股票的市场价格。（2）金融管理当局往往都对各种准备金的提留比例加以规定，因此，银行不可能大量提留准备金来增加资本。

四、债务资本：资本性票据和资本性债券

债务资本是 20 世纪 70 年代以来西方发达国家的银行广泛使用的一种外源资本。债务资本从本质上与一般票据和债券没有太大的区别，都是有固定利息率与期限的金融工具，但是它又具有某些资本的性质：（1）期限较长，通常在 10 年

以上。(2)债务资本所有者的求偿权排在各类银行存款所有者之后。因此,债务资本也称为后期偿付债券。

债务资本有若干种类,通常包括资本性票据和资本性债券两大类。

(一) 资本性票据

资本性票据(long-term capital note)是一种以固定利率计息的小面额后期偿付证券。票据的期限为 7~15 年不等。它可以在金融市场上公开出售,也可向银行的客户推销。

(二) 资本性债券

资本性债券(long-term capital debenture)又称作长期次级债券(long-term subordinated debenture),是指商业银行发行的、本金和利息清偿顺序列于商业银行其他负债之后、先于商业银行股权资本的债券。资本性债券形式多样,通常包括可转换后期偿付债券(convertible subordinated securities)、浮动利率后期偿付债券(variable-rate subordinated securities)以及选择利率后期偿付债券(option-rate subordinated securities)等。

对商业银行来说,以资本性票据和资本性债券方式筹集资本的好处主要有:(1)资本性票据和债券的利息是税前支付的,利息作为费用在征税前被扣除,因此具有节税效应,可以减轻银行的税收负担。(2)相对于长期存款来说,它不必缴交存款准备金,也不用参加存款保险,其管理成本低于长期存款管理费用,这有利于降低银行的经营成本。(3)资本性票据和债券的债权人除按规定获取利息外,不参加商业银行的资产收益分配,也无权参加经营决策和控制,所以增加发行这种债券,既不会影响普通股分红,又不会削弱普通股股东对银行的控制权。(4)许多国家规定对资本性债券的利息所得免征所得税,因而便于推销这种债券,降低商业银行的筹资成本。

但是,商业银行通过发行资本性票据和资本性债券方式筹集资本也有不利之处:(1)银行每年必须对其要支付固定利息,这样,当银行盈利水平下降时,普通股股东收益下降的幅度将更大;同时,也可能使银行的财务状况恶化。(2)资本性票据和债券作为债务资本不是永久性资本,商业银行无论是否破产都不能用这种债务资本来弥补资产损失。此外,如果这种债务资本比重过大,会使商业银行无法弥补其亏损而难以稳健持续经营,从而增加破产风险。(3)商业银行债务资本的支付与处理必须服从事先约定的事项,这就限制了商业银行的股息分配、银行合并和资产的自由转移,因而,可能减少银行经营的灵活性。

第二节　商业银行资本的充足性

资本充足性是银行安全经营的要求。商业银行的债权者均希望银行拥有充足的资本来保障他们债权。社会公众与金融管理当局也要求商业银行保持资本充足，以防止银行冒险经营，保证金融稳定地发展。从银行自身管理要求而言，保持充足的资本是其安全经营、稳定发展的前提。因此，银行持有充足的资本是风险管理的要求，也是在安全经营基础上追求更多利润的保障。

一、资本充足性的含义

所谓资本充足性是指银行资本应保持适度的水平，使商业银行既能承担风险损失、保护存款人和债权人利益，又能正常营运、获取盈利。

关于资本充足性，各国商业银行资本标准与规定各不相同，其主要区别在于各国对资本构成要素的规定不同。但在《巴塞尔资本协议》原则下，银行资本的规定有着如下的共同之处：（1）银行的最低资本限额应与由银行资产结构决定的资产风险相联系，资产风险越大，资本限额要求越高。（2）银行持股人的股本被认为是最重要的第一类资本或核心资本。（3）银行资本最低限额为其风险资产的8％，其核心资本不能低于风险资产的4％。（4）在银行资本要求方面，国际间竞争使得大银行的资本大致达到了较为标准或相近的水平。

商业银行资本的充足性包括资本数量的充足和资本结构的合理两个方面的内容。

（一）资本数量的充足

数量充足是指银行资本数量必须超过金融管理当局所规定的能够保障正常营业并足以维持充分信誉的最低限额，这通过资本充足率的情况反映出来。同时，资本数量充足也包含资本适度的含义，即保持过多的资本是没有必要的，过高的银行资本会使银行财务杠杆比率下降，增加银行筹集资本的成本，最终影响银行利润。因此，对商业银行而言，资本充足性是资本适度，并非数量越多越好。当然，银行资本过低，会增加对存款等其他资金来源的需求，使银行边际收益下降，对银行也是不利的。所以商业银行必须保持适度的资本量。

商业银行资本数量的充足性受其经营规模和金融部门管理规定等因素的影

金融学科核心课程系列教材

响，因此很难对其适度性进行界定。通常，商业银行均将金融管理当局设定的最低资本限额作为资本数量充足的标准。

但是，在考虑银行直接资本成本以及因资本量变动引起银行其他成本变动的基础上，我们会发现这样一个规律：随着银行资本量的变化，资本成本也随之变化。如果我们用资本/总资产比率（K/A）表示银行资本数量，作为横坐标；把资本成本（C）作为纵坐标，我们会得到一个 U 形的资本成本曲线（KCC）的运动轨迹，见图 2.1。图中，总资本成本曲线（KCC）最低点所对应的资本/总资产比率（K/A）*所决定的资本数量，就是商业银行的最适度资本量。此外，不同规模的商业银行最适度资本量也不尽相同。中小银行由于规模小、信誉低、业务种类少、负债能力差，通常保持较高的资本/总资产比率，资本成本也较高。而大银行的最佳资本/总资产比率相对较低，资本成本也往往较小。

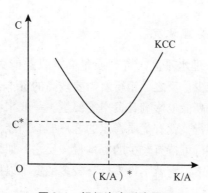

图 2.1　银行资本适度原理

（二）资本结构的合理性

资本结构的合理性是指各种资本（例如普通股、优先股、各种盈余、各种准备金以及债务资本）在资本总额中占有合理的比重。从静态而言，资本结构是指债务资本与股权资本的比例关系，或债务资本在总资本中所占的比重。从动态而言，资本结构是指商业银行在完善的资本市场中筹集资本各种方式的先后顺序，即各种融资方式的选择。合理的资本结构可以尽可能地降低商业银行的经营成本与经营风险，从而增强经营管理与进一步筹资的灵活性。

商业银行资本结构受其经营情况变动的影响。此外，贷款需求和存款供给是否充足也会极大地影响资本的结构。

二、影响银行资本需要量的因素

影响商业银行资本需要量的因素很多，除一国金融管理当局要求银行必须保证的资本充足利率外，其他影响因素还有：

（一）经济发展状况

一国的经济发展状况是直接影响商业银行业务活动的根本因素。经济发展状况正常，国内需求旺盛，工商企业生产经营顺利，市场繁荣稳定，银行存款就会稳定增长，其资产质量较高，呆账坏账发生的概率较小，因而需要银行持有的资本量较少。反之，一国经济发展状况不佳，银行则需保持较为充足的资本来应付各种意外事件的冲击。

（二）银行经营管理状况

商业银行的经营管理水平高，资产质量高、收益能力强，其抵御风险能力强，资本需要量相对较少。反之，银行就需要较高的资本金来抵御风险。

此外，银行的信誉高低也影响其资本需要量。一般来说，信誉好、业务范围广、资本实力雄厚的银行，就有优质稳定的客户群。当经济形势不佳时，存款客户不会大规模提款，银行可持有较少的资本量。反之，如果一家银行信誉低、资本实力薄弱、业务范围窄，它就不得不持有较多的资本以控制和防范风险。

（三）负债结构状况

银行负债结构主要指流动性不同的各种负债的组合。负债结构中流动性比重大小不同，银行所需的资本也不同。由于银行的活期存款存取比较频繁、流动性较大，若负债结构中活期存款比重较大，那么银行就必须保持较多的资本储备，以满足客户随时支取存款的需要。定期存款是稳定性较强的负债，若银行负债结构中定期存款的比重较大，那么银行资本需要量相对较小。

（四）金融市场发达程度

一方面，一国金融市场越发达，企业筹集资金的渠道就越多，企业因资金周转困难而面临的经营风险大大减少，银行对企业的贷款质量较高，呆账坏账发生的比例降低，需要的资本量相对较少。另一方面，银行也可以通过各种形式从金融市场融资，来满足其流动性的需求，这样，银行持有的资本可以相应减少。反之，银行的资本需要量就要增大。

（五）国际法规

伴随着全球经济一体化的浪潮，有关银行国际监管的法规条例对银行资本需要量产生重要的影响。1975 年在瑞士巴塞尔成立的国际清算银行关于银行管理和监督活动常设委员会（简称巴塞尔委员会）推出的《巴塞尔资本协议》对商业银行的资本充足率做出了严格的规定。各国金融管理当局和商业银行均按该协议的相关标准来要求与规范银行的资本充足率。

三、银行资本充足性的衡量

商业银行资本充足性的衡量是一项复杂的工作，常用的方法有直观的指标（各种比率）衡量法和综合诸多因素的综合衡量法。

（一）银行资本充足性的衡量指标

西方各国衡量银行资本是否充足的方法是将资本与影响银行风险大小的某些重要的资产负债变量相联系，通过规定相应的资本比率作为资本充足性标准。资本比率在评价银行资本充足性方面最直观，同时，也最能为分析测试者所理解和接受。常见的用于测定银行资本充足性的指标包括：

1. 资本/存款比率

这是最早的用来衡量银行资本充足性的指标，它明确表示了存款人享有的资本保障程度。第二次世界大战前各国金融管理当局普遍要求银行保持 10% 左右的资本/存款比率。该比率在第二次世界大战前流行，一直被认为能够满足存款者的安全要求。但是，该比率最大的缺陷在于没有看到银行损失主要来自于资产（贷款与投资）运用方面。

2. 资本/总资产比率

它明确将资本的需要量与银行资产联系起来，要求银行资本额随着资产数量的增加、风险的扩大而相应增加。该比率在第二次世界大战期间与其他指标并行使用，一般要求达到 7%。资本/总资产比率简单易行，考虑到了资产运用风险对银行资本充足性的影响，但它也存在明显的不足，即未能区别不同资产风险程度的差异。

3. 资本/风险资产比率

该比率明确将资本的需要量与那些可能发生损失的资产（风险资产）联系起

来，比资本/总资产比率的认识更深一步。一般认为，该比率至少要达到 15%。比率中的风险资产是指不包括商业银行第一、第二级准备金在内的资产，例如银行的中长期贷款、长期债券、股票投资等，只有这些风险资产才有必要考虑其保障程度。该比率将不必由资本给予保障的资产排除在外，较多地体现了资本抵御资产意外损失的功能，比前两个指标更具科学性，但其对风险资产的划分过于粗略，对风险测算的精确度也不高，因此，它不能有效地衡量银行资本的充足性。

（二）银行资本充足性的衡量方法

上述衡量商业银行资本的指标仅仅是从资产数量及结构进行评估，而影响银行资本需要量的因素是多样的，还包括银行的经营管理水平、负债结构等。因此，要将影响商业银行所需资本量的各种因素均考虑进来，进行综合分析。

1. 纽约公式

纽约公式，又称资产分类比率法或资产结构比率法，是 20 世纪 50 年代初期由美国纽约联邦储备银行设计的。该方法根据商业银行资产风险程度的差异，将银行资产分作六类，并分别对每类资产规定了各自的资本要求比率。

（1）无风险资产，包括现金、同业存放、短期国债等第一、第二级准备金等流动性很强的资产。这类资产流动性高，风险极低，不需要资本作担保。

（2）低风险资产，包括 5 年期以上的政府债券、政府机构债券、优质的商业票据、安全性较好的高信用担保贷款等。这些资产的流动性较高，风险较小，纽约公式对之要求了 5% 的资本保障。

（3）普通风险资产，包括除政府公债之外的证券投资和证券贷款，又称为有价证券资产。由于这些资产的风险较大、流动性也较差，因而需要 12% 的资本保障。

（4）风险较高资产，包括那些对财务状况较差、信用水平铰低、担保不足的债务人的贷款。这类资产至少要求有 20% 的资本作为保障。

（5）有问题资产，包括超过偿付期限的贷款、可疑贷款、股票、拖欠的债券等。银行持有的此类资产遭受损失的概率很大，故其风险权数为 50%。

（6）亏损了的资产或固定资产。亏损资产是指已经给银行造成损失、完全不可收回的资产；固定资产是银行生存、发展、开展业务的物质条件，是被固化了的资本。这类资产应由银行资本金抵偿，因而需要 100% 的资本保障。

在确定不同资产的风险权数之后，商业银行只需将六类资产额分别乘以各自的资本资产要求比率并加总，就得到商业银行所需的最低资本量。

纽约公式克服了以前各种资本衡量指标方法的不足，对银行表内资产的风险进行了比较精确的划分，具有相对的科学性。其基本思想被在银行资本衡量与管理方面具有国际权威的《巴塞尔资本协议》所采纳。

2. 综合分析法

人们发现，银行资本充足性不仅受其资产数量与结构、存款数量的影响，还与银行经营管理水平、资产流动性等因素密切相关。20 世纪 70 年代，美国开始采用综合分析法来衡量银行资本充足性。该方法认为影响资本充足性的数量与非数量因素主要有八种：（1）银行的经营管理水平；（2）资产的流动性；（3）收益及留存盈余；（4）存款结构的潜在变化；（5）银行股东的特点和信誉；（6）营业费用的数量；（7）营业程序的有效性；（8）银行满足本地区现在与将来需求的能力。

综合分析法虽然全面，但具有明显的非数量性与不确定性，只能估计资本的大致需要量，在判断上常常带有主观性，影响分析结论的准确度。因此，在实际工作中，人们通常会把综合分析法与资本充足性的各项衡量指标结合起来运用。

（三）《巴塞尔资本协议》

1.《巴塞尔资本协议》有关资本的界定

《巴塞尔资本协议》认为，银行的资本并非是同质的，有些种类的资本承受着相当大的风险，一旦情况突然发生变化，这些资本的价值有可能大幅下降，因此，《巴塞尔资本协议》将商业银行的资本分为两级，即核心资本与附属资本。

（1）核心资本（core capital）（一级资本）。《巴塞尔资本协议》指出，核心资本具有资本价值相对比较稳定的特点，一般由三部分组成，即永久性股东权益、公开储备、不完全拥有的子公司中的少数股东权益（对综合列账的银行持股公司而言）。

永久性股东权益，包括已经发行并完全缴足了的普通股股本和永久性非累计优先股。

公开储备是指以留存盈余或其他盈余（如资本盈余、保留利润、普通准备金和法定准备金的增值而创造和增加的新增储备）形式、反映在资产负债表上的储备。

（2）附属资本（supplementary capital）（二级资本）。《巴塞尔资本协议》中规定附属资本由五种资本组成，即非公开储备、重估储备、普通准备金或普通呆账准备金、混合（债务/股票）资本工具、长期次级债务。

非公开储备（undisclosed reserves），指不在银行资产负债表上公开列明的储备。该储备可以自由、及时地被用于应付未来不可预见的损失。

重估储备（revaluation reserves）来源于对银行某些资产的价值进行重新评估，以反映它们的真实市值。重估储备有两种形式：房产物业重估储备和证券重估储备。

普通准备金/普通呆账准备金（general provisions/general loan loss reserves）是银行为了防备未来可能出现的亏损而设立的，以便一旦出现亏损而进行弥补的准备金。

混合（债务/股票）资本工具［hybrid（debt/equity）capital instruments］是带有一定股本和债务性质的金融工具，能在不必清偿的情况下承担损失、维持经营。《巴塞尔资本协议》规定，这类资本工具必须符合下列要求：第一，它们是无担保的、从属的和缴足金额的；第二，它们不可由持有者主动赎回，未经监管当局事先同意，也不准赎回；第三，除非银行被迫停止交易，否则它们须用于分担损失；第四，虽然资本工具会带来连带付息的责任，而且还不能像普通股的股息和红利那样削减或延期支付，但是当银行盈利不敷支出时，可以允许推迟支付这些利息。《巴塞尔资本协议》认为，累积优先股可列入该种资本中。此外，加拿大的长期优先股、英国的循环从属债和优先股以及美国的强制性可转换债务工具等可列入混合资本工具。

长期次级债务（subordinated & long-term debt）包括普通的、无担保的、初次所定期限最少在 5 年期以上的次级债务资本工具和不许购回的优先股。这类工具由于期限固定，并且通常不用于分担继续从事交易的银行损失，因此必须对其在资本中所占的比例加以严格限制。《巴塞尔资本协议》规定，这类债务最多不得超过核心资本的 50% 。

（3）三级资本。1995 年巴塞尔委员会公布了《结合市场风险后资本协议修正案》，称为补充协议。该协议增加了三级资本的概念，即无担保的、次级的、全额支付的、原始期限为 2 年以上的短期债务资本，以用于应付市场风险（包括汇率风险和商品价格风险）。补充协议要求三级资本与二级资本之和不得超过一级资本。

2.《巴塞尔资本协议》对资本充足性的规定

巴塞尔委员会在对各国银行资本衡量方法进行评估和总结基础上，将资本除以风险资产而求得的风险加权比率作为评估银行资本是否充足的有效指标。

（1）计算银行表内风险加权资产总额。《巴塞尔资本协议》详细地列出了银行资产负债表内不同资产的相应风险权数，即 0% 、10% 、20% 、50% 和 100%

（见表2.1）。将不同资产项目的金额乘以其风险权数，加总后便可得到银行表内风险加权资产总额。

表 2.1　　　　　　　　　　　　银行资产负债表内各项目的风险权数

风险权数	项　　目
0%	①现金； ②以本币定值并以此通货对中央政府或中央银行融通资金的债权； ③对经济合作与发展组织（OECD）国家的中央政府和中央银行的其他债权； ④用现金或 OECD 国家中央政府债券担保，或由 OECD 国家中央政府提供担保的债权。
10%	对国内公共部门机构（不包括中央政府）的债权和由这样的机构提供担保的贷款。
20%	①对多边发展银行（国际复兴开发银行、泛美开发银行、亚洲开发银行、非洲开发银行、欧洲投资银行等）的债权，以及由这类银行提供担保，或以这类银行发行的债券作抵押的贷款； ②对 OECD 国家内注册银行的债权以及由 OECD 国家内注册银行提供担保的贷款； ③对 OECD 以外国家注册的银行余期在 1 年以内的债权和由 OECD 以外国家的法人银行提供担保的所余期限在 1 年以内的贷款； ④对非本国的 OECD 国家的公共部门机构（不包括中央政府）的债权，以及由这些机构提供担保的贷款； ⑤托收中的现金。
50%	完全以居住用途的房产作抵押的贷款，这些房产为借款人所使用，或由他们出租。
100%	①对私人机构的债权； ②对 OECD 以外国家的法人银行余期在 1 年以上的债权； ③对 OECD 以外国家的中央政府的债权； ④对公共部门所属商业公司的债权； ⑤行址、厂房、设备和其他固定资产； ⑥不动产和其他投资（包括那些没有综合到资产负债表内的、对其他公司的投资）； ⑦其他银行发行的资本工具（从资本中扣除了的除外）； ⑧所有其他资产。

　　（2）表外项目的信用转换及风险加权。巴塞尔委员会认为，飞速发展的银行表外业务本身包含着巨大的风险，因而必须将它们纳入衡量资本充足与否的框架中。同时，巴塞尔委员会也意识到对表外业务风险估测相当困难，尤其对于表外业务额尚小的国家来说，采用复杂的分析法和详细繁杂的报告制度并不合理。因此，《巴塞尔资本协议》提出采用信用转换系数把表外业务额转化为表内业务额，然后根据表内同性质的项目进行加权，再与表内业务得出的风险加权资产额加总，最后的总额才是银行风险加权资产的实际额（见表2.2）。

商业银行经营学

表 2.2　　　　　　　　　商业银行表外业务信用转换系数

表外工具	信用转换系数（%）
①直接信用替代工具，如一般负债保证（包括为贷款和证券提供财务保证的备用信用证）和承兑（包括具有承兑性质的背书）； ②销售和回购协议及有追索权的资产销售（此类资产的信誉风险仍在银行）； ③远期资产购买、超远期存款和部分缴付款项的股票和代表承诺一定损失的证券。	100
①某些与交易相关的或有项目（如履约担保书、投标保证书、认股权证和某些为投标特别交易开出的备用信用证）； ②票据发行融通和循环承销便利； ③其他初始期限在 1 年期以上的承诺（如正式的备用便利和信贷额度）。	50
短期的有自行清偿能力的与贸易相关的或有项目（如有优先索偿权的装运货物抵押的跟单信用证）。	20
类似初始期限为 1 年期之内的，或者是可以在任何时候无条件取现的承诺。	0

（3）《巴塞尔资本协议》对资本充足率的要求。《巴塞尔资本协议》规定，商业银行资本标准化的目标是资本与风险加权资产的比率，即资本充足率。《巴塞尔资本协议》规定，商业银行资本对风险资产的比例即资本充足率不得低于8%，核心资本与风险资产的比率即核心资本充足率应达到4%。

表内风险资产＝∑表内资产×风险权数

表外风险资产＝∑表外资产×信用换算系数×表内相同性质资产的风险权数

衍生工具风险＝∑衍生工具资产×信用换算系数×表内相同性质资产的风险权数

风险资产总额＝表内风险资产＋表外风险资产

一级资本比率＝核心资本÷风险资产总额

二级资本比率＝附属资本÷风险资产总额

资本对风险资产的比率＝(核心资本＋附属资本)÷风险资产总额×100%

　　　　　　　　　　　　＝一级资本比率＋二级资本比率

（四）《巴塞尔新资本协议》的三大支柱

《巴塞尔新资本协议》（即《巴塞尔资本协议Ⅱ》）确定了三大支柱。

1. 最低资本充足率

资本充足率＝(资本－扣除项)/(风险加权资产＋12.5 倍的市场风险资本)

核心资本充足率＝(核心资本－核心资本扣除项)/(风险加权资产＋12.5倍的市场风险资本)

其中规定资本充足率不得低于8%，核心资本充足率不得低于4%。新协议适当扩大资本充足约束的范围，在一定程度上抑制资本套利行为。例如，1988年的资本协议不对控股公司的资本充足比率做出要求，使得许多银行为了逃避资本约束纷纷采用控股公司形式。在新的资本协议框架中，以商业银行业务为主导的控股公司应当受到资本充足比率的约束。在1988年的资本协议中，对于证券化的资产的风险水平确定的相对较低，而且没有充分考虑到由此可能导致的市场风险和利率风险等。在新的资本协议框架中，对此进行了一定的限制，以反映银行资产的真实风险水平和所需配备的资本量。

2. 监管

新资本协议更为强调各国监管当局结合各国银行业的实际风险对各国银行进行灵活的监管。例如，各国监管当局可以根据各国的具体状况，自主确定不低于8%水平的最低资本充足要求；同时，许多风险衡量的水平和指标需要各国金融监管当局根据实际状况确定，而且金融监管当局还要能够有效地对银行内部的风险评估体系进行考察。这样，各国金融监管当局的重点，将从原来的单一最低资本充足水平转向银行内部的风险评估体系的建设状况。

3. 市场约束

在新的资本协议中，巴塞尔委员会对银行的资本结构、风险状况、资本充足状况等关键信息的披露提出了更为具体的要求。新框架充分肯定了市场具有迫使银行有效而合理地分配资金和控制风险的作用，稳健的、经营良好的银行可以以更为有利的价格和条件从投资者、债权人、存款人及其他交易对手那里获得资金，而风险程度高的银行在市场中则处于不利地位，它们必须支付更高的风险溢价、提高额外的担保或采取其他安全措施。

(五)《巴塞尔资本协议Ⅲ》最新管理规定

2010年9月12日，世界主要国家中央银行代表就旨在加强银行业监管的《巴塞尔资本协议Ⅲ》达成一致：

(1)商业银行必须上调资本金比率，以加强抵御金融风险的能力。根据《巴塞尔资本协议Ⅲ》规定，截至2015年1月，全球各商业银行的一级资本充足率下限将从现行的4%上调至6%，普通股构成的"核心"一级资本占银行风险资产的下限将从现行的2%提高至4.5%。新的一级资本规定在2013年1月至2015年1月间执行。总资本充足率要求在2016年以前仍为8%。

（2）增设总额不得低于银行风险资产的2.5%的"资本防护缓冲资金"，在2016年1月至2019年1月之间分阶段执行。此后，"核心"一级资本、一级资本、总资本充足率分别提升至7.0%、8.5%和10.5%。

（3）提出0～2.5%的逆周期资本缓冲区间，由各国根据情况自行安排，未明确具体实施安排。

【案例2.1】

新浪财经讯北京时间2010年11月26日晚间消息，德意志银行（简称德银）宣布，已完成对零售信贷银行德国邮政银行的收购。德银首席执行官艾克曼（Josef Ackermann）在一份声明中指出，将在年底前实现对德邮银行的完全整合，这一交易将给德银"带来更稳定的营业收入和更为均衡的利润源组合"。德银还表示，超过70%的德邮银行自由股东接受了德银的收购报价，德银由此获得了德邮银行21.48%的股份，加上德银原先持有的29.95%，德银已成为德邮银行新的控股股东。

德意志银行是德国最大的商业银行，该行第一级核心资本相当于资产比率7.5%，因此市场人员普遍认为德银在《巴塞尔资本协议Ⅲ》全球银行资本新管理规定出炉前夕，进行大规模的并购活动，目的是为提高资本充足率做前期准备工作。

【案例2.2】

花旗银行深陷次贷危机

2008年爆发的全球金融危机中，银行资本充足率这一防线并没有阻止危机的发生，一些银行的资本很快被侵蚀，现有资本规模根本无法弥补风险损失的金额，这直接影响了市场对金融机构的信任，并最终导致市场信心全面崩溃，使危机进一步加深和扩散。究其原因，主要是商业银行当前的资本管理问题：银行现有的资本监管制度过于简单，经营模式和管理方式上的相关性使得商业银行资本管理具有强烈的顺周期性，即在经济处于上升周期时，信贷资产质量趋好，资产风险权数变小，对资本监管的约束力同时被弱化，导致银行在资本管理上放松要求，不顾实际地进行信贷规模扩张，造成了经济过热和资产泡沫的形成；反之，在经济衰退阶段，因为银行资产质量下降，资本监管的约束力被强化，银行资产管理并未随之进行动态调整，使得其供给信贷的能力受到抑制，这既延长了经济衰退的时间，也对银行的持续经营造成诸多障碍。

因此，资本充足率作为商业银行稳健经营的有效指标，其内容与细则应根据国际经济金融形势的不断发展变化而发展变化。若只是简单地按照资本充足比率机械地监管，就以为可以确保商业银行的安全，那就大错特错了。超级金融航母——花旗银行在次贷危机中的搁浅就是强烈的例证。

花旗集团是全球最大的金融服务机构，其资本充足率始终位于世界各大银行前列。然而在此次次贷危机中，花旗银行却损失惨重，岌岌可危。花旗银行深陷次贷危机的原因有：（1）花旗银行的主要业务集中在零售业务上，其中消费信贷（尤其是住房贷款）占很大比重。（2）在 2006 年之前，美国疯狂发行担保债务凭证（collateralized debt obligation，CDO），花旗承销了 340 亿，成为仅次于美林证券的第二大承销商。同时，花旗通过建立所谓的结构性投资实体（structured investment vehicle，SIV），购进了价值 1 000 亿美元的次级 CDO。SIV 作为金融创新的产物，其经营状况不反映在银行的资产负债表上，但最终的损失却仍然要设立的银行埋单。虽然花旗银行的资本充足比率并无异常，但危机却逐渐逼近。

此案例说明：对银行的资本监管应该与时俱进，要紧跟金融创新的步伐。资本充足率是一个客观指标，它能保证商业银行在正常经营下的稳健性，但是将此指标作为监管风险的唯一指标是远远不够的。资本充足的定义应该随着市场变化而变，8% 的标准不应一成不变。在保证资本充足的情况下还应关注资产结构、资产质量、资产负债匹配度等问题。同时，随着金融创新的发展，表外业务也应引起必要的重视。表外业务尤其是金融衍生工具业务由于其复杂性，其风险较难度量，监管难度因此加大。如何将资本充足与资产负债内外管理相结合将是商业银行资本管理亟待解决的课题。

第三节　我国商业银行资本管理现状

中国银行业监督管理委员会（以下简称"银监会"）成立以后，全面借鉴了国际金融界通行的《巴塞尔资本协议》监管框架，于 2004 年 3 月颁布实施了新的《商业银行资本充足率管理办法》，规定商业银行的资本构成。2005 年 12 月 23 日，银监会修改《商业银行资本充足率管理办法》，增加新规定：部分符合要求的混合资本债券可以计入商业银行的附属资本，且可计入附属资本的混合资本债券要求期限在 15 年以上（含 15 年），发行之日起 10 年内不得赎回。

以 1993 年 7 月 1 日实行的《金融保险企业财务制度》、《金融企业会计制度》为界，我国银行资本的构成情况发生了很大变化。1993 年以前，我国银行资本主要通过国家财政拨款、银行积累资金和待分配盈余等三个途径筹集。1993 年以后，根据新的财务制度对商业银行资本的规定，各方投资者投入商业银行的资本以及由这些资本增值等原因形成的资本公积、盈余公积和利润分配形成商业银行的所有者权益，代表着投资者在商业银行的权益，供商业银行在存续期内长期使用。此外，商业银行还可以采用吸收现金、实物、无形资产或发行股票等方式筹集资本金，并按有关规定入账。

一、我国商业银行资本的构成

（一）核心资本

核心资本包括实收资本、资本公积、盈余公积、未分配利润。实收资本，按照投入主体不同，分为国家资本金、法人资本金、个人资本金和外商资本金。资本公积，包括股票溢价、法定资产重估增值部分和接受捐赠的财产等形式所增加的资本。它可以按照法定程序转增资本金。盈余公积，是商业银行按照规定从税后利润中提取的，是商业银行自我发展的一种积累，包括法定盈余公积金（达到注册资本金的 50%）和任意盈余公积金。未分配利润是商业银行实现的利润中尚未分配的部分，在其未分配前与实收资本和公积金具有同样的作用。

（二）附属资本

附属资本包括商业银行的贷款呆账准备金、坏账准备金、投资风险准备金、5 年及 5 年期以上的长期债券。贷款呆账准备金是商业银行在从事放款业务过程中，按规定以贷款余额的一定比例提取的，用于补偿可能发生的贷款呆账随时的准备金。坏账准备金是按照年末应收账款余额的 3‰提取，用于核销商业银行的应收账款损失。按照规定，我国商业银行每年可按上年末投资余额的 3‰提取投资风险准备金，如达到上年末投资余额的 1% 时可实行差额提取。5 年及 5 年以上的长期债券是由商业银行发行并还本付息的资本性债券，用来弥补商业银行的资本金不足。

此外，根据《巴塞尔资本协议》的要求与我国商业银行的具体情况，我国还规定了商业银行资本的扣除项目：在其他银行资本中的投资；已对非银行金融机构资本中的投资；已对工商企业的参股投资；已对非自用不动产的投资；呆账损失尚未冲减的部分。

根据银监会 2004 年颁布的《商业银行资本充足率管理办法》的规定，我国现在对商业银行资本充足率的要求集中了信用风险和市场风险这两大风险，但是忽略了操作风险。商业银行资本充足率的计算公式为：

资本充足率 =（资本 - 扣除项）÷（风险加权资产 + 12.5 倍的市场风险资本）

核心资本充足率 =（核心资本 - 核心资本扣除项）÷（风险加权资产 + 12.5 倍的市场风险资本）

其中规定资本充足率不得低于 8%，核心资本充足率不得低于 4%。

二、我国商业银行充实资本的举措

1998～2008 年间，我国商业银行通过以下措施和改革，资本规模迅速扩张，资本充足情况有了极大改善。

自 1998 年以来我国政府采取了发行特别国债、剥离不良资产、降低税率等一系列措施，使国有商业银行的资本明显充实和提高。这些措施包括：1998 年，国家财政定向发行 2 700 亿元特别国债，用于补充国有商业银行的资本金；1999 年，将 1.4 万亿元不良资产剥离给新成立的四家资产管理公司（信达、华融、长城、东方）；2001 年，降低国有商业银行营业税，由原来的 8% 调到 5%，增加其资本金的自我积累能力；2004 年，向东方、信达剥离中行、建行 1993 亿元损失类贷款；2005 年，向华融剥离工商银行 2 460 亿元损失类贷款；2007 年 3 月通过了新《企业所得税法》，将内外资企业的所得税税率统一为 25%，国有商业银行的所得税税率由原来的 33% 降至 25%。

自 2001 年 12 月我国正式加入 WTO 以来，政府按照"财务重组——引进境外战略投资者——公开上市"三个步骤大力推进国有银行的股份制改革：第一，通过政府注资充实了资本金；第二，国有银行通过引进境外战略投资者增加了资本规模；第三，通过上市来充实国有银行的资本规模（见表 2.3）。

2005 年以来，我国商业银行通过不断地充实资本，资本充足率有了很大的提高（见表 2.4）。截至 2012 年底，我国商业银行整体加权平均资本充足率为 13.25%，加权平均核心资本充足率为 10.62%，509 家商业银行的资本充足率水平全部超过 8%。[1] 但是我们应该注意到，这些比率的计算并没有将操作风险考虑进去，所以还不能确定我国国有商业银行的资本充足率已经达到了 2004 年《巴塞尔新资本协议》的要求。

---

[1] 数据来源于中国银行业监督管理委员会官方网站，http://www.cbrc.gov.cn。

表 2.3 我国商业银行资本充实举措

商业银行	时间	资本充实举措
交通银行	2004 – 06	国家以汇金公司名义注资 30 亿元人民币
	2004 – 08	引进汇丰银行（以每股 1.86 元人民币购入交行 19.9% 的股权）
	2005 – 06	在香港上市，全球 IPO 融资 21.59 亿美元
	2007 – 05	在中国 A 股市场融资 252 亿元人民币
	2010 – 06	A 股配股，募集资金 170 亿元
	2012 – 08	向特定境外机构投资者配售 H 股，募集资金 329 亿港币
中国建设银行	2004 – 01	国家以汇金公司名义注资 225 亿美元
	2005 – 06	引进美洲银行（出资 25 亿美元购入建行 9.1% 股权）、新加坡淡马锡控股全资子公司亚洲金融（出资 14.66 亿美元购入建行 5.1% 股权）
	2005 – 10	在香港上市，全球融资 92.28 亿美元
	2007 – 09	在中国 A 股市场融资 579.19 亿元人民币
	2010 – 11	A 股 + H 股配股，募集资金净额折合人民币 611.59 亿元
中国银行	2004 – 01	国家以汇金公司名义注资 225 亿美元
	2005 – 08	引进苏格兰皇家银行集团 RBS（出资 31 亿美元购买 10% 中行的股权）、新加坡淡马锡控股全资子公司亚洲金融（出资 31 亿美元购买 10% 中行的股权）、瑞士银行 UBS（出资 10 亿美元购买 1.55% 中行的股权）、亚洲开发银行（出资 7 500 万美元购买 0.24% 中行的股权）
	2006 – 06	在香港和上海两地先后上市，全球筹资 112 亿美元
	2010 – 11	A 股配股，募集资金 416.39 亿元
中国工商银行	2005 – 04	国家以汇金公司名义注资 150 亿美元
	2006 – 01	引进高盛集团、安联集团及美国运通工商（共出资 37.8 亿美元购买约 10% 工行股份）
	2006 – 10	在香港和上海两地同步上市，全球筹资约 191 亿美元
	2010 – 11	A 股配股，募集资金 335.78 亿元
中国农业银行	2010 – 07	在上海和香港两地先后上市，全球筹资 221 亿美元

表 2.4 中国 10 家大中小银行近 4 年资本充足率指标　　　　　单位：%

指标 银行名称	核心资本充足率				资本充足率			
	2012 年	2011 年	2010 年	2009 年	2012 年	2011 年	2010 年	2009 年
宁波银行	11.49	12.17	12.50	9.58	15.65	15.36	16.20	10.75
平安银行	8.59	8.46	7.10	5.52	11.37	11.51	10.19	8.88
北京银行	10.90	9.59	10.51	12.38	12.90	12.06	12.62	14.35
民生银行	8.13	7.87	8.07	8.92	10.75	10.86	10.44	10.83
南京银行	11.19	11.76	13.75	12.77	14.59	14.96	14.63	13.90
浦发银行	8.97	9.20	9.37	6.90	12.45	12.70	12.02	10.34
交通银行	11.24	9.27	9.37	8.15	14.07	12.44	12.36	12.00
中国工商银行	10.62	10.07	9.97	9.90	13.66	13.17	12.27	12.36
中国银行	10.54	10.08	10.11	9.07	13.63	12.98	12.60	11.14
中国建设银行	11.32	10.97	10.40	9.31	14.32	13.68	12.68	11.70

金融学科核心课程系列教材

三、我国商业银行的资本构成现状

2004 年颁布的《商业银行资本充足率管理办法》对我国商业银行的资本构成做了如下规定：第一，核心资本，包括实收资本或普通股、资本公积、盈余公积、未分配利润、少数股权；第二，附属资本，包括重估储备、一般准备、优先股、可转换债券、长期次级债务。2007 年 7 月，银监会对 2004 年的《商业银行资本充足率管理办法》进行了修订，在附属资本中增加了"混合资本债券"这一项。

随着我国商业银行资本规模的快速膨胀，其资本结构也日益呈现出多元化格局：（1）商业银行的资本主要由核心资本构成，而核心资本中又以实收资本为主，资本构成较为单一。（2）随着我国商业银行的上市和经营效益的改善，资本公积、盈余公积以及未分配利润的份额在逐步上升，但盈余公积和未分配利润的比重仍然较小，这说明我国商业银行的内部融资能力较差。（3）自 2003 年银监会允许商业银行发行次级定期债务以来，截至 2012 年 12 月 31 日，工行、中行、建行和交行累计发行次级长期债务 7 000 亿元人民币，这在一定程度上提高了银行的附属资本水平，但总体来看，附属资本比重仍然较小且结构不完整（见表 2.5）。

【案例 2.3】

《巴塞尔资本协议Ⅲ》对我国的影响

《巴塞尔资本协议Ⅲ》对国内银行无明显压力。中国银监会目前对银行的核心资本和资本充足率要求在 7% 和 10%（中小银行）、11%（大银行）。根据银监会 2009 年年报，截至 2009 年年底商业银行整体的加权平均资本充足率在 11.4%，16 家上市银行经过本轮融资潮后已能满足监管要求并支持 2～3 年内的业务拓展。此外，巴塞尔协议作为国际金融协议，一定程度上缺乏行政和法律效力。实际上，国内银行尚未实施《巴塞尔资本协议Ⅱ》，按此前时间表，2010 年年底才会有首批银行（包括工、农、中、建、交及招行）开始实施《巴塞尔资本协议Ⅱ》。《巴塞尔资本协议Ⅲ》的实施以及对原定《巴塞尔资本协议Ⅱ》实施的影响目前还不明确。

表 2.5 **2011 年中国 10 家大中小银行已发行次级债和**
混合资本与核心资本的比率 单位：亿元，%

银行名称	已发行次级债和 混合资本	核心资本	已发行次级债和混合资本与 核心资本的比率
宁波银行	0	182.53	0
平安银行	36.50	672.44	5.43
北京银行	35.00	492.45	7.11
民生银行	100.00	1 260.86	7.93
南京银行	44.83	200.38	22.37
浦发银行	180.00	1 448.08	12.43
交通银行	260.00	2 634.84	9.87
中国工商银行	895.00	8 503.55	10.53
中国银行	320.00	7 015.01	4.56
中国建设银行	400.00	7 506.60	5.33

思 考 题

1. 简述商业银行资本的构成。
2. 比较商业银行不同筹资方式的优缺点。
3. 商业银行资本充足性有何含义？
4. 衡量商业银行资本充足性有几种方法？
5. 如何根据《巴塞尔资本协议》的要求计算风险加权资产？
6. 什么是最佳资本需要量原理？它是如何确定的？

练 习 题

一、单项选择题

1. 发行优先股对商业银行的不足之处不包括（　　）。
   A. 股息税后支付，增加了资金成本
   B. 总资本收益率下降时，会发生杠杠作用，影响普通股股东的权益
   C. 不会稀释控制权
   D. 可以在市场行情变动时对优先股进行有利于自己的转化，增大了经营
      的不确定性
2. 一旦银行破产、倒闭时，对银行资产的要求权排在最后的是（　　）。

    A. 优先股股东   B. 普通股股东

    C. 债权人   D. 存款人

3. 发行普通股对商业银行的不足之处不包括（   ）。

    A. 发行成本较高

    B. 对商业银行的股东权益产生稀释作用

    C. 资金成本总要高于优先股和债券

    D. 总资本收益率下降时，会发生杠杆作用

4. 资金盈余是指发行普通股时发行的实际价格高于（   ）的部分。

    A. 发行的预计价格   B. 票面价值

    C. 实际价值   D. 每股净资产

5. 下列各项不属于发行资本性债券特点的有（   ）。

    A. 不稀释控制权

    B. 能大量发行，满足融资需求

    C. 利息税前支付，可降低税后成本

    D. 利息固定，会发生杠杆作用

6. 资本与总资产比率和资本与存款比率相比，克服了（   ）的不足。

    A. 没考虑资金运用   B. 没反映银行资产结构

    C. 没考虑风险   D. 没考虑商业银行经营管理水平

7. 下列关于纽约公式的说法中正确的有（   ）。

    A. 它根据商业银行资本风险程度的不同，将全部资本分为六类

    B. 其中的无风险资产包括：库存现金、同业拆借、国债、优质商业票据等

    C. 亏损了的资产或固定资产也叫有问题资产，需要100%的资本保证

    D. 商业银行只要将各类资产额分别乘以各自的资本资产比率要求，并进

        行加总，便可以求得商业银行所需的最低资本量

8. 下列各项不属于综合分析法特点的有（   ）。

    A. 非数量性   B. 不确定性

    C. 繁琐   D. 客观性

9. 下列各项不属于非公开储备特点的有（   ）。

    A. 是指不在银行的资产负债表上公开标明的储备

    B. 包括在核心资本中

    C. 与公开储备具有相同的质量

    D. 可以自由、及时地被用于应付未来不可预见的损失

10. 下列关于资本需要量的说法中正确的是（   ）。

A. 在经济繁荣期，商业银行可以很顺畅地获取资金，需要较多的资本

B. 如果商业银行所服务地区经济发达、资金来源较充裕、金融体系发达、人们收入水平高，则银行业务量很大，需要有较高的资本对资产比重

C. 在竞争中占优势的银行资金来源的质量较好，并且能方便地争取到较优的贷款与投资业务，因此只需保留较少的资本

D. 商业银行的资产质量较差，所承担的风险较大，那么其资本需要量就要相对低一些

11. 年初的资本/资产 = 8%，各种资产为 10 亿元，年末的比例仍为 8%，年末的未分配收益为 0.2 亿元，银行的适度资本为（　　）亿元。

　　A. 12.5　　　B. 10　　　　　C. 10.2　　　　　　D. 12.7

12. 银行优先证券不包括（　　）。

　　A. 后期偿付债券　　　　　　B. 银行承兑汇票

　　C. 优先股　　　　　　　　　D. 租赁合同

二、多项选择题

1. 金融管理当局要求有最低资本限额是因为（　　）。

　　A. 一定量的资本是商业银行满足金融管理部门的资本要求，营业和拓展业务的前提条件

　　B. 资本额的大小是商业银行信誉的重要标志之一

　　C. 商业银行的资本是保护存款人和债权人利益的重要途径

　　D. 资本还是商业银行用于购置固定资产、办公用品、银行设备等进行初始投入的重要资金来源

2. 下列关于优先股与普通股的比较中，正确的说法有（　　）。

　　A. 在性质上是相同的

　　B. 优先股股东享有优先支付的固定比率的股息

　　C. 在公司发生兼并、重组、倒闭、解散、破产等情况下，优先股股东比普通股股东优先收回本金

　　D. 在股息收入纳税时，优先股股东往往可获得部分股息免税的优待

3. 发行优先股来筹集资本，商业银行可获得的好处有（　　）。

　　A. 获得杠杆收益

　　B. 控制权不会变更

　　C. 可以永久地获得资金的使用权

　　D. 利息税前支付，可降低税后成本

4. 下列关于可转换优先股，正确的说法有（　　　）。

　　A. 具有本金安全和收入稳定的特点

　　B. 可使股东获得商业银行普通股未来价值增长的实惠

　　C. 是具有可以转换成普通股特性的优先股

　　D. 对于商业银行来说，则可达到在不利的条件下暂不发行普通股而发行易于推销的优先股，但最终仍等于发行普通股的作用

5. 发行普通股会给商业银行带来的好处有（　　　）。

　　A. 提高知名度与信誉

　　B. 可永久使用

　　C. 资金成本高，加大银行负担

　　D. 不稀释控制权

6. 下列各项属于留存盈余的特点有（　　　）。

　　A. 可无限地增加资本存量

　　B. 不会削弱股东的控制权

　　C. 可使股东免于纳税

　　D. 是每年未分配利润累积而成的

7. 损失准备金主要分为（　　　）。

　　A. 存款损失准备金　　　　　B. 贷款损失准备金

　　C. 同业拆借损失准备金　　　D. 证券损失准备金

8. 银行资本的用途有（　　　）。

　　A. 增强公众信息　　　　　　B. 消化非预期或意外的损失

　　C. 防止银行倒闭　　　　　　D. 构成对银行资产无节制的内在限制

9. 资本充足性的含义是（　　　）。

　　A. 资本多多益善　　　　　　B. 资本适度

　　C. 资本构成合理　　　　　　D. 最适度的资本可准确无误地计算出

10. 综合分析法考虑的因素有（　　　）。

　　A. 商业银行的经营管理质量

　　B. 资产的流动性

　　C. 营业程序的有效性

　　D. 商业银行股东的信誉与特点

11.《巴塞尔资本协议》的特点有（　　　）。

　　A. 将资本分为核心资本与附属资本

B. 将银行表内资产分做五类，并分别对各类资产规定风险权数，用以计算风险资产

C. 把银行表外资产纳入监督范围，对不同种类的表外资产规定了信用转换系数，并据以测算出与其相当的表内风险资产的金额

D. 要求核心资本与风险资产比率不得低于 8%

12. 根据《巴塞尔资本协议》，属于核心资本的有（　　　）。

　　A. 永久的股东权益　　　　B. 普通呆账准备金

　　C. 公开储备　　　　　　　D. 重估储备

13. 带有债务性质的资本工具列为附属资本必须符合（　　　）。

　　A. 是无担保的、从属的和缴足金额的

　　B. 不可由持有者主动赎回，未经监管当局事先同意，也不准赎回

　　C. 除非银行被迫停止交易，否则它们得用于分担损失

　　D. 当银行盈利不敷支出时，可以允许推迟支付这些利息

14. 《巴塞尔资本协议》指出，为计算以风险加权的资本比率，应从资本基础中扣除的有（　　　）。

　　A. 从核心资本中扣除商誉

　　B. 扣除库存现金

　　C. 其所持有的，由其他银行和接受存款公司所发行的资本

　　D. 扣除没有综合到银行集团资产负债表中的对从事银行业务和进入活动的附属机构的投资

15. 《巴塞尔资本协议》中零风险权数的表内资产有（　　　）。

　　A. 现金

　　B. 以本国货币定值，并以此通货对中央政府或中央银行融通资金的债权

　　C. 对 OECD 成员国或对与国际货币基金组织达成与其借款总安排相关的特别贷款协议的国家的中央政府或中央银行的其他债权

　　D. 用现金或者用 OECD 国家中央政府债券作担保，或由 OECD 国家的中央政府提供担保的贷款

16. 影响商业银行资本需要量的因素有（　　　）。

　　A. 商业银行自身经营状况

　　B. 宏观经济发展状况

　　C. 银行所服务地区的经济状况

　　D. 银行在竞争中所处的地位

17. 内源资本支持银行资产增长的限制因素有（　　　）。

A. 银行及金融当局所决定的适度资本金数额

B. 银行可通过外源资本筹资的规模

C. 银行所能创造的净收入数额

D. 净收入总额中能够提留的数额

18. 银行是否通过发行新股票来增加银行资本金取决于（　　）。

A. 银行可采用的其他外部资本来源的可能性

B. 银行筹集未来所需的外源资本的灵活程度

C. 银行的获利能力

D. 不同形式外源资本的金融后果比较

19. 后期偿付债券的特点有（　　）。

A. 享有免税优待

B. 不稀释控制权

C. 偿还时间是法定的，不能到期偿还即为违约

D. 利率变动情况下，有可能加重银行负担

三、判断题

1. 商业银行的资产是指商业银行自身拥有的或者能永久支配使用的资金。
（　　）

2. 可转换优先股既具有本金安全和收入稳定的特点，又可使股东获得商业银行普通股未来价值增长的实惠，因此对投资者来说较具吸引力。（　　）

3. 可赎回优先股通常在发行时便规定商业银行可以按某一价格将优先股全部或部分收回，对优先股股东有利。（　　）

4. 参与性优先股股东获得股息后，还可参与利润分配，因此对优先股股东有利，对普通股股东则不利。（　　）

5. 累积性优先股是指股利可以逐年累积后一并发放的优先股，使商业银行免去了年年支付股息之虞，比较灵活方便。（　　）

6. 银行破产、倒闭时，普通股股东对银行的资产的要求权排在存款人、债权人及优先股股东之后，因而是最不利的。（　　）

7. 普通股是股票市场的主体，投资者众多且交易方便，出售比较容易，而且普通股的收益率一般要高于优先股和债券的收益率，因而比较容易被市场接受。（　　）

8. 留存盈余是外部筹资最便捷的方式。（　　）

9. 商业银行为了赎回优先股或可赎回资本债券，或者为了偿还债券本息，

往往建立偿债基金，这属于损失准备金。　　　　　　　　　　（　　　）

10. 资本准备金是逐年累积、一次或多次使用的，是商业银行资本的组成部分。　　　　　　　　　　　　　　　　　　　　　　　　　　（　　　）

11. 如果损失准备金在抵偿贷款及证券投资损失之后还有余额，那么这一余额便可以按进入监管当局所规定的方式计入到银行资本之中。　　（　　　）

12. 公众对银行的高度信任仅取决于银行资本的数量。　　　　　（　　　）

13. 商业银行资本充足可以增强公众信心，消化意外损失，防止银行倒闭，因此商业银行的资本越多越好。　　　　　　　　　　　　　　　（　　　）

14. 资本构成的合理，即普通股、优先股、留存盈余、长期债券等应在资本总额中占有合理的比重，这可以尽量降低商业银行的经营成本与经营风险，增强经营管理与进一步筹资的灵活性。　　　　　　　　　　　　　　（　　　）

15. 各商业银行的最适度资本量不应是相同的，小银行信誉低、业务种类少、负债能力差，因而要保持较低的资本/资产比率。　　　　　　　（　　　）

16. 综合分析法相当繁琐，并且带有一定的主观性，不同的评估人有时会因为种种原因而得出不同的结论。　　　　　　　　　　　　　　　（　　　）

17. 在实际工作中，人们常常把综合分析法与资本风险资产比率法或与资本总资产比率法结合起来运用，以互补短长。　　　　　　　　　　（　　　）

18.《巴塞尔资本协议》认为，银行的资本并非是同质的，有些种类的资本承受着相当大的风险，一旦情况发生突然变化，这些资本的价值有可能会大幅下降。　　　　　　　　　　　　　　　　　　　　　　　　　（　　　）

19. 重估储备来源于对银行的某些资产的价值进行重新评估，以便反映它们的真实市值，它属于核心资本。　　　　　　　　　　　　　　　（　　　）

20. 普通准备金是为了已经确认的损失，或者为了某项特别资产明显下降而设立的准备金，属于银行的附属资本。　　　　　　　　　　　（　　　）

21. 巴塞尔委员会认为，将资本除以资产负债表内不同种类资产以及表外项目根据其广泛的相对风险进行加权所得值，从而求出的风险加权比率是评估银行资本是否充足的好方法。　　　　　　　　　　　　　　　　　　（　　　）

22. 巴塞尔委员会认为，飞速发展的银行表外业务本身包含着巨大的风险，因而必须将它们纳入衡量资本充足与否的框架中去。　　　　　　（　　　）

23. 商业银行的资产质量较差，所承担的风险较大，那么其资本需要量就要相对低一些。　　　　　　　　　　　　　　　　　　　　　　（　　　）

24. 如果商业银行负债中活期存款、短期借款等流动性强、不确定性较高的负债比重较大，就需要有较多的资本以保障资金来源的稳定性。　（　　　）

25. 银行规模较大，通过各种优先证券获取外源资本的可能性越高，且银行筹集未来所需的资本的灵活程度亦越高。　　　　　　　　（　　）

26. 当银行普通股的市场价格低于其票面价格时，发行新普通股股票将进一步降低银行的股价与收益的比例，在这种情况下，发行优先股股票则可以减缓银行股价与收益比例的下降。　　　　　　　　（　　）

27. 在短期内，当优先证券的金融成本低于银行普通股票的收益时，发行优先证券可以防止银行普通股票单位收益率的下降。　　　　（　　）

第三章 商业银行的负债业务

　　作为现代社会经济体系中资金供需方的媒介，商业银行负债业务为其资产活动奠定资金的基础。负债业务与资产业务共同构成商业银行最基础、最主要的业务品种，是银行传统业务的两大支柱。通过本章的学习，了解银行负债业务的概念、作用和构成，掌握银行各种负债业务的特点，学会运用负债成本管理的方法。

第一节　商业银行负债的构成

　　商业银行负债业务是其最基本、最主要的业务。在商业银行的全部资金来源中，90％以上来自于负债。商业银行负债结构和成本的变化，决定其资产转移价格的高低，从而极大地影响着银行的盈利水平和风险状况。

一、商业银行负债的定义

　　商业银行的负债作为债务，是商业银行所承担的一种经济业务，银行必须用自己的资产或提供的劳务去偿付。因此，银行负债是银行在经营活动中尚未偿还的经济义务。

　　银行负债有广义和狭义之分。广义负债是指除银行自有资本以外的一切资金来源，包括资本期票和长期债务资本等二级资本的内容。狭义负债则是指银行存款、借款等一切非资本性的债务。本章以狭义负债为研究对象。

　　银行负债的基本特点包括：第一，它必须是现实的、优先存在的经济义务；过去发生的、已经了结的经济义务或将来可能发生的经济义务都不包括在内。第二，它的数量必须是能够用货币来确定的，一切不能用货币计量的经济义务都不能称之为银行负债。第三，负债只能在偿付以后才消失，以债抵债只是原有负债的延期，不能构成新的负债。

二、商业银行负债的作用

商业银行最基本的职能是信用中介和支付中介，负债业务是商业银行开展资产业务和中间业务的基础和前提，对商业银行的经营具有重要意义。商业银行负债的作用表现在：

（1）负债是银行经营的先决条件。商业银行作为信用中介，首先是通过负债业务广泛地筹集资金，然后再通过资产业务有效地运用出去，因此负债业务是商业银行开展资产业务的基础和前提。根据《巴塞尔资本协议》的相关规定，银行负债提供了银行至少 92% 的资金来源。银行负债的规模大小制约着其资产规模的大小；银行负债的结构包括期限结构、利率结构、币种结构等决定着资产的运用方向和结构特征；同时负债业务也是银行开展中间业务的基础，因为银行把借贷双方有机地联系在一起，进而为银行开拓和发展中间业务创造了有利的条件。

（2）负债是银行保持流动性的手段。商业银行通过负债业务聚集起大量可用资金以确保正常贷款的资金需求和存款提取、转移的资金需要。同时，负债也是决定银行盈利水平的基础：一方面，在资产价格水平一定的情况下，负债成本费用的高低决定了银行盈利水平的高低；另一方面，银行负债所聚集的资金一般不直接投资于生产经营，而是贷放给企业，银行只能获取所贷放资金的一部分收益。这两方面都决定了银行资产的盈利水平要远低于一般工商企业。因此，银行要获取社会平均利润就必须尽量扩大负债规模，使资产总额几倍于自有资本。从这个意义上来说，负债是银行生存发展的基础，对商业银行至关重要。

（3）银行负债业务在社会资金存量不变的情况下，扩大社会资金总量。据统计，2010 年 9 月，我国商业银行以储蓄存款形式聚集城乡居民的闲散资金就突破了 29.92 万亿元人民币，成为我国社会主义现代化建设的主要资金来源。因此，银行负债是社会经济发展的强大推动力。

（4）银行负债构成社会流通中的货币量。社会流通中的货币量由现金和银行存款构成，其中现金是中央银行的负债，存款则是商业银行的负债。如果贷款增加了，存款没有相应扩大，那么社会现金流通量就会增加。因此，银行负债的稳定对社会货币流通量的稳定有着决定性的影响。

（5）负债是银行同社会各界联系的主要渠道。社会所有经济单位的闲置资金和货币收支，都离不开银行的负债业务。市场的资金流向、企业的经营活动以及机关事业单位、社会团体和居民的货币收支，每时每刻都反映到银行的账面上，因此负债又是银行提供金融服务和进行监督的主要渠道。

三、商业银行负债的构成

我们可以从不同角度来考察银行的负债：从负债的内容来看，商业银行的负债包括各项存款、借入款及其他负债三个方面；从流动性角度来考察，银行负债则可分为流动负债、应付债券和其他长期负债。

由于各国金融体制的差异和金融市场发达的程度不同，各国银行的负债结构不尽相同。即便是同一个国家内的同一家银行，由于经济发展和金融环境的变化，其负债结构也处在不断变化的过程中。但不管是在哪个国家，存款始终是商业银行的主要负债，也是银行经常性的资金来源。伴随着金融市场的发展，银行借入负债的比重不断上升。

第二节　商业银行的存款业务

对于商业银行而言，存款始终是其最主要的负债和经常性的资金来源。活期存款、定期存款和储蓄存款是各国商业银行的三大传统存款业务。此外，面对程度不一的金融管制和金融市场上不断涌现的金融工具创新，现代商业银行也在传统存款业务基础上不断推陈出新，创造出可转让支付命令账户、货币市场存款账户等存款工具。

一、传统的存款业务

商业银行传统存款业务包括活期存款、定期存款和储蓄存款，它们构成了商业银行稳定的资金来源。

（一）活期存款

活期存款（demand deposits）是指可让存户随时存取和转让的存款，它没有确切的期限规定，银行也无权要求客户取款时做事先的书面通知。持有活期存款账户的存款者可以用各种方式提取存款，如开出支票、本票和汇票，使用电话转账、自动出纳机或其他电传手段等。由于各种经济交易包括信用卡、商业零售等，都是通过活期存款账户进行的，所以在国外又把活期存款称为交易账户。在各种取款方式中，最传统的是支票提款，因此活期存款亦称支票存款。

活期存款是商业银行的主要资金来源。在 20 世纪 50 年代以前，商业银行负债总额中绝大部分都是活期存款。50 年代以后，由于活期存款的利率管制、反通货膨胀的紧缩性货币政策，加之闲置资金机会成本的增加和其他非银行金融机构的存款竞争等，银行活期存款的比重呈大幅下降趋势，目前约占银行全部负债的 30% 左右。我国银行的活期存款主要来自于企业和单位存款。在居民的储蓄存款中，截至 2010 年 9 月，活期存款的比例仅占 39.8% 左右。[①] 对客户来说，活期存款能满足其提取方便、运用灵活的需要，同时也是取得银行贷款和各种服务的重要条件。

活期存款具有货币支付手段和流通手段的职能。当存户用支票提款时，它只是作为普通的信用凭证；当存户用支票向第三者履行支付义务时，它就充当信用流通工具。在现代商品经济社会中，接受支票的人通常不提取现金，而是把支票开具的金额转存在自己的活期存款账户上，银行可以进行信用扩张，周转使用活期存款，从而在银行体系中创造出派生存款。在支票可流通转让的情况下，同样一张支票可连续背书受让而完成多次支付，显示了商业银行的信用创造能力。

但是，由于活期存款流动性高、存取频繁，银行为此承担了较大的流动风险。此外，银行还要向存户提供多种服务，如存取、转账、提现、支票和各类信用证服务，因此活期存款的营业成本较高，银行对活期存款原则上不支付利息。虽然活期存款的平均期限很短，但在大量存取的过程中，银行总能获得较稳定的存款余额用于期限较长的高盈利资产。

活期存款的发展越来越受到限制。由于一直被禁止支付利息，传统活期存款在与其他存款品种的市场竞争中处于不利地位，第二次世界大战后金融市场利率上升的趋势更加剧了这种不利状况。一些新型的活期存款因其能支付较高的利息，受到存户的普遍欢迎，抢走了很大一块传统活期存款的市场份额。

（二）定期存款

定期存款（term deposits）是客户和银行预先约定存款期限的存款。存款期限短则一周，长至几年，通常为 3 个月、6 个月和 1 年不等。定期存款的利率根据期限长短而高低不等，但都要高于活期存款。传统的定期存款要凭银行所签发的定期存单提取，存单不能转让，银行根据存单计算应付本息。目前各国的定期存款有多种形式，包括可转让或不可转让存单、存折或清单等。

---

① 根据中国人民银行官方网站公布的数据，2010 年 9 月金融机构人民币储蓄存款余额为 299 226.96 亿元，其中活期储蓄存款余额为 119 203.95 亿元。

定期存款一般要到期才能提取。如果持有到期存单的客户要求续存时，银行通常要另外签发新的存单。对于到期未提取的存单，按惯例不对过期的这段存款支付利息，我国目前则以活期利率对其计息，但对要继续转存者，也可按原则到期予以转期。现在商业银行均有"定期存款开放账户"，可不断存入新的款项，并对账户内款项自动转期。对于定期存款的提前支取，银行通常收取较高的罚息，如美国对7～31天的定期存款提前取款者处罚金额超过提前所取金额应得利息的大部分；32天至1年的定期存款，银行罚金至少相当于1个月的利息。我国没有对定期存款提前支取的罚款规定，现在是依国际惯例全部按活期利率计息，并扣除提前天数的利息。

由于定期存款存期固定且较长，在存期未满时存户碍于罚息通常不会提前支取，银行承担的流动风险较低。此外，定期存款手续简便，银行的营运成本不高，故银行对定期存款一般支付较高的利息。鉴于定期存款的上述特点，各国金融监管当局对定期存款要求的准备金率较低，银行可将吸收的定期存款大部分贷放出去赚取利润。

但是，传统定期存款的发展也受到了限制。其较低的流动性决定了传统定期存款不会有更大的发展空间，那些新型的兼具收益性和流动性的存款工具，例如可转让大额定期存单和货币市场存款账户，逐渐取代了传统的定期存款。

（三）储蓄存款

储蓄存款（savings deposits）是指存户不必按照存款契约的要求，只需按照银行所要求的任何时间，在实际提取1周前，以书面申请形式通知银行申请提款的一种账户。我国的储蓄存款则专指居民个人在银行的存款，政府机构、企业单位的所有存款都不能称为储蓄存款。与前面的两种传统存款业务相比，储蓄存款不是在特定的某一到期日，或某一特定期限终止后才能提取，商业银行对储蓄存款负有接到取款通知后缓期（7天）支付的义务。

储蓄存款通常使用银行储蓄存折或电脑储蓄账户方式。储蓄存折上载明账户的规定事项，包括使用规则和修改账户的条件。电脑储蓄账户下，银行不发给存户存折，而代之以储蓄存款支票簿。存款金额记录在该簿的存根上，取款时银行签发一张不可转让的储蓄提款单。每月的电脑报表将显示储蓄账户的收支情况。

储蓄存款的流动性介于活期存款和定期存款之间，银行承担的流动风险大于定期存款小于活期存款，故银行对储蓄存款支付高于活期存款低于定期存款的利息。

由于存款工具不断创新，储蓄存款在银行传统负债业务中的比重也不断

金融学科核心课程系列教材

下降。

二、存款工具创新

在存款利率受管制的情况下，面对来自金融市场各种金融工具的严峻挑战，商业银行存款有大量流失的危险。商业银行要扩大存款、争取客户，就必须不断创新各种存款工具，以优质、方便、灵活的服务和具有竞争力的价格迎接挑战。

（一）存款工具创新原则

所谓存款工具创新，指的是商业银行根据客户的动机与需求，创造并推出新的存款品种，以满足客户需求的过程。一般来说，商业银行对存款工具的设计和创新必须坚持以下原则：

1. 存款工具创新必须符合存款的基本特征和规则，即依据银行存款所固有的功能进行设计，对不同的利率形式、计息方法、服务特点、期限差异、流通转让程度、提取方式等进行选择、排列和组合，以创造出无限丰富的存款品种。凡是脱离存款本质特征的设计都不能称为存款工具创新，例如20世纪80年代以来中国商业银行热衷于所谓的有奖储蓄存款"创新"，各种名目繁多的有奖储蓄数不胜数。这类有奖储蓄是为迎合存户的好奇投机心理，是一种利息的赌博，它把博彩引入银行经营，必然有损于银行稳健谨慎的优质形象，显然不符合存款规范。因此，1998年7月，我国金融监管当局决定停止商业银行推出的各种有奖储蓄。

2. 存款工具创新必须坚持效益性原则，即多种存款品种的平均成本以不超过原有存款的平均成本为原则。银行存款创新最终以获取一定的利润为目的，若创造的新型存款导致银行收益下降乃至亏本，显然与银行经营目标相悖。改革开放后，我国商业银行一度推出"协议存款"给予存户利息补贴，或"以贷引存"、"假性委托贷款"等种种变相提高存款利率的手段揽存，不但没有给银行带来收益，反而增加了银行的经营风险，现已被明令禁止。事实证明，高成本的存款创新是没有生命力的。一种存款品种的产生，应当是既能满足客户需求，又能满足银行供给动机的有效组合。

3. 银行存款工具创新必须坚持不断开放、连续创新的原则。银行存款工具创新与企业产品开发的根本区别在于：金融服务不像新产品可以申请专利受产权保护，一家银行推出有市场潜力的新的存款工具，很快就会被其他银行借鉴和改进。在激烈竞争的国际金融市场上，存款工具创新层出不穷，我国商业银行应及时了解国际市场的金融产品信息，对借鉴和引进的产品要研究分析其基本原理、组成模式和定价模型等，并根据我国的市场环境进行合理的取舍和改进，力求推陈出新，不断推出适合我国国情的存款新品种。

4. 存款工具创新还须坚持社会性原则，即存款工具的创新应有利于平衡社会经济发展过程中所必然出现的货币供给和需求的矛盾，能合理调整社会生产和消费的关系，缓和社会商品供应和货币购买力之间的矛盾。如我国近期推出的住房储蓄存款，与住房按揭贷款相结合，对盘活我国房地产市场有着较为积极的现实意义。

（二）西方存款工具创新

为了适应激烈的金融竞争，近年来西方商业银行纷纷开发出一些新型的存款账户。这些存款账户既能方便存户的支取，又能给客户支付利息；为客户提供了更多的选择，充分满足了存款者对安全、流动和盈利的要求，从而吸引了更多的客户，为商业银行扩大了资金来源。

1. 新型活期存款

西方商业银行推出的新型活期存款品种主要有可转让支付命令账户（NOW）、货币市场存款账户（MMDA）、协定账户等。

（1）可转让支付命令账户（negotiable order of withdrawal account，NOW），是一种计息的新型支票账户（活期存款账户）。20 世纪 60 年代末期市场利率上升，但由于美国"Q 条例"不准商业银行对活期存款付息，1972 年马萨诸塞州的一家互助储蓄银行推出可转让支付命令书账户（NOW），让客户在拥有支票便利的同时享有利息的优惠。

NOW 账户又称为付息的活期存款，只对居民和非营利性机构开放。在该账户下，存户转账或支付不使用支票而代之以支付命令书。该支付命令书和支票一样，能直接取现或支付，也可背书转让。银行对 NOW 账户按平均余额支付利息，利率低于储蓄存款。

NOW 账户的开立为存户带来了极大的便利，它将储蓄存款与活期存款两者的优点集于一身，在客户中有较大的吸引力。

超级可转让支付命令账户（超级 NOW 账户——super NOW），是由可转让支付命令账户发展而来的一种利率较高的新型活期存款账户。1982 年，根据美国《加恩·圣吉曼存款机构法案》产生的超级 NOW 账户向客户支付利息的同时，又可签发支票或预先授权汇票来支付商品或劳务。该账户对存款人可签发支票数量没有上限限制；在利率方面也不受最高利率的限制，银行每周根据货币市场力量变动调整利率；但开设条件较为苛刻：有最低存款余额的限制，金额起点为 2 500 美元，日常平均余额不得低于起存额，否则按普通 NOW 账户的较低利率计息。

为了招揽客户开立超级 NOW 账户，银行常对存户提供一定的补贴或奖励，因此超级 NOW 账户的成本要高于 NOW 账户和货币市场存款账户。

（2）货币市场存款账户（money market deposit account，MMDA），是活期存款和定期存款的混合产品。鉴于市场利率趋高对存款机构的不断影响，1982 年美国颁布《加恩·圣吉曼存款机构法案》批准商业银行开办 6 个月期的货币市场存款单业务。货币市场存单的期限为 26 个星期，是最低面额为 1 万美元的不可转让的定期存款；准许对这一存单支付的最高利率相当于该存单签发日或签发日前的 6 个月国库券的平均贴现率。

1982 年创新的货币市场存款账户主要特点是：账户要有 2 500 美元的最低限额①；存款利率没有上限限制，银行每周调整；银行在利率支付上，可选择统一利率或分级利率②；存款者每月可办理 6 次自动转账或电话转账，其中 3 次可以使用支票付款（这使得该账户具有部分活期存款的性质）；账户没有最短存期的限制，但银行要求客户必须提前通知（至少 7 天）取款；该账户的存户可定期收到一份结算单，记载着所得利息、存款余额、提款或转账支付的数额等；10 万美元的存款额享有联邦存款保险；该账户不仅对居民和非营利性机构开放，也对营利性机构开放。

货币市场存款账户由于能有条件地使用支票，且银行向其提供的利率能迅速反映利率变动并突破利率上限，因而颇具吸引力，帮商业银行夺回被货币市场互助基金抢走的份额。

（3）协定账户（agreement account），是一种按一定规定可在活期存款账户、NOW 账户和货币市场存款账户三者之间自动转账的账户。银行为存户开立上述三种账户，对前两种通常规定最低余额。存户的存款若超过最低余额，银行将超出部分自动转存货币市场存款账户，使存户获取货币市场存款账户下的较高存款利率。若存户在前两种账户上的余额低于最低余额，银行亦有权将货币市场存款账户上的部分存款转入前两类账户，以满足银行的最低余额要求。

2. 新型定期存款

西方国家推出的新型定期存款品种主要有可转让大额定期存单、货币市场存单、小储蓄者存单和定活两便存款账户等。这些新型定期存款的发展使定期存款

---

① 对日常平均余额不足 2 500 美元的货币市场存款账户则适用 NOW 账户的利率上限。
② 在统一利率下，银行对账户支付的利率不依存款账户金额大小而变动；在分级利率下，利率随存款账户金额大小而变动。

在商业银行资金来源中的比重有所提高。

（1）可转让大额定期存单（negotiable certificates of deposits，CDs），是一种流通性较高且具借款色彩的新型定期存款品种。

可转让大额定期存单于1961年由美国花旗银行首创，是一种按某一固定期限和一定利率存入银行的、可在市场上买卖的票证。美国国内的可转让存单由国内银行机构发行；美国境外银行发行的美元存单叫做欧洲美元定期存单；外国银行在美国的分行发行的存单叫扬基定期存单；储蓄定期存单主要由储蓄贷款机构发行。可转让大额定期存单的发行和认购方式有两种：批发式和零售式。批发式发行是指发行机构拟定发行总额、利率、面额等，预先公布，供投资者认购。零售式发行是指按投资者的需要，随时发行、随时认购，利率也可商议。

可转让大额定期存单面额较大，从10万美元至100万美元不等，最高可至1 000万美元。利率一般高于同期储蓄存款利率，可随时在二级市场出售转让，具有较好的流通性，因此对存户颇具吸引力。存单的存款期限通常定为3个月、6个月、9个月和1年。存单不记名，转让流通方便，存在较活跃的二级市场支撑。此外，银行发行这种存单，除可获得稳定的资金来源外，还可取得降低存款准备金的好处。

可转让大额定期存单推出后，经历了多次创新，其中最著名的创新有两次：第一次创新是1975年发售的浮动利率定期存单。存单每隔1~6个月调整一次利率，采用息票到期转期的方式。银行以存单方式筹资，可以调整利率期限结构，并从中得到好处，降低筹资成本。投资者持有存单，可以享受利率趋升的利益。目前，浮动利率定期存单占可转让大额定期存单市场的主导地位。第二次创新是1977年由摩根保证信托公司推出的固定利率到期可转让大额定期存单，又称为滚动存单（"卷布丁"）。存户购买此种存单先要确定到期日，到期日多为2~5年。这种存单由一组半年定期存单组成，例如存户与银行签订5年存单协议，协议开始后，存户就必须按商定利率连续10次对半年存期的可转让大额定期存单到期日办理转期手续。存户若急需现金，可出售该组中的子存单，但在到期日前必须再存入等额资金。滚动存单的利率稍高于同类国库券的利率，略低于2~5年传统定期存单的利率。

大面额存单的特点是可以转让，利率较高，兼有活期存款流动性和定期存款盈利性的优点。在西方国家，大面额存单由大银行直接出售，利率由发行银行确定，既有固定利率、也有浮动利率。存单期限在1年以内，在二级市场上的存单期限一般不超过6个月。有的国家也发行期限长达2~5年的利率固定的大面额存单，但认购前则自动换期，如换成6个月期限的存单以便于在二级市场上转让。大面额存单可流通转让、自由买卖，但不能购回；存单到期还本付息，但过期不计利息。

（2）货币市场存单（money market certificate of deposits，MMCD），由美国储蓄机构于1987年首创。当时金融市场力量呈上升趋势，为避免银行等存款机构因存款资金锐减而陷入危机，美国金融当局运行银行发行此种存单。

货币市场存单期限半年，最低面额为1万美元，是一种不可转让的定期存单。银行向存单支付相当于半年期国库券平均贴现率水平的最高利率，但不得高出"Q条例"规定的利率上限0.25%。存单若不转为其他种类的储蓄存款，则只按单利计算。货币市场存单主要向家庭和小型企业提供，为它们获取较高利息收益提供方便。

（3）小储蓄者存单（certificate of deposits for small savors）。存单能使存户获取较高的利息收入，不过它的存期比货币市场存单长，一般为1.5~2.5年，按美国财政部中期债券的利率付息。

（4）定活两便存款账户（time or demand optional deposit account），是一种预先规定基本期限但又含有活期存款某些性质的定期存款账户。存户可在定期存款和活期存款之间自由转换，没有义务按期提款。但在基本期限之前提取的依活期存款计息，超过基本期限提款的则按基本存款和定期存款利率计息。定活两便存款账户不能完全代替活期支票账户，因为它只可作为提款凭证，而不像支票那样具有转账和流通功能。

3. 新型储蓄存款

新型储蓄存款的主要品种有电话转账服务和自动转账服务账户、股金汇票账户以及个人退休金账户等。

（1）电话转账服务和自动转账服务账户，是把活期存款与储蓄存款结合成一体的新型储蓄账户，它为希望得到存款利息但必要时又可使用支票转账结算的存户创造便利。

电话转账服务于1975年由美联储银行首创，银行为存户同时建立付息的储蓄账户和不付息的活期存款账户，并按存户电话指示将存户存款在两个账户间划拨。存户平时将资金放在储蓄账户生息，当需要支票付款时，以电话指示银行将相应金额转拨至活期存款账户。

1978年推出的自动转账服务省去了电话指示这道程序，提高了效率。存户在银行照样开两个户头，但活期存款账户余额为1美元，储蓄账户余额则随时可变。存户事先授权银行，在银行收到存户支票时，可立即从储蓄账户上按支票所载金额转至活期存款账户以兑付支票。

（2）股金汇票账户，是一种支付利息的支票账户，于1974年由美国信贷协会首创。该储蓄账户兼具支票账户功能，允许存户像签发支票那样开出汇票取现或转账。在取现和转账实现前，存户资金可取得相当于储蓄存款的利息收入。

（3）个人退休金账户，于1974年由美国商业银行首创，它为未参加"职工退休计划"的工薪阶层提供便利。工薪阶层只需每年存入2 000美元，其存款利率可免受"Q条例"利率上限的制约，并且能够暂免税收，至存户退休后取款支用时再按支取额计算所得税。由于存户退休后收入锐减，故取款时能按较低税率纳税。这种账户的存款因存期长，其利率略高于一般的储蓄存款。

（4）指数存款证，是银行在通货膨胀时期为确保客户的存款不贬值而推出的存款工具。它将存户定期储蓄存款的利率与物价上涨指数挂钩，在确保实际利率不变的前提下，名义利率随物价指数的升降而变化。例如，我国商业银行于1988年9月10日开办的人民币长期保值储蓄存款业务，主要针对居民个人3年期、5年期、8年期的整存整取定期储蓄和存本取息定期储蓄，在储蓄期满时，银行除按规定利率支付利息外，还要把存款期间物价上涨幅度和利率之间的差数补贴给储户，以保证储户不因物价上涨幅度大而蒙受存款损失。

（5）特种储蓄存款，是商业银行针对客户某种特殊需求而设计的存款创新工具，品种繁多，包括养老金储蓄、存贷结合储蓄、旅游账户、教育储蓄账户、假期账户、宠物账户等。这些账户能充分满足存户的不同个性化需要，深受存户欢迎，获得了快速的发展。

第三节　商业银行的借款业务

商业银行的借款，又称为借入负债、非存款负债，指商业银行主动通过金融市场或直接向中央银行融通资金。相比商业银行的主要负债——存款负债，借入负债是银行的主动负债，属于银行经营的卖方市场。银行是否借入资金主要取决于银行经营的需要和银行经营者的主观决策，因而银行拥有更大的主动性、灵活性和稳定性。

20世纪60年代以来，随着商业银行负债管理理论的发展，许多银行将管理的重点转移到负债方面。借入负债在银行整个负债总额中的比重呈不断上升趋势，逐渐成为各国商业银行的重要资金来源。

借入负债在期限上有长短期之分，短期借款主要指期限在1年以内的借入负债，中长期借款则是指1年以上的借入负债。

一、短期借款

（一）短期借款的特征

1. 短期借款在时间和金额上都有明确的契约规定，借款的偿还期约定明确。商业银行对于短期借款的流动性需要在时间和金额上精确掌握，有计划地加以控制。

2. 短期借款对流动性的要求相对集中。短期借款渠道决定了它不可能像存款那样分散，每笔借款的平均金额要远远高于每笔存款的平均金额，因此短期借款的流动性无论时间上和金额上都比存款相对集中，若银行不能在约定期限还借款，就会因失去信誉而难以继续经营。从这个意义上来讲，短期借款的流动性风险要高于存款。

3. 短期借款具有较高的利率风险。在正常情况下，短期借款的利率一般要高于同期存款，这是因为短期借款的利率与市场资金供求密切相关，随市场资金供求变化而随时发生变化。一旦市场的资金需求大于供给，短期借款的利率会急剧上升，导致银行负债成本的提高。因此对短期借款的成本分析和控制是银行负债管理的重要任务之一。

4. 银行短期借款主要用于弥补短期头寸不足。短期借款不同于长期借款的主要特征是期限短，因此，银行短期借款一般只用于调剂头寸，解决银行暂时性资金不足和周转困难的资金需要。尽管短期借款也存在一个稳定余额，银行可以长期使用赚取较高收益，但是银行绝不能通过短期借款来满足盈利性需要，短期借款只能满足银行经营的流动性需要。

（二）短期借款的种类

商业银行短期借款渠道主要有向中央银行借款、同业拆借以及其他短期借款。

1. 向中央银行借款

世界各国的中央银行是向商业银行提供货币的最后贷款者。其借款的形式有两种：一种是直接借款，即再贷款；另一种是间接借款，即再贴现。再贷款是指中央银行向商业银行的信用放款；再贴现是指经营票据贴现业务的商业银行持有未到期的汇票向中央银行再次申请贴现。在市场经济发达的国家，由于商业票据和贴现业务广泛流行，再贴现就成为商业银行向中央银行借款的主要渠道。而在商业信用不普及的国家，则主要采取再贷款的形式。

中央银行向商业银行的放款将构成具有成倍派生能力的基础货币，因此各国中央银行都把对商业银行的放款作为宏观金融调控的重要手段。中央银行在决定是否向商业银行放款、何时放款、放多少款时遵循的基本原则是维护货币和金融的稳定，其利率随经济、金融形势的变化而经常调整，通常要高于同业拆借利率。在一般情况下，商业银行向中央银行的借款只能用于调剂头寸、补充储备不足和资产的应急调整，而不能用于贷款和证券投资。在特殊情况下，如为满足国家计划、调控产业结构、避免经济滑坡和企业倒闭等资金需要，中央银行的放款也可能被不定期地延展下去，但这应当被视为迫不得已而采取的办法。

目前我国商业银行向中央银行借款主要采取再贷款这一直接借款形式。随着我国票据贴现市场的不断发展壮大，商业银行向中央银行的短期借款将逐步以再贴现取代再贷款。

2. 同业借款

同业借款也称为同业拆借，指的是金融机构之间的短期资金融通，主要用于支持日常性的资金周转。它是商业银行为解决短期资金余缺、调剂法定准备金头寸而融通资金的重要渠道。同业拆借产生于存款准备金政策的实施，一般是通过商业银行在中央银行的存款账户进行的，实际上是超额准备金的调剂，因此又称中央银行基金，在美国则称之为联邦基金。

发达国家的同业拆借市场一般为无形市场。而我国 1996 年开通的全国同业拆借一级网络和各省市的融资中心均为有形市场。1996 年初至 1997 年 7 月，我国同业拆借市场由两个网络构成，商业银行总行为一级网络成员，银行分支行和非银行金融机构为二级网络成员；各省市融资中心既是一级网络成员，又是二级网络的组织者和参与者，成为沟通一级网络和二级网络的桥梁。1997 年 8 月，融资中心为加强自身风险的管理和控制，主动减少自身的交易规模，市场交易由拆借双方自行清算、自担风险，交易成员奉行"安全第一、价格第二"的原则。拆出方把防范信用风险放在首位，拆借主要在资金实力雄厚、信誉较好的商业银行总行之间进行。1998 年 2 月，融资中心退出拆借市场，也就宣告同业拆借市场二级网络的终止。1998 年 4 月，外资银行开始进入拆借市场。1998 年 6 月，我国商业银行省级分行开始成为拆借市场成员。到 2000 年年底，全国银行间同业拆借市场成员共有 465 家，银行间债券市场有成员 650 家，包括国有商业银行、政策性银行、股份制商业银行、证券公司、基金管理公司、保险公司、财务公司等各种各样的金融机构。

同业拆借的利率一般是以高于存款利率、低于短期贷款利率为限，否则拆借盈亏就不能达到保本的要求。通常情况下，拆借利率应略低于中央银行的再贴现率，这样能迫使商业银行更多地面向市场借款，有利于中央银行控制基础货币的供应。

我国的同业拆借市场由 1~7 天的头寸市场和期限在 120 天内的借贷市场组成。据统计，1996 年期限在 90 天的拆借占全部交易量的 50% 以上。到 1998 年，我国同业拆借市场各品种交易量的比例为：期限 1 天的占 6%，7 天的占 22%，20 天的占 15%，30 天的占 22%，60 天及以上的占 35%。到 2002 年，我国同业拆借市场成交 118 404.13 亿元，短期限品种交易占主导地位，隔夜、7 天和 20 天三个短期品种的交易量占总成交量的 95.33%，其中隔夜拆借品种交易量所占比重上升到 16.64%。

商业银行拆借额度的确定必须立足于自身的承受能力。拆出资金以不影响存款的正常提取和转账为限，拆入资金必须考虑自身短期还债能力。1994 年，中国人民银行颁布《关于商业银行实行资产负债比例管理暂行监管指标》，规定："拆借资金余额与各项存款相比不得越过 4%，拆出资金与各项存款余额相比不得超过 8%。"这是现阶段我国同业拆借规范化发展所必须坚持的比例指标。同时，为提高金融机构外汇资金运作效率，推动国内外汇市场发展，经国家外汇管理局批准，中国外汇交易中心从 2002 年 6 月 1 日起为金融机构办理外币拆借中介业务。6 月 13 日、18 日和 20 日，中国外汇交易中心分别在上海、深圳、北京与中外资金融机构签署外币拆借中介服务协议，统一的国内外币同业拆借市场正式启动。

3. 国际金融市场上短期借款

主要是欧洲货币市场借款。欧洲货币市场对各国商业银行有很大的吸引力，因为它是一个完全自由开放的富有竞争力的市场：第一，欧洲货币市场不受任何国家的政府管制和纳税限制，如借款条件灵活，借款不限制用途等。第二，其存款利率相对较高，放款利率相对较低，存放款利差较小。这是因为它不受法定存款准备金和存款利率最高额的限制，因此无论对存款人和借款人都具吸引力。第三，欧洲货币市场资金调度灵活、手续简便，主要是信用交易，短期借款一般签协议，无须担保品，通过电话和电传就可以完成。第四，欧洲货币市场的借款利率由交易双方依据伦敦同业拆借利率具体商定。由于我国对涉外金融管制较严，因此除中国银行外，国内其他商业银行对欧洲货币市场的短期借款渠道尚未真正开通。

（三）　短期借款的经营策略

1. 短期借款的时机选择

商业银行如何有效利用短期借款存在时机选择的问题。首先，银行应根据自身在一定时期的资产结构及其变动趋势，来确定是否利用短期借款，以及在多大程度上利用短期借款。例如，若当前银行资产结构中短期资产较多，这说明银行资产的流动性较强，银行有能力应付流动风险，那么银行完全没有必要大量筹集短期借款。其次，银行应根据中央银行货币政策的变化有选择地利用短期借款。如果中央银行采取紧缩的货币政策，银行通过再贷款和再贴现向央行短期融资的成本会提高，其他短期借款的成本也会相应提高，此时银行需适当控制短期借款。

2. 短期借款的规模选择

短期借款是商业银行实现流动性和盈利性目标所必需的，然而并非短期借款越多对银行的经营就越有利。如果利用短期借款付出的代价超过因扩大资产规模而获取的收益，那么银行就不应该继续增加短期借款的规模，而是通过调整资产结构的办法来保持流动性，或者通过进一步挖掘存款潜力来扩大资金来源。商业银行必须全面权衡流动性、安全性和盈利性三者间的利弊得失，测算出一个适度的短期借款规模。

3. 短期借款的结构选择

商业银行的短期借款渠道较多，如何安排各种借款在短期借款总额中的比例十分重要。从短期借款资金来源的成本结构看，一般应尽可能地多利用一些低息借款，尽量不借或少借高息借款以降低银行的负债成本。但在资产预期效益较高、低息借款又难以筹集的情况下，银行也可适当借入一些利息稍高的资金。从国内外资金市场的借款成本比较来看，如果从国际金融市场的借款更便宜，银行可适当提高国际金融市场借款的比重；反之，则降低它的比重。从中央银行的货币政策来看，如果中央银行提高再贷款利率和再贴现利率，此时应减少向央行融资的比重；反之，则可适当增加向中央银行借款的比例。

二、长期借款

商业银行的长期借款一般采用金融债券的形式。20 世纪 70 年代以来，伴随着商业银行业务综合化、多样化和金融业务证券化的趋势，商业银行开始通过发行长期金融债券的方式来筹集资金。

（一）长期借款的特征

商业银行之所以在存款之外还要发行金融债券，就是因为金融债券具有不同于存款的特点：

1. 主动性不同。存款是银行的被动负债，发债是银行的主动负债。因为吸收存款取决于存款客户的意愿，故而是银行的被动负债，而发行金融债券的主动权则掌握在银行手中，是银行的主动负债。

2. 筹资的目的不同。吸收存款的目的是为了全面扩大银行的资金来源总量，而发行金融债券则是为了增加银行的长期资金来源，满足其特定用途的资金需求。

3. 筹资的机制不同。吸收存款是经常性的、无限额的，而金融债券的发行则是集中性的、有限额的。

4. 筹资的效率不同。由于金融债券的利率一般要高于同期存款的利率，对客户的吸引力较强，在通常情况下其筹资效率要高于存款。

5. 吸收资金的稳定性不同。金融债券有明确的偿还期，一般不能提前还本付息，资金的稳定程度高，而存款的期限则有弹性，资金稳定程度相对要低一些。

6. 资金的流动性不同。除特定的可转让存单外，一般存款的信用关系固定在银行和存款客户之间，不能转让，而金融债券一般不记名，有广泛的二级市场可以流通转让，因而比存款具有更强的流动性。

（二）金融债券的种类

金融债券有资本性金融债券、一般性金融债券和国际金融债券之分。资本性金融债券属于银行资本范畴，已在第二章作了专门介绍，以下就一般性和国际性的金融债券进行介绍。

1. 一般性金融债券

一般性金融债券是指商业银行为筹集用于长期贷款、投资等业务资金而发行的债券，这类债券种类繁多，形式多样。主要有：

（1）担保债券和信用债券

担保债券包括由第三方担保的债券和以发行者本身的财产作抵押的抵押担保债券。信用债券也称无担保债券，是完全以发行者自身信用为保证发行的债券。

商业银行特别是大银行发行的金融债券，由于其良好的信用而拥有坚实的可靠性，因此一般都发行信用债券，我国国有银行发行的债券也都是信用债券。随着我国中小银行的发展，担保性金融债券也必将提上议事日程。

（2）固定利率债券和浮动利率债券

固定利率债券是指在债券期限内利率固定不变，持券人到期收回本金，定期取得固定利息的一种债券。浮动利率债券是指在期限内，根据事先约定的时间间隔，按某种选定的市场利率进行利率调整的债券。

自 20 世纪 80 年代以来，在金融自由化浪潮冲击下，市场利率变动频繁，发行银行和投资者为规避利率风险，广泛采用浮动利率债券，其发行数额的增加幅度远远超过了固定利率债券的增幅。在国际上，浮动利率债券的利率通常按伦敦同业拆借市场利率（LIBOR）同方向波动，一般按事先约定的利率调整幅度，如 LIBOR 加减 0.3 个百分点，指只有当市场利率波动超过 0.3 个百分点的幅度时才加以调整。国际上通常每 3 个月或 6 个月调整一次利率，主要取决于债券期限的长短。迄今我国商业银行发行的都是固定利率债券，今后随着我国市场利率体系的逐步形成，浮动利率债券的发行势在必行。至于我国商业银行国际债券的发行，浮动利率债券则是较好的现实选择。

（3）普通金融债券、累进利率金融债券和贴现金融债券

普通金融债券是定期存单式的到期一次还本付息的债券。这种债券的期限通常在 3 年以上，利率固定、平价发行、不计复利。这种债券有些类似定期存单，但它具有金融债券的全部特征。

累进利率金融债券是浮动期限式的、利率和期限挂钩的债券。其期限通常为 3～5 年，持有债券时可以在最短和最长期限内随时到发行银行兑付，但不满 1 年的不能兑付。利率采用累进制的方法计算，即按债券持有期限分成几个不同的等级，每一个时间要按不同的利率计付利息，投资期限越长利率越高，从而既有利于鼓励投资，也使银行所筹的资金相对稳定。

贴现金融债券也称贴水债券，是指银行在一定的时间和期限内按一定的贴现率以低于债券面额的价格折价发行的债券。这种债券的券面上不附有息票，到期按面额还本，其利息就是债券发行价格与票面价格的差额。对贴现债券收益率的计算，应使用复利到期收益率公式，按实际天数计算利息。

我国商业银行发行的大多是普通金融债券，1988 年后也曾发行过累进利率金融债券和贴现金融债券。

（4）付息金融债券和一次性还本付息金融债券

一次性还本付息金融债券是期限在 5 年以内、利率固定、发行银行到期一次支付本息的金融债券。迄今为止我国银行发行的基本都是一次性还本付息债券。国际上流行的普通金融债券大多是付息债券，指的是在债券期限内每隔一定时间（每半年或每年）支付一次利息的金融债券。这类金融债券的券面上通常附有每次付息的息票，银行每支付一次利息就剪下一张息票，故又称为剪息票债券。付息金融债券期限较长，并能有效减轻银行在债务到期时一次集中付息的利息负担，应该成为我国银行筹措长期资金的主要形式。

2. 国际金融债券

国际金融债券指的是在国际金融市场上发行的、面额以外币表示的金融债券。它包含了上述所有的债券品种，而且内容更为丰富。这里我们仅从市场和货币的角度，简要介绍几种通行的国际债券。

（1）外国金融债券，指债券发行银行通过外国金融市场所在国的银行或金融机构发行的以该国货币为面值的金融债券。这类债券的基本特点是：发债银行在一个国家，债券的面值货币和发行市场则属于另一个国家。如我国商业银行通过日本银行或金融机构在日本东京市场发行日元债券，即为外国金融债券。

（2）欧洲金融债券，指债券发行银行通过其他银行和金融机构，在债券面值货币以外的国家发行并推销债券。其主要特点是，债券发行银行属于一个国家，债券在另一个国家的金融市场上发行，而债券面值所使用的货币则属于第三国。如我国商业银行在伦敦市场发行的美元债券或法兰克福市场发行日元债券，前者称为欧洲美元金融债券，后者称为欧洲日元金融债券。

（3）平行金融债券，指发行银行为筹措一笔资金，在几个国家同时发行债券，债券分别以各投资国的货币标价，各债券的筹资条件和利息基本相同。实际上，这是一家银行同时在不同国家发行的几笔外国金融债券。

在以上几种债券中，欧洲债券通常以国际通用货币（美元）标价，筹集资金的使用范围广泛，是主要的国际金融债券。

（三）金融债券的管理策略

1. 了解相关法律法规

在金融法规比较严密的国家，对发行金融债券都有详细明确的法律规定，商业银行发行金融债券只要符合法律规定，不一定非得经过严格的申报程序，只要向中央银行或金融监管部门备案即可。而在金融法规不够严密或金融管制比较严格的国家和地区，则银行必须履行严格的申报审批手续才能发行债券。

我国《商业银行法》第四十五条规定："商业银行发行金融债券或者到境外借款，应当依照法律、行政法规的规定报经批准。"中国人民银行是我国金融债券发行的主管部门，凡要求发行债券的商业银行，必须向中国人民银行报送有关材料，经严格审查、批准后才能发行金融债券。

2. 选择发行机构，进行信用评级

对于金融债券的发行机构，各国大多通过限制性的法律条文加以规定。在我国虽尚无正式的法律条文，但国内债券的发行实际上被限制在四大国有商业银行、交通银行和中国国际信托投资公司这几家全国性的大银行和金融机构。发行国际债券的面则稍广一些，包括一些区域性的投资信托公司。

各国对金融债券的信用评级一般有三个标准，即盈利能力、资本充足率和资产质量，尤其是国际金融债券的发行都要由专门的评级机构对发行者的偿还能力做出评价，这就是债券的信用评级，目的是为债券投资者提供参考，以保证国际债券市场的秩序和稳定。国际债券的信用评级不是对发行者总的资信评级，而只是对发行该笔债券还本付息能力的评估，因此同一发行者在一定时间内发行几笔债券，每笔债券的信用等级不一定相同。假定发行者对可能评定的债券等级不满意，可在公布级别之前要求停止评定工作，这样，发行者也就不再在该市场发行债券。

3. 确定发行数额和资金使用范围

一般国家对商业银行发行金融债券的数量都有相关规定，通常的做法是规定发行总额不能超过银行资本加法定准备金之和的一定倍数。对债券所筹资金的运用范围，有些国家没有明确规定，还有些国家要求用于中长期放款，也有的国家则规定只能用于专项投资。

我国国内金融债券的发行要纳入中国人民银行的全国综合信贷计划，发行数量主要控制在当年各银行偿还到期债券的数量加当年新增特种贷款之和的额度内。对债券所筹资金的使用，除偿还到期债券外，只能用于特种贷款的发放。

4. 确定发行价格，支付发行费用

发行价格是以出售价格和票面金额的百分比来表示的。出售价高于票面价格的称为溢价发行，低于票面金额的为折价发行，等于票面价格称平价发行。在国际债券市场上，固定利率金融债券依其信用等级的高低大多选择溢价或折价发行，而浮动利率金融债券则通常选择平价发行。在我国，除少量贴水债券外，所有金融债券基本都是固定利率平价发行。

债券发行银行除向投资者支付利息外，还要承担一定的发行费用。利息加发行费用构成债券的发行成本，尤其是国际金融债券的发行费用较高。债券发行费用包括最初费用和期间费用，其中最初费用有承购手续费、旅费、通信费、印刷费、上市费用、律师费等，期间费用有债券管理费、付息手续费、还本手续费和其他服务费等。

【补充阅读材料】

一、我国金融机构的存款负债

截至 2012 年底，我国银行业金融机构本外币各项存款余额 94.3 万亿元，比年初增加 11.6 万亿元，同比增长 14.1%。其中，居民储蓄存款余额为 40.4 万亿元，比年初增加 5.6 万

金融学科核心课程系列教材

亿元，同比增长 16.2%；单位存款余额为 47.9 万亿元，比年初增加 5.5 万亿元，同比增长 13.2%。

从存款结构来看，2011 年各项存款中，单位存款占比 50.77%，个人存款占比 43.68%，财政性存款占比 3.24%，临时性存款和委托存款所占比例较小。其中，单位存款增长迅速，当年新增 16.64 万亿元，同比增长 68.06%。2012 年各项存款所占比例变化不大，前三项存款依次为单位存款、个人存款和财政性存款。其中，单位存款新增 4.79 万亿元，同比增长 11.66%，增速放缓。较高比例和增幅的单位存款一方面表明企业的现金流充裕，企业经营情况好转；另一方面也反映出金融危机后企业对经济运行的判断并不乐观，除了政府主导的基础设施之外，缺乏有效的实业投资机会，民间投资的活跃程度不高（见表 3.1）。

表 3.1　　　　　　　　近 5 年来我国金融机构各项人民币存款　　　　　单位：亿元，%

年份	存款总计		单位存款	财政性存款	个人存款	临时性存款	委托存款
	余额	同比增长率					
2008	466 203	19.73	157 632	18 040	——	——	——
2009	597 741	28.21	217 110	22 411	——	——	——
2010	718 238	20.16	244 496	25 455	——	——	6 465
2011	809 368	12.69	410 912	26 223	353 536	1 570	308
2012	917 555	13.37	458 821	24 426	411 003	1 633	227

2013 年 11 月末，我国金融机构人民币个人存款和单位存款余额为 87.83 万亿元，同比增长 8.82%。其中，个人存款中保证金存款和结构性存款增长迅速，同比增长 37.26% 和 40.85%，说明银行向居民个人提供的投资理财产品交易活跃。企业活期和定期存款增速保持稳定，基本与经济增长同步，表明实体经济的活力还有待进一步增强（见表 3.2）。

被动负债比例太大，主动负债所占比例太小。从我国商业银行资金来源看，其总负债中各项存款所占比重一般在 70% 以上，而从金融市场的主动借款比重很小。大量高成本的被动负债在利差不断缩小的今天给商业银行带来沉重的负担，这也是造成我国商业银行税前利润不断下降的原因之一。

吸收存款手段落后。目前我国商业银行的存款和贷款数量情况表现为"超存"状态，导致商业银行缺乏进行存款工具创新的积极性；此外，国内各商业银行为员工制定的揽储任务多是采取不合法的手段完成的，例如靠人际关系或变相高息揽储完成储蓄任务。

表 3.2　　　　　　　2012～2013 年我国金融机构人民币个人与单位存款　　　　单位：亿元

日期	个人存款			单位存款			
	储蓄存款	保证金存款	结构性存款	活期存款	定期存款	通知存款	保证金存款
2012－03	369 224	374	15 500	180 828	110 799	15 059	47 949
2012－06	381 343	477	14 296	188 782	117 022	15 229	50 377
2012－09	390 147	495	12 771	184 864	124 680	20 821	50 448

续表

日期	个人存款			单位存款			
	储蓄存款	保证金存款	结构性存款	活期存款	定期存款	通知存款	保证金存款
2012－12	399 551	518	10 934	203 448	125 447	17 484	49 769
2013－03	436 782	644	11 004	200 035	134 182	17 037	56 453
2013－06	436 697	688	15 573	202 134	142 693	17 153	57 286
2013－09	443 127	740	17 576	199 814	147 607	22 762	56 053
2013－11	437 201	711	15 401	207 458	145 524	17 178	54 854

二、我国居民储蓄存款的变动

改革开放以来，我国居民储蓄存款保持了较高的增长速度，其发展过程大致分为四个阶段：

（1）持续增长阶段。1978～1988年城乡居民储蓄存款平均每年增长30%以上，1988年居民储蓄存款余额达到3798亿元人民币，为1978年210亿元的18倍。

（2）高速增长阶段。在基数变大的情况下，1989～1996年，我国居民储蓄存款余额继续保持旺盛的增长势头，这一时期储蓄存款余额年均增长率达到31.6%，至1996年储蓄余额上升为3.85万亿元。

（3）减速增长阶段。1996～1998年居民储蓄存款余额虽然继续增长，1998年底达到5.3万亿元，但这一时期，储蓄余额的增长速度开始下降，增长率由1994年的41.5%，一路下降到1998年的15.4%。同时，新增储蓄存款的增长速度开始出现负值，其中1997年增长率为－12.4%，1998年为－8.2%。

（4）平稳增长阶段。1999～2008年，我国居民储蓄存款余额总体上保持较快的增长速度，年均增长水平达到13.4%；2009～2012年，年均增长17%，其增长速度超过国内生产总值（GDP）的增长速度9.2%，呈现出超储蓄的特点，这主要是因为：我国居民收入增长迅速；居民未来不确定性支出增加，例如失业威胁、个人需要承担大量的社会福利支出、教育支出大幅上升等；传统的消费观念和贫富差距（见图3.1）。

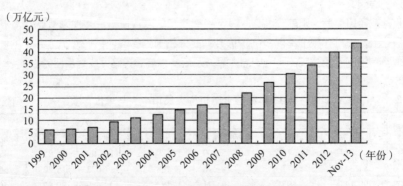

图3.1　1999～2013年我国居民储蓄存款余额

三、我国大额可转让定期存单的发展现状

我国第一张大额可转让存单面世于 1986 年，最初由交通银行和中央银行发行。1989 年经中央银行审批，其他的专业银行也陆续开办了此项业务。大额存单的发行者仅限于各类专业银行，非银行金融机构不能发行。存单的投资者主要是个人，企业为数不多。

当时大额存单的利率高于同期存款利率（上浮 10%），同时又具有可流通转让的特点，集活期存款流动性和定期存款盈利性的优点于一身，因而面世以后深受欢迎。由于全国缺乏统一的管理办法，在期限、面额、利率、计息、转让等方面的制度建设曾一度出现混乱，因此中国人民银行于 1989 年 5 月下发了《大额可转让定期存单管理办法》，对大额存单市场的管理进行完善和规范。但是，鉴于当时对高息揽存的担心，1990 年 5 月中国人民银行下达通知规定：向企事业单位发行的大额存单，其利率与同期存款利率持平；向个人发行的大额存单利率比同期存款上浮 5%。由此导致大额存单的利率优势尽失，大额存单市场开始陷于停滞状态。

1996 年，央行重新修订了《大额可转让定期存单管理办法》，明确了大额存单的审批、发行面额、发行期限、发行利率和发行方式。然而，由于没有给大额存单提供一个统一的交易市场，同时由于大额存单出现了很多问题，特别是盗开和伪造银行存单进行诈骗等犯罪活动十分猖獗，中央银行于 1997 年暂停审批银行的大额存单发行申请，大额存单业务因而实际上被完全暂停。其后，大额存单再次淡出人们的视野，至今已近 10 年。

大额可转让定期存单以期限档次多、利率高、可转让的优点，吸引了众多存户，对充实银行资金来源具有一定的意义。我国大额可转让定期存单存在如下的问题：

（1）利率市场化程度尚未成熟是以前发展大额存单市场的最大障碍。过去由于中国资金供求关系紧张，出于对高息揽存问题的担心，中央银行对大额存单利率进行的严格管制，导致大额存单的吸引力尽失。由于利率管制，中国的大额存单并非由银行出于自身的需要而进行的创新，而更大程度上是由金融监管机构主导推出的，银行的创新活动缺乏主动性和积极性。

（2）无法保证流动性是大额存单无法发展的重要原因。由于 10 多年前，中国二级证券市场还没有完全形成，人们的投资意识不强，大额存单在很大程度上欠缺流动性，形成可"转让"存单难以转让的状况。由于存单难以转让还导致很多其他问题，例如一些人利用持有人遇有特殊情况急需兑现的心理，乘机低价买进，或进行倒买倒卖的投机活动。

（3）当时金融市场的技术条件难以满足存单市场发展的需要。例如，按大额存单管理有关规定，记名大额存单可办理挂失，10 天后补发新存单。而记名存单转让时由买卖双方和证券交易机构背书即可生效，由于技术条件所限，原发行银行无法掌握大额存单的转让情况，从而给存单到期兑现带来麻烦，且制度的缺失也导致了银行资金的损失。正是由于技术条件所限，金融基础设施不完备导致当时以大额存单为媒介的各种犯罪活动相当猖獗。

近几年随着我国市场机制的进一步完善发展，为了拓宽筹资渠道，努力集聚社会闲散资金支持国家经济建设，经中国人民银行批准，一度曾停止发行的大额可转让定期存单又开始

在各商业银行竞相发行。

四、我国金融机构负债结构特点

近年来，从中国人民银行公布的金融机构本币信贷收支表中发现，我国金融机构资金来源于：各项存款，包括企业存款、财政存款、机关团体存款和城乡居民储蓄存款、农业存款、信托存款以及其他存款；金融债券；流通中的现金；对国际金融机构的负债以及其他渠道。我国金融机构负债结构呈现出如下的一些特点：

（一）各项存款是我国金融机构的主要资金来源

虽然金融机构资金来源渠道不同，但各项存款依然是其最主要的资金来源。从表 3.3 中我们可以看出，金融机构各项存款与资金来源总额的比率始终在 88% 以上。

我国金融机构主要资金来源于存款，说明其对存款类的被动负债依赖较多。在这种情况下，商业银行之间的竞争从某种意义上来说就是存款的竞争。此外，这也表明金融机构资金来源渠道单一，金融机构的资金结构无法实现多元化，不利于提高其抵御风险的能力。一旦存款发生流失，金融机构可能面临较大的流动性风险；同时，金融机构也无法根据资产结构的调整和客户资金需求的改变主动调整负债结构。

（二）金融债券呈快速下降态势

金融机构通过发行金融债券来融通资金呈快速下降态势。2008 年，我国金融机构发债总额巨大，达到史无前例的 2.09 万亿元，比上年增长了近 1 倍。但从 2009 年后，金融债券总额逐年回落。截至 2013 年 11 月末，金融债券总额降至 2005 年前的水平，这主要与我们当前的宏观调控政策有关。

（三）储蓄存款是金融机构稳定的资金来源

我国城乡居民储蓄存款成为金融机构比较稳定的资金来源。表 3.3 中，居民储蓄存款占各项存款总额的比值一直在 40% 以上。但我们不能忽视其变化趋势：储蓄存款与各项存款总额的比率变化不大，略有下降；保证金存款和结构性存款增长迅速，居民投资理财意愿明显。

表 3.3	我国金融机构负债结构		单位：亿元，%
项　　目	2011 年	2012 年	2013 年 11 月
一、各项存款	809 368	917 555	1 032 336
各项存款与资金来源的比率	88.63	89.60	88.71
1. 单位存款	410 912	458 821	507 887
（1）活期存款	191 968	203 448	207 472
（2）定期存款	104 169	125 447	145 524
（3）通知存款	15 817	17 484	17 178
（4）保证金存款	45 265	49 769	54 840
2. 个人存款	353 536	411 003	453 313
个人存款与存款比率	43.68	44.79	43.91
（1）储蓄存款	343 636	399 551	437 201
储蓄存款与个人存款比率	97.20	97.21	96.45

续表

项　　目	2011 年	2012 年	2013 年 11 月
（2）保证金存款	293	518	711
（3）结构性存款	9 608	10 934	15 401
3. 财政性存款	26 223	24 426	44 738
4. 临时性存款	1 570	1 632	1 967
5. 委托存款	308	227	279
6. 其他存款	16 818	21 445	24 152
二、金融债券	10 039	8 488	4 995
三、流通中的现金	50 748	54 660	56 441
四、对国际金融机构负债	776	828	841
五、其他	42 294	42 538	69 159
资金来源总计	913 226	1 024 067	1 163 772

五、各种人民币理财产品

人民币理财产品，是由商业银行自行设计并发行，将募集到的资金根据产品合同约定投入相关金融市场及购买相关金融产品，获取投资收益后，根据合同约定分配给投资人的一类理财产品。

（一）人民币理财产品的类型

人民币理财产品大致可分为债券型、信托型、挂钩型及 QDII 型四大类型。

1. 债券型理财产品，主要投资于货币市场，投资的产品一般为央行票据与企业短期融资券。由于个人无法直接投资央行票据与企业短期融资，这类人民币理财产品实际上为客户提供了分享货币市场投资收益的机会。

2. 信托型理财产品，主要投资于有商业银行或其他信用等级较高的金融机构担保或回购的信托产品，也有投资于商业银行优良信贷资产受益权信托的产品。

3. 挂钩型理财产品，产品最终收益率与相关市场或产品的表现挂钩，如与汇率挂钩、与利率挂钩、与国际黄金价格挂钩、与国际原油价格挂钩、与道琼斯指数及与港股挂钩等。

4. QDII 型理财产品。所谓 QDII，即合格的境内投资机构者，一般指取得代客境外理财业务资格的商业银行。通过购买 QDII 型人民币理财产品，客户将手中的人民币资金委托给合格的商业银行，由其代为将人民币资金兑换成美元，直接在境外投资，到期后将美元收益及本金结汇成人民币后分配给客户。

（二）我国各大商业银行推出的人民币理财产品

为了吸引投资者，我国各大商业银行纷纷推出各种理财产品。截至 2012 年 12 月，各银行推出的人民币理财产品如下（见表 3.4）：

表 3.4　　　　截至 2012 年 12 月，各银行推出的人民币理财产品

产品名称	银行	起始金额（万元）	期限（天）	投向类型	年预期收益率（%）
"慧财"人民币私享系列 1 号理财产品	上海银行	50	200	债券和货币市场类	6.00
2012 年益友融通 – 创益 003 理财产品	河北银行	10	361	收益权	5.80
快乐金 6 号 6 期人民币理财计划（钻石版）	珠海华润银行	200	203	组合投资类	5.50
"丁香花理财"智赢 201211 号九期	哈尔滨银行	100	113	组合投资类	5.45
长江鑫利 2012 第 282 期	重庆银行	5	198	债券和货币市场类	5.40
钻石财富系列之润金 15 号单元 3 优先理财计划	招商银行	10	159	组合投资类	5.30
2012 年渤盛 97 号	渤海银行	10	178	组合投资类	5.30
"金鹿理财—乐得富"1217 期银行理财计划	温州银行	5	183	组合投资类	5.20
"幸福99"丰裕盈家 KF02 号第 64 期预约 365 天型	杭州银行	10	365	组合投资类	5.20
"心喜"系列 2012 年第 46 期 G011211067 号	北京银行	100	365	组合投资类	5.20
2012 年"津银理财—创富计划 20 期"理财产品	天津银行	5	720	债券和货币市场类	5.15
"聚财宝"组合类（和盈计划）2012 年 198 期	平安银行	50	92	组合投资类	4.80
华夏理财增盈增强型 1266 号	华夏银行	70	92	组合投资类	4.80

思 考 题

1. 银行有哪些主要的资金来源？讨论不同资金来源的主要特征。
2. 比较银行存款类负债与非存款类负债的基本作用与差别。
3. 如何理解我国高储蓄率这一现象？

练 习 题

一、单项选择题

1. 商业银行的主要负债和经常性的资金来源是（　　）。

　A. 活期存款　B. 定期存款　　C. 存款　　　　D. 储蓄存款

2. 储户在提取或支付时不需预先通知银行的存款是（　　）。

A. 定期存款 　　　　　B. 活期存款

C. 储蓄存款 　　　　　D. 可转让支付命令账户

3. 在银行存储时间长、支取频率小、具有投资的性质并且是银行最稳定的外界资金来源的存款是（　　　）。

A. 储蓄存款　　B. 定期存款　　　C. 支票　　　　D. 活期存款

4. 商业银行抗衡非银行金融机构推出的货币市场基金的结果是出现了（　　　）。

A. 货币市场存款账户 　　　B. 协定账户

C. 信用证 　　　　　　　　D. 股金汇票账户

5. 一种预先规定基本期限但又含活期存款某些性质的定期存款账户是（　　　）。

A. 协定账户　　B. 储蓄存款　　　C. 支票　　　　D. 定活两便存款账户

6. 商业银行为维持日常性资金周转、解决短期资金余缺、调剂法定准备头寸而相互融通资金的重要方式是（　　　）。

A. 同业拆借　　B. 再贴现　　　　C. 再贷款　　　D. 回购协议

7. 中央银行以外的投资人在二级市场上贴进票据的行为是（　　　）。

A. 再贴现　　　B. 回购协议　　　C. 转贴现　　　D. 再贷款

8. 回购协议从即时资金供给者的角度，又称为（　　　）。

A. 再贷款　　　B. 再贴现　　　　C. 转贴现　　　D. 逆回购协议

9. 西方商业银行通过发行短期金融债券筹集资金的主要形式是（　　　）。

A. 可转让大额定期存单 　　B. 大面额存单

C. 货币市场存单 　　　　　D. 可转让支付命令账户

10. 为弥补银行资本不足而发行的介于存款负债和股票资本之间的一种债务是（　　　）。

A. 国际债券　　B. 国内债券　　　C. 资本性债券　　D. 一般性债券

11. 银行组织资金来源的业务是（　　　）。

A. 负债业务　　B. 资产业务　　　C. 中间业务　　　D. 表外业务

12. 储户预先约定存取期限的存款是（　　　）。

A. 活期存款　　B. 储蓄存款　　　C. 支票　　　　D. 定期存款

13. 商业银行主动通过金融市场或直接向中央银行融通资金采取的形式是（　　　）。

A. 存款　　　　B. 非存款负债　　C. 货币市场存单　D. 协定账户

14. 下列不属于一般性金融债券的是（　　　）。

A. 信用债券   B. 普通金融债券

C. 资本性债券   D. 担保债券

15. 影响存款水平的微观因素主要是银行内的因素,不包括( )。

A. 金融当局的货币政策   B. 服务收入

C. 银行网点设置   D. 营业设施

二、多项选择题

1. 各国商业银行的传统存款业务有( )。

A. 活期存款   B. 定期存款

C. 储蓄存款   D. 货币市场存款账户

2. 活期存款的形式近年来不断增多,下列属于传统活期存款账户的有( )。

A. 保付支票   B. 本票

C. 旅行支票   D. 信用证

3. 储蓄存款主要面向( )。

A. 个人家庭   B. 营利公司

C. 非营利机构   D. 公共机构和其他团体

4. 主要的新型活期存款品种有( )。

A. NOW 账户   B. 货币市场存款账户

C. 小储蓄者存单   D. 协定账户

5. 各类新型定期存款的发展使定期存款占商业银行资金来源的比重有所提高,主要的新型定期存款品种有( )。

A. 大额可转让定期存单   B. 货币市场存单

C. 定活两便存款账户   D. 小储蓄者存单

6. 新型储蓄存款的主要品种有( )。

A. 电话转账服务账户   B. 自动转账服务账户

C. 股金汇票账户   D. 个人退休金账户

7. 世界各国的中央银行,都是向商业银行提供货币的最后贷款者。其借款形式有( )。

A. 贴现   B. 再贴现   C. 再贷款   D. 贷款

8. 其他短期借款渠道有( )。

A. 转贴现   B. 回购协议

C. 大额可转让定期存单   D. 欧洲货币市场借款

金融学科核心课程系列教材

9. 商业银行发行大面额存单的主要优点有（　　）。

　　A. 不缴纳存款准备金

　　B. 资金来源比较稳定

　　C. 突破了银行营业网点的局限，提高了组织资金的能力

　　D. 发行成本较低

10. 商业银行的长期借款，一般采用金融债券的形式。金融债券有（　　）。

　　A. 国内债券　　　　　　B. 资本性债券

　　C. 一般性债券　　　　　D. 国际债券

11. 国际金融债券指的是在国际金融市场发行的面额以外币表示的金融债券，包括（　　）。

　　A. 资本性债券　　　　　B. 外国金融债券

　　C. 欧洲金融债券　　　　D. 平行金融债券

12. 负债管理的目的有（　　）。

　　A. 控制成本的基础上增加负债规模

　　B. 开拓存款市场

　　C. 调整负债结构，增强流动性

　　D. 加强负债的风险管理

13. 具体的负债成本率测度分析主要包括的计算指标有（　　）。

　　A. 利息率

　　B. 历史加权平均成本率

　　C. 所有资金的加权平均预期成本率

　　D. 资金边际成本率

14. 银行各种不同的资金来源对银行经营所面临的金融风险有着不同程度的影响。这些金融风险包括（　　）。

　　A. 信贷风险　　　　　　B. 流动风险

　　C. 利率风险　　　　　　D. 资本风险

15. 汇率风险的防范可以双管齐下：一是从资产运用着手；二是进行汇率"消毒"。消除汇率缺口的工具有（　　）。

　　A. 货币互换　　　　　　B. 掉期

　　C. 货币期货　　　　　　D. 货币期权

16. 鉴于存款水平是利率的函数，而直接利率战又有多种不利，西方商业银行多采用隐蔽的方式来间接地利用利率因素，包括（　　）。

　　A. 利用投资工具　　　　B. 在服务收费上做文章

C. 调整存款结构　　　　　　D. 推出高息存款工具

17. 商业银行的短期借款形式包括（　　）。

　　A. 向中央银行借款　　　　B. 同业拆借

　　C. 转贴现　　　　　　　　D. 回购协议

18. 欧洲货币市场之所以对各国商业银行有很大的吸引力，主要在于（　　）。

　　A. 欧洲货币市场不受任何国家政府管制和纳税限制

　　B. 其存款利率相对较高，放款利率相对较低，存放款利率差额较小

　　C. 欧洲货币市场资金调度灵活、手续简便

　　D. 欧洲货币市场的借款利率由交易双方依据伦敦同业拆借利率具体商定

19. 一般性金融债券指的是商业银行为筹集用于长期贷款、投资等业务资金需要而发行的债券。这类债券的形式、种类很多，包括（　　）。

　　A. 担保债券　　　　　　　B. 信用债券

　　C. 普通金融债券　　　　　D. 付息金融债券

20. 宏观因素对我国银行存款水平的影响主要表现在（　　）。

　　A. 强烈地改变银行同业竞争格局和存款市场份额的分配情况

　　B. 持续的经济增长使存款水平屡创新高

　　C. 通货膨胀压力下推行的紧缩性的货币政策约束着存款水平的快速增长

　　D. 已出台的金融法规和将出台的金融法规蕴藏着较强的银行监管力度

三、判断题

1. 银行的负债由存款负债和非存款负债两大部分组成。其中存款负债占很大比重，是银行负债业务的重点。　　　　　　　　　　　　　　　　（　　）

2. 中央银行为使银行避免高的流动风险，对活期存款都规定了较低的准备金比率。　　　　　　　　　　　　　　　　　　　　　　　　　　　（　　）

3. 由于活期存款多表现为支票存款，故银行可以周转使用活期存款，从而创造出派生存款。　　　　　　　　　　　　　　　　　　　　　　　（　　）

4. 传统的定期存款使用存款单，而且可以转让，能在金融市场上流通。
　　　　　　　　　　　　　　　　　　　　　　　　　　　　　　　（　　）

5. 商业银行对储蓄存款有接到取款通知后缓期支付的责任。　　　（　　）

6. 居民储蓄存款通常使用银行储蓄存折或电脑储蓄账户。　　　　（　　）

7. NOW 账户只对居民和营利机构开放，在该账户下，储户转账或支付不使用支票而代之以支付命令书。　　　　　　　　　　　　　　　　　　（　　）

8. 协定账户是一种按一定规定可在活期存款账户、NOW 账户和货币市场存

款账户三者间自动转账的账户。　　　　　　　　　　　　　（　　）

9. 大额可转让定期存单，其平均收益高于相同期限的国库券。在高利率时期，两者的收益差距还会扩大，这主要是投资者购买大额可转让定期存单承担了发行银行的信用风险所致。　　　　　　　　　　　　　　　　　（　　）

10. 个人退休金账户下的存款因为存期长，其利率略高于一般的储蓄存款。
　　　　　　　　　　　　　　　　　　　　　　　　　　　（　　）

11. 存款是银行的被动负债，存款市场属于银行经营的卖方市场，而借入负债则是银行的主动负债，它属于银行经营的买方市场。　　　　　　（　　）

12. 中国商业银行向中央银行的借款，虽然也有再贷款和再贴现两种形式，但再贴现的比重微乎其微，基本采取的是再贷款形式。　　　　　（　　）

13. 转贴现利率可由双方协定，也可以贴现率为基础或参照再贴现率来确定。　　　　　　　　　　　　　　　　　　　　　　　　　（　　）

14. 回购协议最常见的交易方式有两种：一种是证券的卖出与购回采用相同的价格；另一种是购回证券时的价格高于卖出时的价格。　　　　（　　）

15. 所谓欧洲货币，实际上是境外货币，指的是以外币表示的存款账户。所谓欧洲美元，就是以美元表示的，存在美国境外银行的美元存款。　（　　）

16. 贴现金融债券也称贴水债券，是指银行在一定时间和期限内按一定的贴现率以高于债券面额的价格溢价发行的债券。　　　　　　　　（　　）

17. 影响存款水平的因素有两大类：一类是宏观因素；另一类是微观因素。宏观因素主要包括宏观经济发展水平、金融当局的货币政策及其目标和金融法律法规的完善。　　　　　　　　　　　　　　　　　　　　　　　（　　）

18. 以历史数据加权平均成本评价银行的历史运行情况较准确；单一资金来源的边际成本在决定哪一种资金来源更有效方面较恰当；而加权平均预期成本在决定资产定价方面更适合。　　　　　　　　　　　　　　　　（　　）

19. 防范流动性风险需要银行把握存款被提取的概率和程度，并保持足够的流动性。具体的防范方法有资金集聚法和资产分配法。　　　　（　　）

20. 硬货币（价值趋升的货币）负债的增多对银行相对有利，软货币（价值趋降的货币）负债的增多则相对不利。　　　　　　　　　　　（　　）

21. 电脑储蓄账户下，银行不发给储户存折，而代之以储蓄存款支票簿。（　　）

22. 货币市场存款账户不仅对居民和非营利机构开放，而且也对营利机构开放，企业获准进入极大地拓展了该账户的储户基础。　　　　　（　　）

23. 大额可转让定期存单自推出以来，经历了多次的创新，其中较为卓著的创新有两次：一是1975年发售浮动利率定期存单；二是摩根保证信托公司于1977年

首创的固定利率到期大额可转让定期存单，又称滚动存单（"卷布丁"）。　（　　）

24. 银行也可通过提供给企业储户贷款便利来吸引存款。这可以将赋予客户的信贷额度同它的支票账户金额联系起来。有些银行建立"贷款要求线"，规定客户的活期存款账户平均余额须维持在客户信贷额度的25%或30%以上。　（　　）

25. 负债成本率越低，资产活动的必要收益率也就越低，银行从事资产活动的盈利能力就越强。　（　　）

第四章 商业银行现金与短期 信贷及证券投资业务

现金与短期借贷及长期证券投资业务皆是商业银行的资产业务。所谓资产业务就是商业银行运用其资产的业务。本章重点介绍三项资产业务：一是现金资产业务。在现金资产业务中，一方面需要掌握库存现金、法定准备金、超额准备金的概念，另一方面了解商业银行与当地央行之间的上介款的资金调拨业务。二是短期信贷业务。如票据贴现、回购协议等商行短期运用资产的业务。三是证券投资业务。

第一节 现金业务

一、现金的构成

现金的构成主要有四部分：库存现金、存款准备金、同业存放存款和托收中的现金。

（一）库存现金

库存现金是指商业银行保存在金库中的现钞和硬币。库存现金的主要作用是银行用来应付客户提现和银行本身的日常零星开支。

库存现金既不可太多，又不可以太少，应该保持适度金额。尽管库存现金具有完全的流动性，但却没有任何利息收入。因而商业银行应从自身业务发展状况如支行网点的柜台、ATM 机及自动存取款机等因素综合考虑持有库存现金的适当比例。再如商业银行可以根据每日大额资金变动情况与资金实时监控现金头寸和日常管理的经验数据及客户临时性用钞需求，适当留存库存现金，如春节、

"五一"和"十一"等，应多留一部分库存现金。

（二）存款准备金

存款准备金是为了限制商业银行信贷扩张和保证客户提取存款，以及为资金清算的需要而准备的资金。商业银行只要经营存款业务，就必须提留存款准备金。起初意义在于保证商业银行的支付和清算能力，后来才逐渐演变成为中央银行的货币政策工具。中央银行通过对存款准备金比率的限制与调整，可以影响商业银行的存款创造能力，进而调节整个社会的货币供应量。

商业银行存款准备金以两种具体形式存在：一是商业银行持有的应付日常业务所需的库存现金，二是商业银行在中央银行存款。在中央银行存款即商业银行存放在中央银行的资金。在中央银行存款又由两部分构成：一是法定存款准备金，二是超额准备金。法定存款准备金是按照法定比率向中央银行缴存的存款准备金，是中央银行调节信用的一种政策手段，在正常情况下一般不得动用，缴存法定比率的准备金具有强制性。

法定存款准备金是中央银行在法律赋予的权限范围内，为了影响商业银行的存款创造能力和货币供给能力，要求商业银行按照规定的比率上存中央银行的资金，具有法律效力。

存款准备金、法定存款准备金、超额准备金之间的数量关系，可表述为：

存款准备金＝库存现金＋商业银行在中央银行的存款

法定准备金＝法定准备金率×存款总额

超额准备金＝存款准备金－法定准备金

超额准备金＝库存现金＋备付金

超额准备金又分为两部分：一是存放于中央银行的部分（通常称为备付金），二是存放在商业银行自身金库中的库存现金。

（三）同业存放存款

存放同业存款是指商业银行存放在代理行和相关银行的存款。在其他银行保持存款的目的，是为了便于银行在同业之间开展代理业务和结算收付。它属于活期存款性质，可以随时支用。

（四）托收中的现金

托收中的现金是指在银行间确认转账与此过程中的支票金额。由于资金电子化清算体系的日益完善，清算速度不断加快，托收中占用资金越来越少，只有少数票据划拨和转账支票存在较短时间的在途。

二、现金资产管理的目的

现金资产是商业银行维持其流动性而必须持有的资产，它是银行信誉的基本保证。银行是高负债运营的金融企业，对其存款客户负有完全债务责任。从安全性角度，银行流动性满足得越好，安全性就越有保障。如果银行的现金资产不足以应付客户的提现要求，将会加大银行的流动性风险，引发挤兑风险，甚至导致银行破产，进而出现货币供给的收缩效应，削弱商业银行创造存款货币的能力，弱化商业银行社会信用职能，这是商业银行经营过程中要极力避免的情况。同时，现金资产又是一种无利或微利的资产，因持有现金资产而失去的利息收入构成持有现金资产的机会成本。现金资产占全部资产的比重越高，银行的盈利性资产就越少。因此现金资产保留过多，不利于银行盈利水平的提高。尤其是在通货膨胀或利率水平上升的时期，银行保有现金资产的机会成本也会随之上升。银行从盈利性出发，有以最低的额度保有现金资产的内在动机。现金资产管理的目的就是要在确保银行流动性需要的前提下，尽可能地降低现金资产占总资产的比重，使现金资产达到适度的规模。

三、现金资产的管理原则

现金资产管理的原则有三条：适度存量控制原则、适时流量调节原则、安全性原则。

（一）适度存量控制原则

按照存量管理理论，微观个体应使其非营利性资产保持在最低的水平上，以保证利润最大化目标的实现。依据现金资产而言，存量的大小将直接影响银行盈利能力。存量过大，银行付出的机会成本就会增加，从而影响银行盈利性目标的实现；存量过小，客户的流动性需求得不到满足，则会导致流动性风险增加，直接威胁银行经营的安全。因此，将现金资产控制在适度的规模上是现金资产管理的首要目标。除总量控制外，合理安排现金资产的存量结构也具有非常重要的意义。银行现金资产由库存现金、同业存款、在中央银行存款和托收中的现金组成。这四类资产从功能和作用上看又各有不同的特点，其结构合理有利于存量最优。因此，存量适度控制的同时也要注意其结构的合理性。

（二）适时流量调节原则

商业银行的资金始终处于动态过程中，并随着银行各项业务的进行，银行的经营资金不断地流进流出，最初的存量适度状态就会被新的不适度状态所替代。银行必须根据业务过程中现金流量变化的情况，适时的调节现金资产流量，以确保现金资产的规模适度。具体来讲，当一定时期内现金资产流入大于流出时，银行的现金资产存量就会上升，此时需及时调整资金头寸，将多余的资金头寸运用出去；当一定时期内现金资产流入小于流出时，银行的现金资产存量就会减少，银行应及时筹措资金补足头寸。因此，适时灵活地调节现金资产流量是银行维持适度现金资产存量的必要保障。

（三）安全性原则

库存现金是银行现金资产中的重要组成部分，用于银行日常营业支付之用，是现金资产中唯一以现钞形态存在的资产。因此，对库存现金的管理应强调安全性原则。

现金资产是指商业银行持有的库存现金以及与现金等同的可随时用于支付的银行资产。我国商业银行的现金资产主要包括四项：库存现金、存放中央银行的存款准备金和存放同业及其他金融机构款项。

银行对其存款客户负有完全债务责任，在日常经营活动中，商业银行为了保持清偿力，必须持有一定比例的现金等高流动性资产以保证自身的安全性。然而，现金资产占全部资产的比重越高，银行的盈利性资产就越少。因此，现金资产管理就是着力于流动性需求的预测与满足，解决盈利性与安全性之间的矛盾。

四、上介款

在介绍上介款之前，我们首先需要了解银行实际操作中经常使用的两个概念：存款和头寸。存款是银行的负债，由活期存款、定期存款构成。存款中除活期存款可以立即使用外，其余皆不能动用。而头寸是指银行存款中立即可以支付的资金，即马上可以用于支付的存款。例如某银行吸收的存款为 1 000 亿元，但是这 1 000 亿元存款中，只有库存现金、备付金、当日到期的同业存放等属于马上可以用来支付的头寸。

上介款是指商业银行在库存现金与在央行备付金账户之间的资金调拨。一方面当商业银行某地分行库存现金由日常的 8 亿元余额增加到 18 亿元时，由于银

金融学科核心课程系列教材

行长期监测头寸和资金调拨经验得知，该行只要保存 8 亿元库存现金就足以用于日常支付，因此就会将库存现金中新增加的 10 亿元现金押运到当地人行金库，同时由当地人行营业部在该行在人行的备付金账户上增加 10 亿元备付金，如果原来该商行某地分行在人行备付金账户的原有余额为 20 亿元，这时余额变为 30 亿元。另一方面，当商业银行库存现金由 8 亿元减少了 3 亿元时，银行会请求从人行的金库押运 3 亿元回到自己的金库中，这时由当地人行营业部从该行在人行的备付金账户中扣减 3 亿元，如果原来该行在人行备付金账户余额为 20 亿元时，减去 3 亿元，备付金账户余额变为 17 亿元。以上两种情况皆称为上介款。

第二节　短期信贷业务

一、同业拆放

同业拆放又称存放同业，亦称同业拆出款项。它是银行短期借贷的主要形式，也是短期运用资产的主要形式。

二、票据贴现

票据贴现是指商业汇票的合法持票人，在票据到期前为了获得票款，由持票人或第三人向银行贴付一定的利息后，以背书方式所作的票据转让。

对于持票人来说，贴现是以出让票据形式，提前收回垫支的商业成本。对于贴现银行来说，是买进票据，成为票据的权利人，票据到期，银行可以取得票据所记载的金额。

票据贴现的特点有四条：一是以持票人作为贷款直接对象；二是以票据承兑人的信誉作为还款保证；三是以票据的剩余期限为贷款期限；四是实行预收利息的方法。

三、逆回购

回购协议是指商业银行在出售证券等金融资产时签订协议，约定在一定期限后按约定价格购回出售的证券，以获得即时可用资金的交易方式。回购协议通常只有一个交易日，协议签订后由银行向资金供给者出售证券等金融资产以换取资金；协议期满后，再以即时可用资金作相反交易。回购协议最常见的交易方式有两种：一种是证券卖出和购回时，采用相同的价格，协议到期时银行以约定的收益率在本金外再支付费用；另一种是购回证券时的价格高于卖出时的价格，其差额就是资金提供者的收益。回购协议交易通常在相互高度信任的机构之间进行，期限一般很短，如我国规定回购协议的期限最长不得超过 3 个月。回购协议是发达国家中央银行进行公开市场操作的重要工具。

回购分为正回购和逆回购，所谓正回购就是我们通常所说的回购；而逆回购又称反回购。回购是银行融入资金，即卖出证券回购协议，属于负债类业务；而逆回购是融出资金，即买入证券回购协议，属于银行短期运用资产业务。例如某证券公司向银行做回购协议，对于银行来说属于逆回购，对证券公司来说属于回购，即从银行融入资金。因此，逆回购是商业银行运用资产的短期信贷。

【案例 4.1】

武汉中融贸易发展有限公司（以下简称武汉中融）是湖北中融实业公司的全资子公司，从 2003 年 4 月以来，武汉中融以擅自变更收款人名称，提供伪造购销合同和增值税发票等手段，向建设银行湖北省江汉支行和十堰支行申请了 20 笔银行承兑汇票。2003 年 9 月 25 日，建设银行江汉支行发现武汉中融高层管理人员突然全部失踪，由此案发。截至 2003 年 9 月 28 日，武汉中融在建设银行湖北省分行的银行承兑汇票余额共计 55 000 万元，贷款余额 3 000 万元。目前，通过冻结中融公司财产、保证金账户和银行存款资金，共控制中融公司资产 39 956 万元，但建设银行尚有风险资金 9 044 万元。据查，案发时，武汉中融在该银行湖北省分行还有贷款余额 10 800 万元，由其母公司湖北中融（目前，其高层管理人员也全部失踪）担保；银行承兑汇票余额 1 亿元，其中，保证金质押 5 000 万元，母公司担保 2 000 万元，另一关联公司担保 3 000 万元。据中国银行湖北省分行初步估计，该行涉及的湖北中融及其子公司风险资金约 4 亿元。目前，此案已由公安机关立案侦查，武汉中融法人代表王华、财务负责人朱波已被羁押。

【案例 4.2】

2003 年 3 月 31 日和 4 月 11 日，建设银行珠海市丽景支行（以下简称建行丽景支行）与工商银行郑州市华信支行（以下简称工行华信支行）先后签订了两份票面金额分别为 5 000 万元和 8 000 万元的商业汇票回购合同，约定在规定期内，工行华信支行购入建行丽景支行持有的商业汇票，到期日由建行丽景支行回购。经查，建行丽景支行出售的商业汇票没有真实贸易背景，且在签订商业汇票回购合同时使用的支行行章和支行业务专用章系该行行长黄学良伪造。目前，此案已移交珠海市公安局立案侦查。建行丽景支行行长黄学良已被公安机关羁押，工行河南省分行严肃查处了工行华信支行相关责任人员。

第三节　长期证券投资业务

投资业务主要是指商业银行以其资金作为投资而持有各种有价证券的业务活动。证券投资业务已成为国外商业银行的一种重要资产运用形式，在资产中占相当大的比重。而我国商业银行的投资业务在资产业务中占比相对比较小。近几年，随着商业银行综合化经营步伐加快，我国商业银行已经逐渐开始重视证券投资业务对整体利润贡献度的作用。

一、银行证券投资的定义

银行在其经营活动中，把资金投放在各种长短期不同的证券以实现资产的收益和保持相应的流动性，即为银行证券投资。

二、银行证券投资的主要功能

银行证券投资业务具有协调流动性与收益性的功能、分散和化解金融风险的功能与合理避税功能等。

三、银行证券投资类别

按发行主体分类：国债、地方债、公司债。我国暂时不允许商业银行投资公司债或者地方债券。

按担保形式分类：政府担保债券、一般担保债券。我国财政部代表政府发行的证券，是由政府担保的债券，商业银行销售的国债就属于政府担保债券。目前我国商业银行不得投资一般担保债券。

按期限结构分类：1 年内的短期债券、1～10 年的中期债券、10 年以上的长期债券。由于我国财政部发行的证券主要是 3 年期以上的，没有 1 年期的国库券，故而我国商业银行投资的债券都是中长期债券。

另外，由商业银行总行参与财政部发行各期证券的投标活动，将中标的债券分配到省市一级分行，由各分行下属支行的各网点与柜台集中销售。通常债券很快销售完毕（因为投资者愿意购买国债，国家信用度高，同时利率比银行同档次存款利率高）。极少数销售不出去的，由银行自己持有，作为长期投资。

四、我国商业银行的证券投资

（一）我国商业银行证券投资的主要种类

我国商业银行证券投资有两大类：国内证券投资和国外证券投资。其中国内证券投资种类又只局限于国债投资，而国债由于非常畅销，因此商业银行手中持有的数量是极其有限的。因此，国内商行的证券投资以国外证券投资居多，同时主要以欧美国家的证券投资为主。

（二）我国商业银行证券投资状况

1. 证券投资收益

由于我国商行证券投资以国外证券投资为主，因此国外证券投资的收益远远大于国内证券投资收益。特别是近些年来证券投资收益对大型商业银行利润贡献度在逐年增长。但是从 2007 年下半年美国次贷危机发生后，大型商业银行的证券投资收益由原来的大幅增长，反而变为证券投资的损失。

2. 证券投资损失

中国建设银行 2007 年 8 月 23 日发布的半年业绩公告显示，截至 2007 年 6 月底，建行持有美国房利美和房地美公司相关债券的账面价值为 32.5 亿美元。公告显示，建行持有"两房"债券主要由两部分组成：第一部分是由两家房地产公司直接发行的 25.55 亿美元债券，彭博综合信用评级"AAA 级"的占比为98.35%；第二部分是由两家房地产公司担保的 6.95 亿美元的住房抵押债券，彭博综合信用评级均为"AAA 级"。

美国政府对房利美和房地美的积极援助行为有利于稳住"两房"债券的信用评级，进而减少债券持有人的投资风险。此外，建行目前的总资产已突破 7 万亿元，32.5 亿美元的债券持有量对银行的财务影响不大。但是，毕竟已给建行证券投资带来了损失。

2008 年年末，中国工商银行持有美国次级住房贷款支持债券（sub-prime residential mortgage-backed securities）面值合计 11.95 亿美元；持有 Alt－A 住房贷

款支持债券面值合计 5.99 亿美元；持有结构化投资工具（SIVs）面值合计 0.55 亿美元。上述债券投资面值合计 18.49 亿美元，占工行全部资产的 0.13%。持有美国雷曼兄弟公司的相关债券面值 1.44 亿美元，占工行全部资产的 0.01%。持有公司债务抵押债券（corporate CDOs）面值 5.05 亿美元，占工行全部资产的 0.04%。

工商银行已对上述资产按市值评估结果累计提取拨备达 17.91 亿美元，拨备覆盖率（拨备金额/浮亏金额）达到 101.88%，拨备率（拨备金额/面值）为 71.70%。

2008 年年末，工行持有与美国房地产按揭机构房地美（Freddie Mac）和房利美（Fannie Mae）有关的债券面值合计 16.42 亿美元，其中房地美和房利美发行债券 2.10 亿美元，房地美和房利美担保抵押债券（MBSs）14.32 亿美元，合计占工行全部资产的 0.12%。工行已对该类债券累计提取拨备 1.26 亿美元，拨备覆盖率 102.44%，拨备率 7.67%。该类债券目前还本付息情况正常。从工行的拨备率提高上，可以看出工行已经做好了损失的准备。

截至 2008 年年末，中国银行持有美国证券投资损失共五项。一是持有美国次级住房贷款抵押债券的账面价值为 25.90 亿美元（折合人民币 177.02 亿元），占中行证券投资总额的 1.08%；二是持有美国 ALA – A 住房贷款抵押债券的账面价值为 11.48 亿美元（折合人民币 78.45 亿元），占中行证券投资总额的 0.48%。三是持有美国 Non-Agency 住房贷款抵押债券的账面价值为 35.12 亿美元（折合人民币 240.00 亿元），占中行证券投资总额 1.46%。四是持有美国房地美公司（Freddie Mac）和房利美公司（Fannie Mac）发行债券的账面价值为 50.45 亿美元（折合人民币 344.84 亿元）。五是持有由房利美和房地美担保住房贷款抵押债券的账面价值为 37.11 亿美元（折合人民币 253.60 亿元）。

目前摆在几家大型商业银行面前的一个重大问题是如何规避和降低境外证券投资的风险，提升证券投资的收益，拓展商业银行的利润增长点。

思 考 题

1. 银行的现金资产构成？
2. 银行准备金包括哪几方面的内容？
3. 上介款调拨资金的形式有几种？
4. 商业银行的短期借贷行为有哪几类？
5. 商业银行的证券投资的主要品种？

金融学科核心课程系列教材

练 习 题

一、单项选择题

1. 某商业银行的存款总额为 4 000 万元，其在中央银行的存款为 380 万元，库存现金为 90 万元。若法定存款准备金率为 6%，则其超额存款准备金是（　　）万元。

　　A. 140　　　　　B. 230　　　　　C. 240　　　　　D. 470

2. 下列商业银行存款准备金等式中，正确的是（　　）。

　　A. 超额存款准备金 = 存款准备金 - 库存现金

　　B. 库存现金 = 存款准备金 - 商业银行在央行的存款

　　C. 存款准备金 = 法定存款准备金率 × 存款总额

　　D. 法定存款准备金 = 库存现金 + 超额存款准备金

3. 法定存款准备金率为 7%，超额存款准备金率为 5%，存款货币最大扩张额为 6 000 万元。如果不考虑其他因素，则原始存款为（　　）万元。

　　A. 120　　　　　B. 720　　　　　C. 2 100　　　　D. 5 000

4. 银行系统吸收的、能增加其存款准备金的存款，称为（　　）。

　　A. 派生存款　　B. 原始存款　　　C. 现金存款　　　D. 支票存款

5. 法定存款准备金应该等于（　　）。

　　A. 存款准备金率 × 存款总额

　　B. 存款准备金率 × 法定存款总额

　　C. 法定存款准备金率 × 存款总额

　　D. 法定存款准备金率 × 原始存款总额

6. 商业银行保存在金库中的现钞和硬币是指（　　）。

　　A. 现金　　　　B. 库存现金　　　C. 现金资产　　　D. 存款

7. 商业银行存放在其他商业银行的存款是（　　）。

　　A. 存款准备金　　　　　　　　B. 贷款

　　C. 存放同业存款　　　　　　　D. 现金

8. 商业银行灵活调度头寸的最主要的渠道或方式是（　　）。

　　A. 贷款　　　　B. 同业拆借　　　C. 存款　　　　　D. 证券回购

9. 银行证券投资的市场风险是（　　）。

　　A. 市场利率变化给银行债券投资带来损失的可能性

　　B. 债务人到期无法偿还本金和利息而给银行造成损失的可能性

　　C. 银行被迫出售在市场上需求疲软的未到期债券，由于缺乏需求，银行

只能以较低价格出售债券的可能性

  D. 由于包括预期的物价波动，银行证券投资所得的本金和利息收入的购买力低于投资证券时所支付的资金的购买力，使银行遭受购买力损失的可能性

10. 银行维持适度现金资产存量的必要保障是（　　）。

  A. 适时灵活调节现金资产存量

  B. 现金来源合理

  C. 现金运用合理

  D. 适时灵活调节现金资产流量

二、多项选择题

1. 决定一家商业银行的存款准备金的数量，是通过（　　）计算出来的。

  A. 库存现金   B. 存款总额

  C. 法定存款准备金率 D. 商业银行在中央银行的存款

  E. 超额存款准备金

2. 属于商业银行资产业务的是（　　）。

  A. 存款 B. 贷款   C. 证券投资 D. 贴现票据

3. 我国禁止或限制银行对股票进行投资的原因是（　　）。

  A. 保持银行业的稳定

  B. 防止股市波动

  C. 防止对特定企业提供数额过大的融资支持

  D. 防止垄断

4. 通常法律规定，商业银行及其有关金融机构必须向中央银行存入一定部分存款准备金，目的在于（　　）。

  A. 保证存款机构的清偿能力

  B. 保证存款机构的盈利性

  C. 保证国家的财政收入

  D. 有利于中央银行调节信用规模和货币供应量

5. 商业银行的现金资产一般包括（　　）。

  A. 库存现金   B. 在中央银行存款

  C. 存放同业存款   D. 托收中的现金

6. 商业银行在中央银行的存款由两部分构成，分别是（　　）。

  A. 准备金   B. 法定准备金

    C. 超额准备金（备付金）   D. 库存现金

7. 商业银行头寸调度的主要渠道和方式有（　　）。

    A. 同业拆借   B. 短期证券回购与商业票据交易

    C. 上介款   D. 商业银行系统内的资金调度

8. 证券投资与银行贷款的区别有（　　）。

    A. 银行贷款一般不能流通转让，而银行购买的长期证券可在证券市场上
        自由转让和买卖

    B. 银行贷款是由借款人主动向银行提出申请，银行处于被动地位，而证
        券投资是银行的一种主动行为

    C. 银行贷款往往要求借款人提供担保或抵押，而证券投资作为一种市场
        行为，不存在抵押或担保问题

    D. 银行贷款没有风险，而证券投资有风险

9. 票据贴现与其他贷款方式相比其特点在于（　　）。

    A. 它是以持票人作为贷款的直接对象

    B. 它是以票据承兑人的信誉作为还款保证

    C. 它是以票据的剩余期限为贷款期限

    D. 实行预收利息的方法

10. 票据贴现是（　　）。

    A. 一种以票据所有权的有偿转让为前提的约期性资金融通

    B. 持票人以手持到期的票据向银行贴付利息、取得现款的经济行为

    C. 一种票据买卖行为

    D. 一种债权关系的转移

三、判断题

1. 商业银行的资金主要由自有资本构成。   （　　）

2. 开立活期存款账户的目的是未来通过银行进行各种支付结算。   （　　）

3. 贴现业务是对票据的买卖，并不是一项信贷业务。   （　　）

4. 分业经营限制了商业银行的业务经营能力，不利于提高资金的配置与使
用效率。   （　　）

5. 美国商业银行创造可转让支付命令书（NOW）目的是规避储蓄账户不得
使用支票的规定。   （　　）

6. 一般来说，流动性较强的资产盈利性也比较好。   （　　）

7. 依据确实有真实交易背景的票据进行贷款，可以保障贷款按期收回。

                                 （　　）

8. 银行必须根据业务过程中现金流量变化情况，适时调节现金资产流量，以确保现金资产的规模适度。具体来讲，当一定时期内现金资产流入大于流出时，银行的现金资产存量就会上升，此时需要及时调节资金头寸，将多余的资金头寸运用出去；当一定时期内现金资产流入小于流出时，银行的现金资产存量就会减少，银行应该及时筹措资金补足头寸。　　　　　　　　　　　　　　（　　）

9. 二级市场是有价证券在发行人与投资者之间流通的市场。　　　　（　　）

10. 借贷过程中，从债权人方面说，要承担货币贬值的通货膨胀风险；而就债务人说，则会遭遇通货紧缩的风险。　　　　　　　　　　　　　　（　　）

11. 银行间拆借市场既可拆借短期资金，又可以进行长期资金的贷放。

（　　）

12. 从我国实践可看出，混业经营对金融体系造成危害的，并不是商业银行从事证券投资业务，而是商业银行利用其从事证券业务的机构进行的信贷资金、同业拆借资金转移投机。　　　　　　　　　　　　　　　　　　　（　　）

13. 银行进行证券投资时，只要考虑单个证券的风险与全部证券的组合风险即可。　　　　　　　　　　　　　　　　　　　　　　　　　　　　　（　　）

14. 当商业银行头寸不足时，可以在市场上通过买入证券回购协议的方式补足头寸；而当头寸多余时，则可以通过售出证券回购协议的方式将资金调出。

（　　）

15. 库存现金越多，流动性越强，则盈利性越差。　　　　　　　　　（　　）

16. 票据贴现实行预扣利息，票据到期后，银行可向票据载明的付款人收取票款。　　　　　　　　　　　　　　　　　　　　　　　　　　　　　（　　）

17. 对商业银行的现金资产而言，其存量的大小将直接影响银行盈利能力。存量过大，银行付出的机会成本就会增加，从而影响银行盈利性目标的实现；存量过小，客户的流动性需求得不到满足，则会导致流动性风险增加，直接威胁银行经营安全。　　　　　　　　　　　　　　　　　　　　　　　　　（　　）

18. 存款准备金已经成为中央银行调节信用的一种政策手段，在正常情况下一般不得动用，缴纳法定比率的准备金不具有强制性。　　　　　　　　（　　）

19. 银行证券投资业务可以看作银行剩余资金的投资业务。　　　　　（　　）

20. 联邦机构证券指由联邦代理机构发行的证券，这些债务不是由财政部直接负责的，因此属于信用风险的资产。　　　　　　　　　　　　　　（　　）

四、案例分析题

现假设某银行体系由中央银行以及中国银行、中国工商银行、中国建设银行、中国农业银行等商业银行组成，商业银行只保留法定存款准备金，超额准备金全部用于贷款或投资，银行客户不提取现金，银行只经营活期存款，法定存款准备金率为 7%，原始存款量为 100 万元。

根据以上资料，试回答以下问题：

1. 该银行体系的存款扩张倍数为（　　）。

    A. $K = 12.5$　　B. $K = 14.29$　　　C. $K = 99.9$　　　D. $K = 1\,428$

2. 该银行体系的存款货币的最大扩张额为（　　）万元。

    A. 800　　　　B. 9 900　　　　C. 1 250　　　　D. 1 429

3. 商业银行只要经营存款业务，就必须提留存款准备金。超额存款准备金等于（　　）。

    A. 法定存款准备金率 × 库存现金

    B. 法定存款准备金率 × 存款总额

    C. 存款准备金 − 法定存款准备金

    D. 库存现金 + 商业银行在中央银行的存款

4. 派生存款的大小与下列因素的关系，表述正确的是（　　）。

    A. 同法定存款准备金率成反比　　B. 同原始存款的数量成正比

    C. 同法定存款准备金率成正比　　D. 同超额存款准备金成反比

    E. 同原始存款的数量成反比

5. 法定存款准备金具有法律效力，法定存款准备金率越高，存款扩张倍数（　　）。

    A. 越小　　　B. 不变　　　C. 越大　　　D. 为零

6. 中央银行通过对存款准备金比率的限制与调整，可以影响商业银行的信用创造能力，进而调节整个社会的货币供应量。商业银行的法定存款准备金等于（　　）。

    A. 法定存款准备金率 × 存款总额

    B. 存款准备金 − 法定存款准备金

    C. 库存现金 + 商业银行在中央银行的存款

    D. 法定存款准备金率 × 库存现金

7. 存款准备金是为了限制商业银行信贷扩张和保证客户提取存款，以及为资金清算的需要而准备的资金，决定一家商业银行上存中央银行的法定存款准备金的数量，是通过（　　）计算出来。

    A. 超额存款准备金　　　　　B. 库存现金

    C. 存款总额　　　　　　　　D. 法定存款准备金率

第五章　商业银行的贷款业务

贷款是商业银行运用资产的主要形式，贷款业务是商行资产业务的核心。本章介绍贷款的各种类型，重点讲述按照贷款还款的保障形式分类的信用贷款和担保贷款。同时详细论述担保形式中的保证、抵押、质押、留置和定金五种类型。

第一节　贷款业务概述

一、贷款的概念、特点与政策

贷款是商业银行作为贷款人按照一定的贷款原则和政策，以还本付息为条件，将一定数量的货币资金提供给借款人使用的一种借贷行为。贷款业务是指商业银行与发放贷款相关的各项业务。贷款是银行最主要的资产，同时也是银行最主要的资金运用形式。

贷款政策是指银行指导和规范贷款业务、管理与控制信用风险的各项方针、措施和程序的总称。正确地制定贷款政策是落实国家经济政策与中央银行的货币政策，实现商业银行经营三大目标的保证。

我国商业银行贷款政策是在《贷款通则》的基础上，根据各自银行的发展战略和发展目标及自身特点，由商业银行总行制定的关于贷款投放和管理的政策，各家银行皆有自己的特色。如大型商业银行一般采取"双大"的贷款政策，即贷款围绕大行业、大企业展开，这就决定了多数中小企业贷款被挡在贷款准入门槛之外。

二、贷款的种类

（一）西方商业银行贷款业务分类

1. 按照放款用途分类

按照放款用途分为工商贷款、不动产贷款、消费贷款。工商贷款是指以工商企业原材料的购进以及商品交易等为目的的贷款，属于生产或经营周转性质的贷款；不动产贷款是指银行贷给借款人用于建造房屋和开发土地或以农田和住房为担保的贷款；消费贷款是指向以消费为目的的个人发放的贷款。

2. 按照贷款期限分类

按照贷款期限分为活期、定期、透支贷款。其中定期贷款又分为短期，中长期贷款。短期贷款是指期限在 1 年以内的贷款；中期贷款指期限在 1~5 年的贷款；长期贷款是期限在 5 年以上的贷款。

3. 按照贷款的偿还方式分类

按照贷款的偿还方式分为一次性还清贷款、分期偿还贷款。一次性还清贷款（又称一次性偿还贷款）是指借款人在到期日一次性还清贷款本金的贷款，其利息可以分期支付，也可以在归还本金时一次性付清。分期偿还贷款是指借款人按规定的期限分次偿还本金和支付利息的贷款。

4. 按照贷款的保障分类

按照归还贷款的保障分为担保贷款、信用贷款。其中担保贷款又分为保证、抵押和质押三种形式。信用贷款是指以借款人信誉发放的贷款；保证贷款是以第三人承诺在借款人不能偿还借款时，按约定承担一般保证责任或者连带责任而发放的贷款。抵押贷款是以借款人或第三人的财产作为抵押物发放的贷款。质押贷款是以借款人或第三人的财产作为质押物发放的贷款。

5. 按照贷款的质量（或风险程度）分类

按照贷款的质量（或风险程度）划分为五级：正常、关注、次级、可疑、损失。过去我国采取四级分类（一逾两呆）：正常、逾期、呆滞、呆账。但从 2002年开始我国全面实施国际银行业普遍认同的"贷款五级分类法"，将贷款分为正常、关注、次级、可疑、损失，其中正常和关注类贷款属于优良贷款，而后三项次级、可疑和损失属于不良贷款。

（1）正常类：借款人能够履行合同，有充分把握按时足额偿还本息。

（2）关注类：尽管借款人目前有能力偿还贷款本息，但是存在一些可能对偿还产生不利影响的因素。

（3）次级类：借款人的还款能力出现了明显的问题，依靠其正常经营收入已无法保证足额偿还本息。

（4）可疑类：借款人无法足额偿还本息，即使执行抵押或担保的合同约定，也肯定要造成一部分损失。

（5）损失类：在采取所有可能的措施和一切必要的法律程序之后，本息仍然无法收回，或只能收回极少部分。

衡量不良贷款的指标有两项：一是不良贷款余额；二是不良贷款率。其中不良贷款率＝不良贷款余额/贷款总额。

6. 按照银行发放贷款的自主程度分类

按照银行发放贷款的自主程度分为自营贷款、委托贷款、特定贷款。自营贷款是指银行自主发放的贷款。委托贷款是指由委托人提供合法来源的资金，银行根据委托人确定的贷款对象、用途、金额、期限、利率等代为发放、监督使用并协助收回的贷款业务。委托人包括政府部门、企事业单位及个人等。特定贷款是指经国务院批准并对贷款可能造成的损失采取相应补救措施后责成国有独资商业银行发放的贷款。这种贷款政策性的成分比较多，一般用于国有企业的重大设备改造项目、国家重点工程建设项目、国家重点扶贫项目、成套设备出口项目（卖方信贷）、国家重点科研项目等。

（二）我国银行业目前设置的贷款种类

我国商业银行贷款业务主要有流动资金贷款、固定资产贷款和外汇贷款，其他分类同西方商业银行相似。各家银行有自己的特色分类，如对公贷款、对私贷款、消费贷款、住房按揭贷款、汽车消费贷款、装修贷款等。

1. 个人贷款（对私贷款）

（1）个人贷款与发放方式

个人贷款又称对私贷款，是指银行向个人购买房屋、汽车以及个人求学等提供的融资。个人贷款可由银行直接向个人发放或通过零售商间接发放。

（2）个人贷款主要品种及有关业务规定

个人贷款业务的品种主要有：个人住房贷款、个人汽车消费贷款、信用卡透支、助学贷款。相关业务规定主要有：第一，个人汽车消费贷款规定，贷款人发放自用车贷款的金额不得超过借款人所购汽车价格的80%；发放商用车贷款的金额不得超过借款人所购汽车价格的70%；发放二手车贷款的金额不得超过借款人所购汽车价格的50%；汽车贷款的期限不得超过5年，其中，二手车贷款的期限不得超过

3年。第二，个人助学贷款是指银行向正在接受高等教育的在校大学生或其直系亲属、法定监护人或准备接受各类教育培训自然人发放的人民币贷款业务。分为国家助学贷款和一般商业性助学贷款。第三，国家助学贷款，普通高校每人每年6 000元，用于支付学杂费和生活费。一般在毕业后1~2年开始还贷，6年内还清。

（3）个人住房贷款还款方式及还款金额计算方法

①个人住房贷款还款方式

贷款期限在1年以下（含1年）的，采用利随本清的还款方式。贷款期限在1年以上的，采用按月还款方式偿还贷款本息。

②按月还款方式有两种

按月还款方式有两种：一是等额本息还款法，即借款人每月以相等的金额偿还贷款本息，又称为等额法。

$$M = \frac{F \times i \times (1+i)^n}{(1+i)^n - 1} \tag{5.1}$$

其中，M = 每月还款额；F = 贷款本金；n = 总还款期数；i = 月利率。

方程5.1可表述为：

$$每月还款额 = \frac{贷款本金 \times 月利率 \times (1+月利率)^{总还款期数}}{(1+月利率)^{总还款期数} - 1}$$

二是等额本金还款法，即借款人每月等额偿还本金，贷款利息随本金余额的逐月递减而递减，还款额逐月递减，因此又称为递减法。

$$M = \frac{F}{n} + (F - K) \times i \tag{5.2}$$

其中，M = 每月还款额；F = 贷款本金；K = 已归还本金累计额；n = 总还款期数；i = 月利率。

方程5.2可以表述为：

$$每月还款额 = \frac{贷款本金}{贷款期月数} + (本金 - 已归还本金累计额) \times 月利率$$

2. 对公贷款（公司贷款）

（1）对公贷款

对公贷款又称公司贷款，是指银行对工商企业、事业单位为对象发放的贷款。

（2）对公贷款分类

公司贷款分为短期贷款、中长期贷款及贸易融资。其中，首先短期贷款分为流动资金贷款、流动资金循环贷款、法人账户透支。流动资金贷款是指借款人向银行申请的用于满足生产经营过程中临时性、季节性的资金需求，或银行向借款人发放的用于满足生产经营过程中长期平均占用的流动资金需求的贷款。其次，中长期贷款包括项目贷款、房地产开发贷款、银团贷款。其中项目贷款是指银行发放的，用于借款人新建、扩建、改造、开发、购置固定资产投资项目的贷款。项目贷款利率在中国人民银行同档次基准利率的基础上可以下浮，但不得超过10%，上浮不作限制，期限超过10年的项目贷款应当报中国人民银行备案。银行不得使用同业拆借资金发放项目贷款。银团贷款是由一家或几家银行牵头，组织多家银行参加，在同一贷款协议中按商定的条件向同一借款人发放的贷款，又称辛迪加贷款。根据贷款币种的不同，主要可以分为人民币银团贷款和美元银团贷款。根据市场不同，可以分为国内银团贷款和国际银团贷款。银团的主要成员包括牵头行、代理行、参加行。第三，贸易融资指银行对进口商或出口商提供的与进出口贸易结算相关的短期融资或信用便利。

（3）对公贷款的偿还方式

公司贷款的还款计划（包括偿还方式、贷款期限等）主要由企业与银行双方在贷款合同中约定，具体取决于企业生产经营计划、还款能力、银行所能给予的优惠条件等因素。

三、不良贷款的管理与衡量指标

（一）不良贷款管理方法

前面已经介绍了贷款如果按照资产质量划分，可分为优良（正常）贷款和不良贷款，即贷款的五级分类。

商业银行在贷款五级分类过程中，应该坚持至少做到以下六个方面：首先，建立健全内部控制制度，完善信贷规章制度和管理办法；其次，建立有效的信贷组织管理体制；第三，实行审贷分离；第四，完善信贷档案管理制度，保证贷款档案的连续和完整；第五，改进管理信息系统，保证管理层能够及时获得有关贷款状况的重要信息；第六，督促借款人提供真实准确的重要信息。

（二）衡量不良贷款的相关指标

1. 不良贷款率

不良贷款率 =（次级类贷款 + 可疑类贷款 + 损失类贷款）/各项贷款总额 × 100%

2. 预期损失率

预期损失率 = 预期损失/资产风险暴露 × 100%

3. 贷款风险迁徙率

风险迁徙类指标衡量商业银行信用风险变化的程度，表示为资产质量从前期到本期变化的比率，属于动态监测指标。

（1）正常贷款迁徙率

正常贷款迁徙率 =（期初正常类贷款中转为不良贷款的金额 + 期初关注类贷款中转为不良贷款的金额）÷（期初正常类贷款余额 – 期初正常类贷款期间减少金额 + 期初关注类贷款余额 – 期初关注类贷款期间减少金额）×100%

期初正常类贷款（关注类贷款）中转为不良贷款的金额，是指期初正常类贷款（关注类贷款）中，在报告期末分类为次级类、可疑类、损失类的贷款余额之和。

期初正常类贷款（关注类贷款）期间减少金额，是指期初正常类贷款（关注类贷款）中，在报告期内，由于贷款正常收回、不良贷款处置或贷款核销等原因而减少的贷款。

（2）正常类贷款迁徙率

正常类贷款迁徙率 = 期初正常类贷款向下迁徙金额 ÷（期初正常类贷款余额 – 期初正常类贷款期间减少金额）×100%

期初正常类贷款向下迁徙金额，是指期初正常类贷款中，在报告期末分类为关注类、次级类、可疑类、损失类的贷款余额之和。

（3）关注类贷款迁徙率

关注类贷款迁徙率 = 期初关注类贷款向下迁徙金额 ÷（期初关注类贷款余额 – 期初关注类贷款期间减少金额）×100%

期初关注类贷款向下迁徙金额，是指期初关注类贷款中，在报告期末分类为次级类、可疑类、损失类的贷款余额之和。

（4）次级类贷款迁徙率

次级类贷款迁徙率 = 期初次级类贷款向下迁徙金额 ÷（期初次级类贷款余额 – 期初次级类贷款期间减少金额）×100%

期初次级类贷款向下迁徙金额，是指期初次级类贷款中，在报告期末分类为可疑类、损失类的贷款余额之和。期初次级类贷款期间减少金额，是指期初次级类贷款中，在报告期内，由于贷款正常收回、不良贷款处置或贷款核销等原因而减少的贷款。

（5）可疑类贷款迁徙率

可疑类贷款迁徙率 = 期初可疑类贷款向下迁徙金额 ÷（期初可疑类贷款余额 – 期初可疑类贷款期间减少金额）×100%

期初可疑类贷款向下迁徙金额，是指期初可疑类贷款中，在报告期末分类为损失类的贷款余额。期初可疑类贷款期间减少金额，是指期初可疑类贷款中，在报告期内，由于贷款正常收回、不良贷款处置或贷款核销等原因而减少的贷款。

【案例 5.1】

贷款迁徙率

假设商业银行当期期初共有 1 000 亿元贷款，其中正常类、关注类、次级类、可疑类、损失类贷款分别为 900 亿元、50 亿元、30 亿元、15 亿元、5 亿元。该年度银行正常收回存量贷款 150 亿元（全部为正常类贷款），清收处置不良贷款 25 亿元，其他不良贷款形态未发生变化，新发放贷款 225 亿元（截至当期期末全部为正常类贷款）。至当期期末，该银行正常类、关注类贷款分别为 950 亿元、40 亿元。则该银行当年度的正常贷款迁徙率为：该行期初正常贷款余额为 900 + 50 = 950（亿元），期内减少额为 150 亿元，期末正常贷款为 950 + 40 = 990（亿元），其中来自原正常贷款的为 990 - 225 = 765（亿元），期内贷款迁徙为不良贷款的金额为 950 - 150 - 765 = 35（亿元），因此正常贷款迁徙率为：35/（950 - 150）× 100% = 4.38%。

4. 不良贷款拨备覆盖率

不良贷款拨备覆盖率 =（一般准备 + 专项准备 + 特种准备）÷（次级类贷款 + 可疑类贷款 + 损失类贷款）

一般准备是根据全部贷款余额的一定比例计提的用于弥补尚未识别的可能性损失的准备；专项准备是指根据《贷款风险分类指导原则》对贷款进行风险分类后，按每笔贷款损失的程度计提的用于弥补专项损失的准备；特种准备指针对某一国家、地区、行业或某一类贷款风险计提的准备。

5. 贷款损失准备充足率

贷款损失准备充足率 = 贷款实际计提准备 ÷ 贷款应提准备 × 100%

贷款实际计提准备指商业银行根据贷款预计损失而实际计提的准备。

四、贷款基准利率

（一）我国的贷款基准利率管理

贷款基准利率是指我国央行颁布的各档次金融机构人民币贷款利率。2004 年 10 月 29 日之前，央行对于金融机构贷款基准利率实现严格管理，但仍有一定的浮动空间，各金融机构可以在各档次贷款利率基础上下浮 10%，上浮 20%。

2004 年 10 月 29 日之后，央行决定，人民币贷款利率下浮比例不变，上浮比例放开。表 5.1 是 2011 年 2 月 9 日开始实行的金融机构人民币贷款基准利率。

表 5.1　　　　2011 年 2 月 9 日开始实行的金融机构人民币贷款基准利率　　　　单位：%/年

各项贷款	调整前	调整后
6 个月以下（含 6 个月）	5.10	5.60
6 个月至 1 年（含 1 年）	5.56	6.06
1 年至 3 年（含 3 年）	5.60	6.10
3 年至 5 年（含 5 年）	5.96	6.45
5 年以上	6.14	6.60

（二）贷款利息计复利

利息 = 本金 × $(1 + 月利率)^{期限}$

假设客户向银行借款 1 000 万元，贷款期限 3 年，每月支付利息 = 1 000 万元 × $(1 + 6.1\% / 12)^{36}$。

五、贷款发放程序

贷款发放的业务流程主要有五大步骤：第一步，贷款申请；第二步，贷款调查；第三步，贷款审批；第四步，贷款发放；第五步，贷后管理。概括地说就是贷款的"三查"，即贷前调查、贷时审查、贷后检查。这正好分成三个阶段：第一阶段是贷款调查，这最为重要。首先要调查贷款对象的信用状况，包括借款人的评级、是否有不良记录、偿还能力等内容；其次要调查借款人的经营状况，包括盈利能力、产品竞争力、未来发展前景；第三，调查借款人的财务状况，包括近 3 年的资产负债表、利润表、现金流量表等。第二阶段是贷款审查。首先要落实抵押物、质押物、保证人等，看是否存在连环担保及多头贷款等情形。随后进入先决条件落实阶段。当贷款发放后，要进行贷款检查和贷后管理，即第三阶段，要对贷款进行跟踪检查，检查借款人是否按照预先的贷款用途使用资金。

六、贷款定价

（一）贷款定价原则

商业银行在贷款定价时，应坚持四项原则：利润最大化原则、扩大市场份额原则、保证贷款安全原则和维护银行形象原则。

（二）贷款价格构成与影响因素

贷款的价格构成包括贷款利率、贷款承诺费、补偿金额、隐含价格。影响贷款价格的主要因素包括资金成本、贷款风险程度、贷款费用、借款人的信用与银行的关系、贷款的目标收益率、贷款的供求状况等。

（三）贷款定价方法

贷款定价方法包括：成本加成贷款定价法、价格领导模型定价法、成本—收益贷款定价法、客户盈利性分析定价法。

以上四种贷款的定价方法在西方国家的商业银行是普遍使用的，由于我国商业银行的贷款利率是由中国人民银行制定的官定利率，即法定利率，虽然我国央行制定的贷款利率是基准利率，各家商业银行可以在央行规定的基准利率基础上进行浮动，特别是 2004 年开始实行贷款基准利率的下限管理，但是总体上我国商业银行没有自己对贷款定价的权力。然而，为了加快利率市场化步伐，我国于 2013 年 7 月 20 日取消贷款利率下限管理的规定，实际上我国金融机构对于企事业单位的贷款利率，已经成为市场化利率。因此，各商业银行将自主定价每一笔贷款，故而以上四种贷款的定价方式，将会被普遍用于贷款议价、定价的过程中。

第二节　信用贷款

尽管贷款的分类形式多种多样，而且每一类贷款的划分之间又相互交叉。但是无论是西方商业银行，还是我国商业银行，在贷款发放时，普遍采用以贷款的还款保障形式分类，即分为信用贷款和担保贷款两种。

一、信用贷款概念

信用贷款又称信用放款，是指银行完全凭借款人的良好信用而无须提供任何财产抵押或第三者担保而发放的贷款。信用贷款是以借款人的信用作为还款保证的。

二、信用贷款的特点

信用贷款具有三方面特点：一是以借款人的信用和未来现金流量作为还款保

证；二是风险大、利率高；三是手续简便。

三、信用贷款的操作程序

信用贷款的操作程序分为四步：第一，对借款人进行信用评估，正确选择贷款对象；第二，合理确定贷款额度和期限；第三，贷款的发放与监督使用；第四，贷款到期收回。其中对借款人的信用评估是指对借款客户的信用进行分析，然后给予借款人以信用评级。信用分析是对债务人的道德品格、资本实力、还款能力、担保及环境条件等进行系统分析，以确定是否给予贷款及相应的贷款条件。对客户进行信用分析是银行管理贷款信用风险的基本方法。国外商业银行对客户的信用分析常用方法有5W、5P、5C。我国对客户信用分析采用5C方法，5C代表以下5方面：借款人品格（character）、借款人的能力（capacity）、企业的资本（capital）、贷款的担保（collateral）、借款人经营环境条件（condition）。

我国银行在1997年之前，信用贷款占贷款总额的比例大多在60%左右，40%属于担保贷款。因此，不良贷款率居高不下。而1997年之后，信用贷款普遍不到贷款总量的30%，担保贷款已经占到了70%以上。正是从那时起，银行不良贷款率在逐年下降。

虽然信用贷款风险非常大，但是也不是由于风险大，银行就不发放信用贷款。通常情况，商业银行在对老客户甚至是信用状况良好，没有不良记录的优质大客户，仍然会发放无任何担保的完全依靠借款人信誉的信用贷款。

【案例5.2】

信用贷款案例分析

2003年沃尔玛（深圳）中国总部在深圳设立另一家分部，其向建设银行深圳市分行铁路支行申请2亿元人民币信用贷款，建行希望沃尔玛中国总部为其提供担保。但是沃尔玛表示，沃尔玛总部和各地分部及深圳的中国总部皆有能力为这一家新设立的分部提供担保，但是他们不愿意采用担保形式，因为他们的美国总部与分布在世界各地的100多个国家的33家分支机构，申请的所有贷款皆是信用贷款，同时他们还表示沃尔玛这块牌子就是最好的信用。建行深圳市分行经过向总行反映，信贷审批委员会多次上会讨论研究、调查评估，最终给予发放信用贷款2亿元人民币。

第三节　担保贷款

一、担保的原则和特征及种类

（一）担保的概念

担保是指一种财产法律制度，其基本内容是在涉及财产权利关系的经济活动中，债权人要求债务人提供一定的保证或财物作为履行合同的信用帮助和金钱帮助，如果债务人不能履行或不能完全履行合同，并给债权人造成损失时，债权人能够使用债务人提供的信用帮助继续履行合同，或利用金钱帮助补偿自己在合同中的损失。

（二）担保的原则

担保应坚持平等原则、自愿原则、公平原则、诚实信用原则。

（三）担保的特征

担保是债权的保障措施；担保是一种特殊财产权利；担保是债务人以自己财产或他人信用代偿作为履行合同的保障；担保是一种复杂法律关系。

（四）担保的种类

（1）人的担保，是指如果债务人不履行债务，由保证人按照约定履行债务。其主要形式是保证人的保证，这种形式在实际工作中具有较高的可操作性。

（2）物的担保。物的保证方式主要有抵押权和质押权以及留置权，但操作手续较为烦琐。

（3）定金担保，是指债务之外又交付一定数额的定金，该定金的得失与债务履行与否联系在一起，从而促使其积极履行债务，保障债权实现。

以上分类可将担保形式概括为保证、抵押、质押、留置和定金五种。但商业银行主要采取前三种进行放款。担保关系可见图5.1。图中清楚列示了担保人和被担保人、担保权人的关系。银行既是债权人，又是担保权人。银行与客户签订的贷款合同（借款合同）属于主债合同；担保人与银行及借款人（债务人）三方签订的合同是从属合同，即担保合同。有些银行将主债合同与附属合同合并在

金融学科核心课程系列教材

一张合同内，这份合同的前面是借款合同，后部分是担保合同。但绝大多数银行还是将两份合同分开并分别签订。

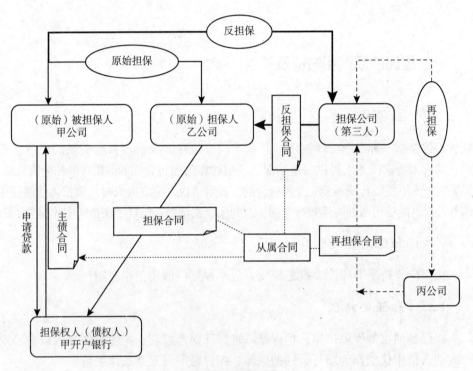

图 5.1　担保示意

二、我国《担保法》的主要内容

（一）担保法

担保法是为了保障金融合同中约定的义务得到履行、权利得到实现的一种法律保障制度。《中华人民共和国担保法》由第八届全国人民代表大会常务委员会第十四次会议于 1995 年 6 月 30 日通过，自 1995 年 10 月 1 日起施行。

（二）担保法中涉及的当事人

在担保法律关系中，提供担保方称为担保人，是担保合同中的债务人，其可以是主债权债务关系中的债务人，也可是第三人；被担保人一般是主债权债务关系中的后履行债务方或长期合同中履行债务能力较弱一方；接受担保方称为担保权人，是担保合同中的债权人；以第三人的身份为合同的一方担保，称为保证人。

（三）担保的效力

在担保法律关系中，担保条款随主合同的生效而同时生效，担保合同随当事人约定的时间生效，各方当事人须按担保合同约定的条件行使权利和履行义务，否则就构成违约，应承担相应的财产责任。

（四）我国《担保法》中的相关规定

1. 法人或其他组织的法定代表人，超越代理权限订立的担保合同，除相对人知道或应当知道其超越权限的以外，该代表行为有效，以保障交易关系的稳定性。

2. 同一债权上数个担保物并存时，债权人放弃债务人提供的物的担保的，其他担保人在其放弃权利的范围内减轻或免除担保责任。

3.《担保法》规定，"担保合同是主合同的从合同，主合同无效，担保合同无效。担保合同另有约定的，按照约定。"担保合同被确认无效后，债务人、担保人、债权人有过错的，应当根据其过错各自承担相应的民事责任。

4. 董事、经理违反《公司法》第六十条的规定，以公司资产为本公司的股东或其他个人债务提供担保的，担保合同无效。以法律、法规禁止流通的财产或不可转让的财产设定担保的，担保合同无效。

5. 无效担保责任，主合同有效而担保合同无效，债权人无过错的，担保人和债务人对主合同债权人的经济损失承担连带赔偿责任；债权人、担保人有过错的，担保人承担民事责任的部分，不应超过债务人不能清偿部分的二分之一。主合同无效而导致担保合同无效，担保人无过错的，担保人不承担民事责任；担保人有过错的，担保人承担民事责任的部分，不应超过债务人不能清偿部分的三分之一。

【案例 5.3】

担保贷款案例分析

日前，中国建设银行大连分行推出了个人消费贷款业务新品种——留学保证金贷款。由借款人采取信用、抵押、质押等方式向分行申请贷款，在贷款发放的同时将贷款按规定转存为相应期限的储蓄存款，并承诺将该储蓄存款作为贷款的第一还款来源，办理冻结手续后开具留学保证金证明。本案例中如果借款人以信用形式申请留学保证金贷款，并且得到银行批准，那么此项贷款即是信用贷款。

如果借款人以在该银行的存单作质押，那么该笔贷款就是质押贷款。假设借款人为银行找一个保证人，银行审核后发放贷款，就是担保中的保证贷款。倘若借款人以其住房作为抵押，银行审批后发放贷款，属于抵押贷款。

三、对外担保

（一）境内机构对外担保

对外担保是指我国境内的中国法人以保证、抵押和质押方式对境外机构或境内的外资机构承诺，当债务人不履行合同义务时，代为履行偿付义务。中国境内机构（境内外资金融机构除外）以保函、备用信用证、本票、汇票等形式出具对外保证。

（二）对外担保的范围

融资担保、融资租赁担保、补偿贸易项下的担保、境外工程承包中的担保、其他具有对外债务性质的担保、对境内外资金融机构出具的担保视同对外担保融资、约定偿还期限及利息的借款融资担保、境内机构承担债务人向境外机构及境内外资金融机构借款的偿还义务的担保。

（三）对外担保的无效

未经国家主管部门批准或登记对外担保的、为境外机构向境内债权人提供担保的；为外商投资企业注册资本、外商投资企业中的外方投资部分的对外债务提供担保的；无经营外汇担保业务的金融机构、无外汇收入的非金融性质的企业法人提供外汇担保；主合同变更或债权人将对外担保合同项下的权利转让，未经担保人同意和国家主管部门批准的，担保人不再承担担保责任。另外，国家机关和事业单位不可对外担保。

四、反担保与再担保

（一）反担保概念

反担保是指在担保法律关系中，向债权人提供担保者（原始担保人）判断被担保人履行债务的能力较差，由自己代为履行或代为赔偿损失的概率较高，担保的风险过大,要求被担保人向自己提供一个担保人(反担保人),一旦需要自己履行担保义务时,就可由反担保人弥补自己履行担保义务所致的损失,转移可能遇到的担保风险。具体反担保形式详见图 5.1 和图 5.2。

【案例 5.4】

反担保案例分析

图 5.2 中,购车人即原始被担保人,在请求银行为其购车发放贷款时,银行要求其向保险公司开出履约保函,即保险公司为购车人(银行借款人)开出保证书。保险公司愿意充当购车人的保证人,购车人就是被保证人,银行是保证权人,当购车人即银行的借款人不归还贷款时,保险公司即负连带责任保证,保险公司为了确保购车人能够按时归还银行贷款,通常在为购车人开出履约保函之前,要求购车人(原被保证人)再为保险公司找一个担保人,当被保证人为保险公司找到一个符合保险公司要求的保证人(图 5.2 中担保人甲)后,保险公司这时才会给购车人开出履约保函。那么该案例中由原被保证人(购车人)为保证人(保险公司)找的保证人甲,即是反担保形式。

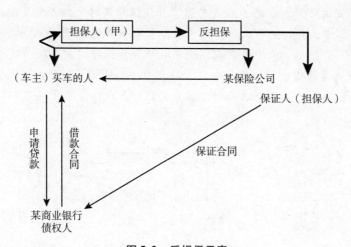

图 5.2　反担保示意

(二) 反担保的法律性质

反担保是在担保的基础上新设立的担保,体现了债权债务关系进一步的复杂化。反担保与原始担保的履行顺序有严格的先后之分,反担保的兑现是在主债不能得到履行或不能得到完全履行时,原始担保兑现后,反担保才开始补偿原始担保的支出。反担保与主债之间没有财产联系，反担保合同不是反担保人与主债的债权人之间签订的，而是反担保人与原始担保人之间签订的。担保人在履行了担保义务后，有权请求反担保人补偿自己的担保支出，在得到补偿后，须将对被担保人的追索权转交给反担保人，追索的财产权利为反担保人为补偿担保人的支出所付出的全部费用。

（三）再担保

再担保是指为担保人设立的担保，当担保人无力承担担保责任时，再担保人将按合同约定向债权人继续承担责任，以保证债权实现。再担保与反担保非常相似，只是主动者不同，具体而言反担保是担保人要求原始被担保人为自己找一个担保人，而再担保是担保人再为自己找一个原始被担保人之外的保证人。具体区别见图 5.1 和图 5.2。

【案例 5.5】

再担保案例分析

2002 年 4 月 2 日，上海市政府与国家开发银行签约合作开展小企业贷款再担保。本次合作中，开行将为上海市的小企业贷款担保提供 50 亿元的再担保额度，即上海市中小企业协会为中小企业办理贷款担保后，可以向其申请办理不超过担保金额 50% 的再担保。在图 5.3 中，上海市中小企业是原始被担保人，上海中小企业协会是担保人，上海市政府与国家开发银行是由担保人上海中小企业协会自己找的再担保人。

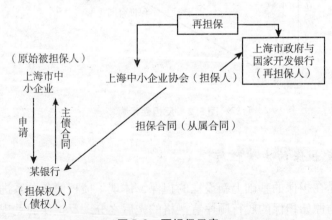

图 5.3　再担保示意

第四节　保证贷款

一、保证贷款的定义

保证贷款是指由第三人以自己的资信为合同的当事人的债务提供担保，约定如果债务人不履行债务或不完全履行债务时，由保证人代替债务人履行债务或赔偿损失的一种担保法律制度。保证是一种独立的从合同或主合同中相对独立的条款。保证是一种担保，而当事人设立担保的目的并非要获得一定的经济利益，而是保证约定的经济利益能够得到实现，因此，可将担保界定为一种主债服务的从债，当其以合同形式出现时，就是一种合同。

二、保证的法律性质

（一）保证的义务

保证人的保证义务至少有两个：第一，代为履行主债的义务；第二，当被保证人不能履行主债义务给债权人造成损失时，代为向债权人赔偿的义务。保证是保证人向主债权人提供的一种资信能力展示，如果保证人的信用一贯良好，并且财力雄厚，其保证力就比较可靠。

（二）保证合同生效

保证合同可以随主合同的生效而生效，随主合同的无效而无效，并且可以应当事人的约定，当主合同无效时，保证合同继续有效，直至补偿完保证受益人损失为止。保证合同的实施须在主合同实施之后，在发生债务人不履行合同或不完全履行合同时，保证合同开始兑现，保证人须按保证合同的约定，代被保证人履行合同，或赔偿不履行合同产生的损失。保证人履行保证合同后，结束了主债的债权债务关系，取得主债权人对主债务人的履约请求权，即民法上的代位请求权，在保证人与被保证人之间形成一个新的债权债务关系。

（三）保证人的资格

1. 保证人资格的形式要件

形式要件是指法律规定一定的民事行为有效必须具备的程序上的条件。保证法律关系中，保证人的资格分公民、法人和非法人团体三种。其中公民担任保证人资格须年满 18 岁，神志正常，能独立判断是非、具有自主行为能力的公民；法人担任保证人资格须是经合法登记成立的法人，尚未取得法人资格的，或已被注销法人资格的，不得担任保证人。非法人担任保证人时须是以非法人组织的身份所作的保证，而不是该组织的成员以个人的名义所作的保证。

2. 保证人资格的实质要件

实质要件是指进行一定的法律行为须具有的权利能力和履行义务的能力。《担保法》规定，具有代为清偿债务能力的法人、其他组织或公民，可以作保证人。

三、不具备保证人资格的情况

《担保法》规定，国家机关不得为保证人，但经国务院批准为使用外国政府或国际经济组织贷款进行转贷除外。学校、幼儿园、医院等以公益为目的事业单位、社会团体不得为保证人。法人的分支机构、职能部门不得为保证人。企业法人的职能部门提供保证的，保证合同无效。

四、保证合同订立的程序

与一般合同订立程序相同，都须经要约与承诺两个阶段，但保证合同涉及三方当事人，其订立的程序与一般合同有较大差别。（1）债务人与拟保证人协商保证的条件，协商的主要内容是请求保证人为自己的某项经济活动向债权人承担保证履约或赔偿损失的责任。（2）拟保证人对债务人提出的条件是否答应，应根据自己的财政能力及担保风险程度做出判断，然后提出自己对保证的条件，如保证标的的金额、期限、保证责任开始的条件和时间及保证费用等事项，债务人与保证人经协商达成一致意见，随后拟保证人与债务人之间可订立一个提供保证担保的协议，也可以不再订协议，而由拟保证人与债权人直接订立保证合同。（3）债务人将拟保证人的资信情况告诉债权人，债权人对拟担任保证人的信用记录和财政能力进行审查，如果发现该人有法律规定不能担任保证人的情况，或不适宜作为主合同保证人的情况，应在一定的期限内做出拒绝的答复，要求债务人重新提供保证人。拟保证人的资信情况适宜担任保证人的，债权人可同意债务人推荐的人选为主合同的保证人。（4）债权人与保证人共同签署保证合同，如果债务人提供两个以上的保证人，保证合同中的保证人一栏将由各保证人分别签署。各保证人须按约定承担保证份额或连带责任，如果没有约定的，各保证人将被视为承担连带保证责任。

五、保证合同的主要内容

保证合同包括保证合同的当事人、被保证人的主债权种类及数额、债务人履行债务的期限、保证方式、保证担保的范围、保证期间、双方认为需要约定的其他事项、修订条款。保证合同详见附件 1。

六、保证的分类

（一）一般保证

1. 一般保证概念。一般保证的保证人在主合同纠纷未经审判或者仲裁，并就债务人财产依法强制执行仍不能履行债务前，对债权人可以拒绝承担责任。

2. 一般保证合同。保证合同是指主债的债权人要求债务人提供保证人作为主债履行的担保，由债权人、债务人和保证人共同订立的协议。《担保法》规定，当事人在保证合同中约定，债务人不能履行债务时，由担保人承担保证责任的，为一般保证。

3. 一般保证行为的法律后果。《担保法》第十七条第二款规定，一般保证的保证人在主合同纠纷未经审判或仲裁，并就债务人财产依法强制执行仍不能履行债务前对债权人可以拒绝承担保证责任。该规定是对债权人享受保证权利的限制。

4. 一般保证承担责任的程序。债权人首先请求债务人履行主债务，当债务人不履行债务时，债权人只能提起诉讼或按约定进行仲裁，等待判决或裁决后，债务人不执行生效的判决或裁决的，在债权人请求强制执行后，仍然不能使债务人履行债务的，债权人才可请求保证人承担保证责任。

（二）连带责任保证

1. 连带责任保证概念。连带责任保证是指当事人在保证合同中约定保证人与债务人对债务承担连带责任的，即保证人与被保证人处在同一债务人的地位，当被保证人不履行或不能履行债务时，债权人有权要求保证人立即履行债务，保证人不得以任何理由拒绝。连带保证责任的立即履行债务是与一般保证合同等待履行债务最大的区别。同时一般保证对于银行贷款的保证履约顺序的问题，一定程度上银行实现债权的时间上存在较大风险，因而对于银行债权的保护程度较低，因此，目前我国商业银行采取的保证贷款形式皆是连带责任保证。

2. 连带保证合同。连带保证合同的债权人、债务人与保证人共同约定主债务标的，并由保证人承诺当被保证人不履行主债务时，由自己代为履行债务责任的合同。由于连带保证责任比较重大，所以这种保证合同一般采取书面形式，以免在履约时发生争议。

3. 连带责任保证的法律后果。连带责任保证的债务人在主合同规定的债务履行期届满没有履行债务时，债权人可以要求债务人履行债务，也可以要求保证人在其保证范围内承担保证责任。即债权人对是否行使连带责任保证权有选择权，如果债务人能够履行债务时，就可不对保证人提出履约请求；如果保证人的履约更能维护自己的利益，则可请求保证人承担连带责任保证。债务人为了增加自己的履约信用，提供第三人为自己担保，将主债债务履行作为保证合同的标的，从而保障主债能够得到更加顺利的履行。

【案例 5.6】

连带责任保证贷款案例分析

某购车人向银行申请贷款 10 万元，银行要求购车人即借款人去找保险公司为其开出履约保函，就是保险公司愿意为购车人充当连带责任保证人，当购车人拿到保险公司为其开来的保证合同时，银行一般不需要再审核借款人的资信状况，给予放款。这就是典型的保证贷款形式。

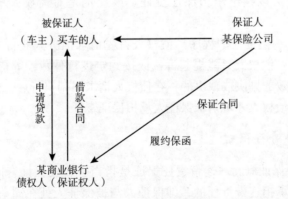

图 5.4　保证示意

金融学科核心课程系列教材

【案例 5.7】

连带责任保证案例分析

1993 年 12 月 31 日，F 银行与 B 玻璃有限公司签订了一份 100 万元人民币流动资金贷款的借款合同，期限 3 个月，由 S 工贸公司为其担保。B 公司成立于 1993 年 4 月，是一家中外合资企业，注册资本 600 万元人民币。贷款到期后，不能归还。F 银行直接从 S 公司账户中扣款，S 公司负连带责任。

此案例中 F 银行做法正确，因为 S 公司是 B 公司的保证人，当借款人无法偿还债务时，保证人负连带责任。

【案例 5.8】

不具备保证人资格的担保贷款

1995 年 12 月，S 大学为建教师住宅楼，以本校住宅筹建办公室名义向 A 银行借款人民币 300 万元，期限 1 年，该笔贷款由该大学基建处担保。贷款到期后信贷员上门催收，发现借款单位住宅筹建办公室已解散，学校领导班子换届后，推说对当时的贷款情况不清楚，目前没有资金还款。贷款已逾期两年形成呆滞贷款。

此案例中，银行做法错误，因为学校不是法人，同时学校、幼儿园、医院等公益事业单位，不具有担保资格。不仅学校不具备保证人资格，同时学校的二级单位住宅筹集办公室更不具有担保资格。

【案例 5.9】

延期贷款必须经过担保人同意

1995 年 11 月 25 日，某银行与 K 公司签订一份金额为人民币 100 万元的流动资金贷款合同，期限 9 个月，由 P 公司担保，并经公证机关进行了公证。贷款到期后借款企业由于经营不善不能按期还款，考虑到借款企业仍有一定经济实力，生产经营还在进行，经借贷双方协商，贷款行同意给予该笔贷款延期半年，并办理延期贷款协议。但是延期贷款协议到期后借款人仍分文未还并且欠息逐月累计增加，鉴于上述情况，贷款行向法院提起诉讼。

此案例中银行做法错误，因为借款合同是主债合同，而担保合同是附属合同，当债权人和债务人延期借款合同时，必须争得担保人同意，否则延期合同中担保人有权取消对借款人的担保。

附件 1

合同编号：

保 证 合 同

签订时间：　　　年　月　日

保证人（甲方）：

债权人（乙方）：

　　为保障乙方担保债权的实现，甲方愿意向乙方提供保证担保，作为乙方为受保人_____
_____提供担保的反担保。甲、乙双方平等协商达成一致，共同订立本合同。

　　第一条　甲方保证担保的债权为乙方依据_____年_____字第_____号委托担保
协议，为受保人_____提供担保，金额为_____币_____元（大写），
贷款期限自_____年_____月_____日至_____年_____月_____日。

　　第二条　甲方保证担保的范围为乙方担保所包含的内容如：贷款本金及利息（包括因借
款人违约计收的复利和加收的利息）、借款违约金、损害赔偿金的费用等。本合同独立于委托
担保协议，不受其效力影响。

　　第三条　甲方承诺对受保人的偿还义务承担连带责任。如受保人未按借款合同的约定履
行偿还借款本息和相应费用的义务，乙方在保证期间可直接向甲方追索。甲方保证在接到乙
方书面索款通知后_____日内清偿上述款项，逾期未清偿，应承担违约责任。

　　第四条　甲方保证有足够的能力承担上述担保责任，并不因甲方受到任何指令、甲方财
力状况的改变、甲方与任何单位签订任何协议而免除所承担的责任。

　　第五条　本合同生效后，甲方接受乙方对资金和财产状况的调查了解，并应按季提供财
务报表等资料。

　　第六条　在本合同有效期间，甲方如再向第三方提供担保，不得损害乙方的利益。

　　第七条　在本合同有效期间，甲、乙任何一方均不得擅自变更或解除本合同。任何一方
需要变更合同时，应经双方协商同意，达成书面协议。

　　第八条　发生下列情形之一，甲方应及时通知乙方：

　　（一）经营机制发生变化，如实行承包、租赁、联营、合并（兼并）、分立、股份制改造、
与外商合资（合作）等；

　　（二）涉及重大经济纠纷诉讼；

　　（三）破产、歇业、解散、被停业整顿、被吊销营业执照、被撤销；

　　（四）法人代表、住所、电话发生变更。

　　甲方发生前款（一）的情形应提前 30 天通知乙方；发生前款其他情形应在事后 7 天内通
知乙方。

　　第九条　甲方未按第五条、第六条、第八条约定履行，给乙方造成经济损失的应予赔偿。

　　第十条　如果发生债权人依据借款合同的约定提前收回贷款，解除合同，其借款合同项

金融学科核心课程系列教材

下的债权未及时得到清偿，甲方立即开始履行保证义务。

　　第十一条　本合同的保证期间为：乙方担保的债权届满之日起，两年之内有效。

　　第十二条　甲、乙双方上顶的其他事项：

_____

_____

_____

_____

　　第十三条　甲乙双方在履行本合同中发生的争议，由双方协商解决。协商不成，应当向乙方住所地人民法院起诉。

　　第十四条　本合同一式_____份，由_____各执一份。

甲方住所：　　　　　　　　　　乙方住所：

基本账号开户行：

账号：

电话：　　　　　　　　　　　　电话：

邮政编码：　　　　　　　　　　邮政编码：

甲方公章：　　　　　　　　　　乙方公章：

法定代表人：　　　　　　　　　法定代表人：

第五节　抵押贷款

一、抵押的概念

　　抵押是指债务人或第三人不转移对财产的占有，将该财产作为债权的担保，当债务人不履行债务时，债权人有权依照《担保法》的规定，以抵押财产折价或以拍卖、变卖该财产的价款优先受偿的一种法律制度。债务人或第三人为抵押人，银行是债权人同时也是抵押权人，作为担保的财产就是抵押物。作为抵押物的财产既可以是动产，也可以是不动产。以抵押方式设定的担保最突出的特点是不转移财产的占有。抵押既是一种担保债权法律关系，又是一种物权法律关系，它以一种债权的形式存在，又以一种物权的内容来维护权利人的利益。故而，抵押行为是与主债权利不可分离的一个辅助行为，是一种从属性质的担保方式。

二、抵押物的范围

（一）可抵押的财产

1.《物权法》对于抵押物范围的扩展

无论是动产还是不动产作为抵押物，都涉及物权问题。2007 年 10 月 1 日开始实施的《中华人民共和国物权法》，将《担保法》中有关抵押、质押和留置的具体规范进行了修正。其中将抵押范围作了相应的变化：

（1）作为抵押物的"荒山、荒沟、荒丘、荒滩等土地使用权"改为"荒地等土地承包经营权"；（2）列举的可抵押动产范围拓展（生产设备、原材料、半成品、产品），并且将半成品也纳入；（3）正在建造的不动产和船舶、航空器也归入可抵押物；（4）确立了非常广泛的可抵押的"其他财产"，即只要法律和行政法规没有禁止的财产均可抵押。

2. 可以抵押的财产

可以单独抵押或同时抵押的财产有：（1）抵押人所有的房屋和其他地上定着物，但乡镇村企业的土地使用权不得单独抵押，以乡镇村企业的厂房等建筑物抵押的，其占有范围内的土地使用权同时抵押。（2）当事人以农作物和与其尚未分离的土地使用权同时抵押的，土地使用权部分的抵押无效。（3）以依法获准尚未建造或正在建设的房屋或其他建筑物抵押的，当事人依法办理了抵押物登记，法院可认定有效。（4）抵押人所有的机器、交通运输工具和其他财产，这些财产需要有使用价值和变卖价值，如果属于国家命令淘汰或限制发展产业（小棉纺、小造纸、小煤矿等 25 类小企业）的专用机器设备不得进行抵押。（5）抵押人依法有权处分的国有的土地使用权、房屋和其他地上的定着物。主要是指国有企业行使国有资产经营管理权涉及的国有不动产。《担保法》规定："以依法取得的国有土地上的房屋抵押的，该房屋占有范围内的国有土地使用权同时抵押。"以使房屋这种不动产与土地这种不动产结合起来，不致在将来可能出现因两种不动产归属不同的所有人而发生争议。（6）抵押人依法有权处分的国有的机器、交通运输工具和其他财产。但不包括人身及与人身有关的无形财产利益。

（二）不可抵押的财产

作为抵押客体的财产是有变卖价值的财产，但并不是所有的有变卖价值的财产都能充当抵押物。（1）土地所有权；（2）耕地、宅基地、自留地、自留山等集体所有的土地使用权；（3）学校、幼儿园、医院等以公益为目的的事业单位、社会团体的教育设施、医疗卫生设施和其他社会公益设施不得作为抵押的标的物；（4）所有权、使用权不明或有争议的财产不能作为抵押物的标的物，当事人须先通过诉讼或其他法律程序明确争议财产的产权归属，对确属自己的财产才能作为抵押的标的物；（5）依法被查封、扣押、监管的财产不得作抵押物；（6）法律、行政法规规定的不得抵押的其他财产。

三、抵押登记制度

（一）抵押登记

抵押是一种相对独立于产权人的财产保障。抵押采取登记制度，抵押权人通过对抵押财产的登记，表明自己的担保权利，并表明自己的担保权利名列在没有登记和登记在后的权利主体之前。抵押物登记时间产生权利、抵押登记时间决定权利顺序。登记确立抗辩权、登记时间确立、登记的确定。我国《担保法》规定，财产抵押的应当办理登记，抵押合同自登记之日起生效。抵押登记制度保障抵押权人优先受偿的可能，在交易中后履行义务方提供抵押担保，可以解除先履行义务方的疑虑。抵押人继续占有和使用抵押物。故而，存在重复抵押问题。如果一个抵押物有两个以上抵押权人时，各抵押权人按照登记顺序先后受偿，先登记的先受偿，后登记的抵押权人后受偿，后登记的抵押权人即使先签订抵押合同，也要排在先登记的抵押权人的后面，待前面的受偿完毕后，有剩余的才能接着受偿，如抵押物不足，后登记的抵押权即告丧失。

（二）抵押物登记的部门

可以办理抵押登记的机关为：（1）以土地上定着物的土地使用权抵押的，为核发土地使用权证书的土地管理部门。（2）以城市房地产或乡镇村企业的厂房等建筑物抵押的，为县级以上地方人民政府规定的部门。（3）以林木抵押的，为县级以上林木主管部门；以航空器、船舶、车辆抵押的，为运输工具的登记部门。（4）以企业的设备和其他动产抵押的，为财产所在地的工商行政管理部门。（5）公证登记。

【案例 5.10】

城市住房按揭贷款的抵押登记部门

图 5.5 中，某购房人将其购入的住房抵押给银行，并且申请住房按揭贷款 40 万元。银行将借款人的房产证拿到该城市的国土局抵押登记中心进行登记，办理完抵押登记后，方才可将 40 万元贷款放行出账。

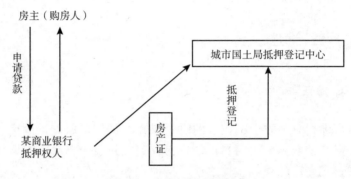

图 5.5　房产抵押登记示意

四、抵押权的实现

（一）抵押的概念

抵押是一种物权的特殊表现形式，是抵押人以法定形式将特定的财产作为主债合同履行的担保，如果债务人不履约，作为担保的财产的处分权就属于抵押权人。设定抵押的目的，就是为了担保债权的实现。债务履行期届满后，如果抵押权人仍未得到清偿，就要采取措施实现抵押权，使债权人受到清偿。

（二）处分抵押物

银行作为抵押权人在债务人不能偿还贷款时，可以采取三种方法处理抵押物。折价、变卖和拍卖。抵押物变现指抵押权人与抵押人协议依法将抵押物折价抵偿或变卖、拍卖，折合成现金后补偿抵押权人的主债权损失。抵押权人与抵押人协商，将抵押物折价抵偿债务，不再经过其他程序就可以补偿自己的损失，这就是折价。变卖是指抵押权人将抵押物卖掉，所得的价款优先补偿自己的损失。拍卖是指以公开竞价的形式，将抵押物转让给最高出价者的特种买卖方式。

虽然处理抵押物的方式有三种，但是由于折价、变卖方式容易引起纠纷，通常我国商业银行只采取第三种形式，即拍卖的方式，就是说银行要首先起诉担保人，由法院指定拍卖行进行集中拍卖。

五、抵押的特征

抵押是一种要式行为，必须符合法律规定的形式和条件。抵押是一种不转移财产占有权的担保。抵押是一种从属合同。抵押人将已经出租的财产抵押的，抵押权实现后，租赁合同在有效期内对抵押物的受让人继续有效。抵押物依法被继承或赠与的，抵押权不受影响，新的产权人不得取消或阻碍抵押权人实现抵押权。已经设定抵押的财产被采取查封、扣押等财产保全或执行措施的，不影响抵押权的效力。抵押财产是相对独立于产权人的财产。

抵押担保的范围包括法定范围、合同约定和孳息。所谓孳息是指当债务履行期届满，债务人不履行债务致使抵押物被法院依法扣押的，自抵押之日起抵押权人有权收取由抵押物分离的天然孳息以及抵押人就抵押物可以收取的法定孳息。

六、抵押合同的主要条款

抵押合同的主要条款包括：（1）当事人身份；（2）被担保的主债权种类、数额（合同）不但要在抵押合同中加以记载，而且要将主合同及其附件作为抵押合同必要的附件；（3）抵押物的状况及权属；（4）抵押担保范围；（5）当事人认为需要规定的其他事项；（6）抵押法律责任；（7）抵押合同的免责；（8）合同争议的解决方法；（9）合同的尾部；（10）最高额抵押。抵押贷款合同参见附件2。

七、重复抵押与抵押率

（一）重复抵押

重复抵押是指债务人以同一抵押物分别向数个债权人进行抵押的行为，致使该抵押物上有多个抵押权负担的抵押形式。这类抵押在同一抵押物的各个抵押权人之间，如抵押设立、担保范围、抵押权次序等多方面产生与一般抵押权不同之特点。《担保法》第三十五条规定："抵押人所担保的债权不得超出其抵押物的价值。财产抵押后，该财产的价值大于所担保债权的余额部分，可以再次抵押，但不得超出余额部分。"对本条之规定，应从两个层次理解。首先，本条以明示方式肯定了重复抵押制度，即许可债务人就同一抵押物分别向多个债权人进行抵押。其次，本条对抵押物价值与被担保债权数额之关系作了限制，只允许抵押物价值大于被担保债权数额，财产已经抵押的，也只允许就价值大于被担保债权部分设立重复抵押。

（二）抵押率

抵押率又称垫头，是指抵押贷款本金利息之和与抵押物估价之间的比率。客户申请抵押贷款时，各家商业银行对抵押率的掌握是不同的，通常情况银行根据抵押物的评估价值，以不超过抵押物市场评估价值的80%，给予发放贷款。特别是不动产抵押率一般保持在70%以下，动产抵押率略高一些，但也不会超过80%。

【案例5.11】

连环担保与多头贷款案例分析

1995年1月至10月期间，B公司法人代表贾某以4家公司名义向某银行下属3家支行贷款人民币3 600万元。其中除一笔为未办理房产证的厂房抵押外，其余均为相互担保。该4家借款企业除其中一家的法人代表为贾某胞弟外，其余3家法人代表都是贾某，贷款除一部分投到房地产项目外，其余均用于大肆挥霍及转移到国外。上述3 600万元贷款到期后均不能按期归还，截至1998年8月共拖欠利息1 500万元。

此案例中，银行做法存在多处错误。首先，审贷不严；其次，多头贷款；第三，该贷款属于"一套人马，多块牌子"；第四，该企业挪用贷款；第五，相互担保；第六，抵押贷款的抵押物为未办理房产证的房产。

【案例5.12】

重复抵押贷款案例分析

Z公司于1998年1月向甲银行申请贷款500万元，以其下属单位所有的营运车牌作为抵押物。甲银行批准其贷款，期限半年。抵押物车牌交由甲银行保管，但未作抵押登记。贷款到期后，Z公司未能还款。甲银行要求处理抵押物时，才知道Z公司早在向甲银行申请贷款以前，就以上述同一抵押物抵押，给了乙银行，抵押方式是将营运车牌在出租车管理部门作了抵押登记，抵押物由Z公司管理。

此案例中，Z公司以其下属单位所有的营运车牌作抵押，存在重复抵押的情况，并且属于同一抵押物超出财产价值以外的抵押，同时抵押只有办理抵押登记才能受到法律保护。因此，甲银行由于没有办理抵押登记，并不知Z公司重复抵押，因此甲银行起诉Z公司，只有在拍卖Z公司抵押的所有车辆后，优先受偿的是乙银行，待乙银行优先受偿后，有剩余甲银行的贷款才能得到一定程度的补偿，如果乙银行受偿后，没有资金剩余，那么甲银行的贷款就成为不良贷款，不仅贷款利息收不回来，而且贷款本金也同样得不到补偿。

此案例中，甲银行属于审贷不严，应该在Z公司向其申请抵押贷款时，就应该将其下属运营公司的所有车牌，拿到当地车辆管理所进行抵押登记，在办理抵押登记时，就会发现Z公司已经与乙银行办理了抵押登记，这时就不会再为其办理抵押贷款业务。

【案例5.13】

两种担保形式并存的案例（抵押与连带责任保证同时存在）

1996年10月，乡镇企业宝深公司向银行申请贷款500万元，用另一乡镇企业宝鹏公司的一栋厂房作抵押。该厂房位于某乡镇集体土地之上，经某评估所评估，价值为550万元。不久，三方签订一份抵押贷款合同，银行贷款500万元给宝深公司使用，期限9个月。随后银行要求宝深公司提供担保。宝深公司找到B集团为其担保，并签订担保合同。从1996年12月宝深公司开始拖欠银行利息，到1997年12月共拖欠银行利息和罚息100万元。银行考虑用乡镇企业厂房来补地价，转让难度很大，而B集团是上市公司，实力雄厚。于是，银行与宝鹏公司达成书面协议，由宝鹏公司替宝深公司归还贷款150万元，银行将解除与宝鹏之间的抵押关系。不久，银行以宝深和B集团为被告，向法院起诉，请求被告宝深公司归还贷款本息450万元，B集团承担连带责任。

此案例中银行没有过错，银行与宝鹏公司的抵押关系，在宝鹏为其支付贷款利息和罚息、解除了抵押担保关系后，由于B集团是宝深公司的连带责任保证，因此在债务人宝深公司不归还银行贷款时，银行有权力向债务人和保证人（B集团）提起诉讼，以保护其债权的回收。

【案例5.14】

住房按揭贷款中银行与开发商双赢的案例分析

某开发商（房地产公司）开发出的楼盘共300套，银行给予开发商额度协议（买房人申请贷款之用）1亿元，这里的协议额度不是给开发商用于流动资金贷款或者滚动开发新楼盘之用，而是给予从该开发商手中购买住房的人，在购买住房时，申请的住房抵押贷款之用。在购房人与开发商签订购房合同但未拿到房产证前，由开发商作为该楼盘业主住房按揭贷款的担保人，即开发商是业主的连带责任保证人。各位业主将住房买卖合同拿到银行申请住房按揭贷款，银行将各位买房人的房产证（开发商整个楼盘的总体房产证书）拿到国土局进行抵押登记，然后贷款出账。当办完了房产证抵押登记后，开发商作为业主第三人担保的责任即刻消除，那么银行就是各购房人的债权人和抵押权人，当业主不按时归还银行按揭贷款时，银行就有权处理抵押物——住房，由于银行处理抵押物的三种方式中，折价和变卖容易引起纠纷，因而通常是拍卖。也就是说，一般情况下，银行只有起诉债务人（在银行有贷款的业主），然后由法院指定拍卖行进行拍卖。从起诉到法院指定拍卖行再到拍卖完结，需要较长时间（有时甚至几年），银行方才能够得到抵押物拍卖款项的受偿。因此，在这种情况下，银行不起诉业主，而是起诉开发商，法院判决后由开发商代业主归还贷款，银行将抵押物处置权转移到开发商手中。开发商了解市场状况，一方面可以在市场上出售该住房，另一方面可以为自己的员工谋福利。对于银行来说，起诉开发商，法院判决后，开发商会马上归还贷款，受偿资金迅速回笼，还可以得到拖欠利息的足额偿还。所以，银企双方往往会协商，主动当原告或被告（见图5.6）。

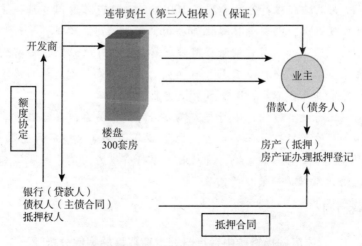

图5.6　开发商与银行双赢的住房按揭贷款

附件 2

合同编号：

抵 押 合 同

签订时间： 年 月 日

_____号《抵押合同》项下：

抵押物清单

名称	数量	质量	状况	所在地	权属及其证书	评估价值	已为其他债权设定抵押价值

抵押人： （公章） 抵押权人： （公章）

法定代表人： 法定代表人：

抵押人：（甲方）

抵押权人：（乙方）

　　为保障乙方担保债权的实现，甲方愿意向乙方提供抵押担保，作为乙方为受保人_____
_____提供担保的反担保。甲、乙双方平等协商达成一致，共同订立本合同。

　　第一条　甲方抵押担保的债权为乙方依据_____年_____字第_____号委托担保
协议，为受保人_____提供担保，金额为人民币_____元（大
写），贷款期限自_____年___月___日至_____年___月___日。

　　第二条　甲方抵押担保的范围为乙方担保所包含的内容如：贷款本金及利息（包括因借
款人违约计收的复利和加收的利息）、借款违约金、损害赔偿金、实现抵押权的费用等。本合
同独立于委托担保协议，不受其效力影响。

　　第三条　甲方以其有权处分的财产作抵押，抵押财产由本合同项下的抵押物清单载明，
该清单为本合同的组成部分。

　　第四条　甲方承诺：

　　（一）保证对其抵押物依法享有所有权或处分权；

　　（二）在抵押期间甲方应妥善保管抵押资产，并负责维修、保养、保证抵押财产的完好无
损。乙方如需要对抵押财产的状况进行了解，甲方应该给予合作；

　　（三）甲方在本合同生效之日，将下列抵押物的物权证书文件交乙方保管。（法律上有其
他规定的，从其规定）

　　（1）_____

　　（2）_____

　　（3）_____

　　（4）_____

（四）对乙方要求保险的抵押物，甲方应在本合同生效前办妥抵押财产保险手续并保证到期续保。

（五）甲方负责办理本合同项下的有关评估、公证、保险、鉴定、登记、运输及保管等事宜并承担全部费用。

第五条　由于甲方的行为造成抵押物价值减少，甲方应在抵押物价值减少的情况发生后 30 天内向乙方增补与减少的价值相当的财产抵押或有效担保。

第六条　抵押物如果发生投保范围内的损失，或因第三人的行为导致抵押物价值减少，保险赔偿金或损害赔偿金应：

（一）存入乙方指定的账户，抵押期间甲方不得动用；

（二）甲方同意提前归还贷款。

第七条　在抵押期间，甲方出租抵押物应征得乙方同意。

第八条　在抵押期间，经乙方书面同意，甲方转让抵押物所得价款应：

（一）存入乙方指定的账户，抵押期间甲方不得动用；

（二）甲方同意提前归还贷款。

第九条　甲方有下列情形之一，应书面通知乙方：

（一）经营机制发生变化，如实行承包、租赁、联营、合并（兼并）、分立、股份制改造、与外商合资（合作）等；

（二）涉及重大经济纠纷诉讼；

（三）担保的权利发生争议；

（四）破产、歇业、解散、被停业整顿、被吊销营业执照、被撤销；

（五）法人代表、住所、电话发生变更。

甲方发生前款（一）的情形应提前 30 天通知乙方；发生前款其他情形应在事后 7 天内通知乙方。

第十条　甲方违反本合同第四条、第五条、第七条、第九条的约定给乙方造成损失的，应承担赔偿责任。

第十一条　如果发生债权人依据借款合同的约定提前收回贷款，解除合同，其借款合同项下的债权未及时得到清偿，乙方有权提前处置抵押物用于偿还甲方的债务。

第十二条　本合同生效后，借款人与乙方协议延长借款合同履行期限。应事先取得甲方书面同意。甲方有义务向登记机关变更登记。

第十三条　借款合同履行期限届满，抵押权人未受清偿，抵押权人有权拍卖、变卖抵押物并以所得价款优先受偿，或经双方协商以抵押物折价实现抵押权。

第十四条　如因履行本合同产生争议，由抵押权人所在地法院管辖。

第十五条　双方商定的其他事项：

_____

_____

_____

_____

金融学科核心课程系列教材

第十六条 本合同一式＿＿＿＿＿份，由＿＿＿＿＿＿＿各执一份。

抵押人住所：　　　　　　　　抵押权人住所：

基本账户开户行：

账号：

电话：　　　　　　　　　　　电话：

传真：　　　　　　　　　　　传真：

邮政编码：　　　　　　　　　邮政编码：

附件：抵押物清单

出质人：　　公章　　　　　　质权人：　　公章

法定代表人：　　　　　　　　法定代表人：

第六节 质 押 贷 款

一、质押的概念

质押是指债务人或第三人将其动产或权利凭证移交债权人占有或将法律法规允许质押的权力依法进行登记，将该动产或权利作为债权的担保，当债务人不履行债务时，债权人有权依法就该动产或权利处分所得的价款优先受偿。

由于质押是债务人或第三人将其动产移交债权人占有，作为债权的担保。如果债务人不履行债务时，债权人有权依照《担保法》的规定，以质押财产折价或变卖、拍卖，所得价款优先受偿的一种法律制度。质押合同自质物移交与质权人占有时生效。

二、质押的种类

我国《物权法》确定了两类质押：权利质押和动产质押。

（一）权利质押

1. 可以出质的权利及相关规定

权利质权因其质押标的性质的不同，可以分为债权质权、股权质权和知识产权质权以及依法可以质押的其他权利。知识产权质押合同自登记之日起生效。有价证券质押合同自权利凭证交付之日起生效。

2. 权利质押的客体

权利质押的客体包括：（1）票据（汇票、支票、本票）；债券、存单、仓单、提单等单据；（2）依法可转让的股份、公司债券，其质权效力及法定孳息；（3）依法可转让的商标专利权、专用权、著作权中的财产权；（4）不动产收益权；（5）依法可质押的其他权利。

（二）动产质押

担保的财产是动产，动产在法律上的含义是指可以随意移动的有使用价值和市场价值的财产，不包括房屋等建筑和土地使用权，也不包括各种有价证券和无形财产权利。担保的财产占有权必须移交给主债权人（质权人），质权人占有该财产后，负有妥善保管的义务。

质权人对质押财产（质物）只有占有权，没有使用权。质权人对质物没有所有权，但在满足担保条件时，有权处分质物，并以处分所得价款优先受偿。

【案例 5.15】

质押贷款案例分析

图 5.7 中，甲公司向银行申请质押贷款，由于企业资金周转问题，通常公司不会有定期存款或者关于企业运营的保险单据，因此更不会到银行申请存单或保单质押，一般情况下是将其应收账款或者该公司所持有的上市公司股票作为质押物，向银行申请质押贷款。

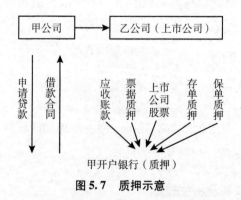

图 5.7　质押示意

金融学科核心课程系列教材

【案例 5.16】

应收账款质押贷款案例分析

华为公司 2003 年底向中国建设银行深圳市分行申请 2 亿元人民币贷款，由于华为是建行孵化起来的大客户，不仅在建行每年都有 30 亿元左右的贷款额度，同时华为在中行、工行、农行等大型银行皆有 10 亿元以上的年度贷款额度。故而，建行了解华为集团能够抵押的财产基本上抵押完毕，总公司（华为集团）为各地的分部进行的担保（连带责任保证）也基本上用完。因而，对于华为追加的这 2 亿元贷款，建行提出可以用其应收账款作为质押。深圳分行信贷审批委员会讨论研究后上报总行，得到总行批准后发放 2 亿元应收账款质押贷款。

【案例 5.17】

股权质押贷款案例分析

假设深科技向建行申请 1 亿元人民币贷款，银行审核后不予发放信用贷款，可以发放担保贷款，银行向其询问是否持有上市公司股票，假如该公司持有中兴通讯（上市公司）股份市值 3 亿元，银行给予发放股权质押贷款。银行占有其股权，但是当股市下跌，原来市值 3 亿元，跌至 2 亿元以下时，银行有权力要求其增加担保物或第三人保证。

三、质押合同与主要条款

（一）质押合同的性质

质押合同是一种要式合同，必须符合法律规定的条件才能生效，又是一种实践合同，质押合同自质物移交于质权人占有时生效。质押合同凭交付有价证券生效、提前清偿及提存、票据出质登记、股票出质不得转让、依照法律程序进行、无形财产出质登记。权利质押合同详见附件 3。

（二）质押合同主要条款

质押合同主要条款包括：（1）被担保的主债权种类、数额；（2）债务人履行债务的期限；（3）质物法律状况；（4）质押担保的范围；（5）质物移交的时间；（6）监管质物的孳息；（7）其他事项、禁止绝押。

（三）质押合同的履行

质押合同的履行包括的主要内容：（1）质押合同生效后，出质人和质权人都应当切实履行合同规定的义务，并按合同约定享受权利；（2）质权人有妥善保管质物的义务、质物有损坏或价值明显减少，足以危害质权人权利的，质权人可要求出质人提供相应担保。

【案例 5.18】

保单质押贷款案例分析

日前，建行北京市分行与新华保险公司合作推出保险单质押贷款业务。18周岁以上且具有完全民事行为能力的投保人，持新华保险公司正式对外签发、允许办理质押的保险单，并以该保险单申请质押时具备的现金价值向新华保险公司办理质押止付后，就可申请一定金额的贷款。该贷款起点为人民币 2 000 元，最高不超过保险单现金价值的85%，最长期限为 5 年。保险单质押期间，借款人可随时在保险单现金价值85%额度内循环申请贷款。

四、质押与抵押的区别

抵押与质押都属于物权担保，也就是采用物的形式进行担保，但两者具有本质区别，主要体现在以下五个方面：

（一）权利性质不同

抵押包括动产抵押、不动产抵押和权利抵押，由于受到权利抵押标的限制，该权利的性质为依附于土地所有权上的使用权，是一种不动产上的权利。

质权是将动产移交债权人占有并以占有的维持作为优先受偿权的担保方式，质权的设定不能与质权的性质相冲突。质权为设定于动产上的担保物权，而不能在不动产上设定质权，故设定质权的权利往往限于动产上的权利。

（二）标的物的范围不同

抵押的标的物包括动产和不动产，以不动产最为常见，动产主要是车、船等一些很特别的动产。

质押则通常以货物等动产为主，也包括权利质押，比如存单、证券和知识产权等。

金融学科核心课程系列教材

（三）生效条件不同

抵押权的设立不以转移抵押标的物的占有为前提条件，没有义务保管标的物，抵押是以登记为生效条件。质权的设立必须以转移质押标的物的占有为条件，负有善良管理人的义务，不需要办理登记，从交付起生效。

（四）担保效力不同

抵押只有单纯的担保效力，在抵押期间所产生的天然孳息和法定孳息均由抵押人收取，只有在债务期满不能履行致使抵押物被法院扣押的条件下，自扣押之日起抵押权人才能有权收取孳息。而在质押期间，质权人既能支配质物又能体现留置效力，有权收取质押物所生的天然孳息。

（五）权利实现方式不同

抵押权的受偿具有先后顺序，因为一个抵押物上可能设置有多个抵押权。而且抵押权的实现主要通过向法院申请拍卖。质押权的受偿没有先后顺序，因为一个质押物只能设置一个质权，而且质押权多通过债权人（比如银行）直接变卖质押物来实现受偿。

附件3

权利质押合同

编号：_____

合同各方：_____

质权人（甲方）：××银行股份有限公司

住所地：_____

法定代表人/负责人：_____ 职务：_____

电话：_____ 传真：_____ 邮编：_____

出质人（乙方）：_____

住所地：_____

法定代表人/负责人：_____ 职务：_____

营业执照号码：_____

身份证号码（出质人为自然人时）：_____

电话：_____ 传真：_____ 邮编：_____

开户银行：基本户/结算户：_____ 账号：_____

　　　　　一般户/储蓄户：（1）_____ 账号：_____

(2) _____ 账号：_____

合同签订地：_____

　　根据本合同甲方和_____（以下简称"债务人"）于_____年_____月___日所签订的编号为_____的《_____》，（以下简称"主合同"），乙方愿意作为出质人，提供其所合法拥有的权利作为出质权利，担保主合同项下所发生的甲方债权。经甲、乙双方充分协商，一致同意以下各条款并签订本合同。

第一条　出质权利

一、乙方提供的出质权利详见《出质权利清单》。

二、本合同项下的质权及于《出质权利清单》所列出质权利的孳息、从权利。在本合同存续期间，甲方有权收取上述出质权利之孳息、从权利。

三、本合同项下的质权及于出质权利的代位物，包括但不限于保险赔偿金、出质权利变卖之价款。

四、《出质权利清单》对出质权利价值的约定，并不作为甲方依本合同对出质权利进行处分的估价依据，也不构成甲方行使质权的任何限制。

第二条　质权存续期间

质权与其担保的债权同时存在，债权消灭的，质权也消灭。

第三条　质押担保的范围

一、质押担保的范围为主合同项下的全部债务，包括但不限于：本金、利息、复利、罚息、违约金、赔偿金、诉讼费、执行费、律师费、评估费、实现债权的费用和其他从属费用。

二、上述债务超出质权实现时实际处理出质权利净收入的部分，乙方自愿承担连带保证责任。

三、本合同项下质押担保的范围，不因甲方拥有债务人或其他任何人为主合同项下甲方的债权提供其他任何方式的担保而受到任何影响。

第四条　出质权利凭证的移交、保管和提存

一、本合同签订后，乙方应将出质权利凭证和其他相关资料交由甲方保管。

二、甲方应妥善保管出质权利凭证。

三、甲方不能妥善保管出质权利凭证可能导致出质权利灭失或者减损的，乙方可要求甲方将出质权利提存，有关费用由乙方承担。

四、出质权利有价值明显减少的可能，足以危害甲方权利的，甲方可以要求乙方提供相应的担保。乙方不提供的，甲方可以拍卖或者变卖出质权利，并将所得的价款提前清偿所担保的债权或向甲方所在地公证机关提存。

五、上述出质权利价值明显减少，足以危害甲方权利的情况是指下列情形：

1. 当质押率超过_____%时；

2. _____。

第五条　权利质押的登记与记载

一、本合同项下法律法规规定应当办理出质登记或其他出质手续的，甲乙双方应在本合同签订后 5 个工作日内办理相关手续。

1. 以依法可以转让的股票出质的，甲乙双方应于本合同签订之日起 5 个工作日内共同到证券登记机构办理出质登记。

2. 以有限责任公司的股份出质的，乙方须办理将股份出质记载于股东名册的有关事项，甲方有权核查记载事项并取得必要的记载证明，乙方对此应提供足够的协助。

3. 以依法可以转让的商标专用权、专利权和著作权中的财产权出质的，甲乙双方应于本合同签订之日起 5 个工作日内共同到有关管理部门办理出质登记。

4. 以汇票、支票、本票、债券、仓单、提单等票据出质的，甲乙双方应当于本合同签订之日在票据上背书记载"质押"字样。

5. 以存单出质的，甲乙双方应于本合同签订之日起 5 个工作日内共同到存单签发银行办理核押出质手续。

6. 以公路桥梁、公路隧道或者公路渡口等不动产收益权出质的，甲乙双方应与本合同签订之日 5 个工作日内到公路主管行政部门办理质押登记。

7. 其他权利质押：_____

_____

二、出质登记事项发生变化，依法需进行变更登记的，甲乙双方应在登记事项变更后到有关出质权利登记机关办理变更登记手续。

三、根据本合同第一条，出质权利的孳息、在出质权利上新增从权利等自然成为本合同项下的出质权利，如有关机构要求对该孳息、从权利进行出质登记的，甲乙双方应在孳息、从权利等事项发生后立即到有关登记机构办理出质登记。

第六条 质权的实现

一、若在主合同约定的债务人债务履行期届满甲方未受清偿，或因债务人违约甲方按主合同的约定提前要求债务人履行债务的情形出现时，乙方同意：甲方有权直接采用以出质权利折价抵偿或者以拍卖、变卖或以其他方式处分出质权利所得价款优先受偿以实现债权。

二、以载明兑现或提货日期的汇票、支票、本票、债券、存款单、仓单、提单出质的，汇票、支票、本票、债券、存款单、仓单、提单兑现或提货日期先于债务履行期的，甲方可以在债务履行期届满前兑现或提货，并将兑现的价款或者提取的货物用于提前清偿所担保的债权或者向第三人提存，提存费用由乙方承担。

三、经甲方同意，乙方可以转让本合同项下的股票或股权。但转让股票或股权所得价款应当用于提前清偿所担保的债权或者向第三人提存，提存费用由乙方承担。

四、经甲方同意，乙方可以转让或者许可他人使用本合同项下商标专用权、专利权、著作权中的财产权。但所得转让费、许可费应当用于提前清偿所担保的债权或者向第三人提存，提存费用由乙方承担。

五、甲方依据本合同处分出质权利时，乙方应给予配合，不得设置任何障碍。

六、出质权利折价或者拍卖、变卖后，其价款超过质押担保范围债权数额部分归乙方所有，不足部分由乙方补偿。

第七条 甲方的权利和义务

一、主合同履行期届满，债务人未依约归还债务本金、利息及其他从属费用的，有权处分本合同项下的出质权利。

二、出现下列情形之一时，有权提前处分出质权利，并从处分所得价款中优先受偿：

1. 依据主合同约定或法律规定解除主合同的；

2. 依据主合同约定的其他情形应当提前履行债务的，其主合同项下的债权未实现或未能全部实现的。

三、有权要求乙方采取措施避免质权受到来自任何第三方的侵害。

四、以股权、股份等权利作质押的，甲方有权了解、查询有关公司的经营活动，有权出席、列席有关的董事会、股东大会。

五、有妥善保管出质权利凭证的义务。

六、在本合同有效期内，依法转让主债权的，应及时通知乙方。

七、若主合同债务人按约定期限或提前清还债务款项，应将出质权利及有关权利凭证返还给乙方。

八、依法或依据本合同，甲方应享有的其他权利或应承担的其他义务。

第八条　乙方的权利和义务

一、本合同生效后，甲方依法将主债权转让给第三人的，乙方在原质押担保范围内继续承担担保责任。

二、除加重乙方担保责任外（利率按规定调整的除外），甲方与主合同债务人协议变更主合同，无须经乙方同意，乙方仍在本合同确定的质押担保范围内承担质押担保责任。

三、乙方的行为足以使出质权利价值减少的，应停止其行为；造成出质权利价值减少时，有义务恢复出质权利的价值，或提供与减少的价值相当的担保。

四、因发生第三人损害赔偿、国家征用补偿等情形，乙方所获赔偿金、补偿金应当作为出质权利的代位物提前向甲方清偿或向有关部门提存，出质权利价值未减少的部分仍作为债权的担保。

五、以载明兑现或提货日期的汇票、支票、本票、债券、存款单、仓单、提单出质的，在质押担保期间内不得挂失，并由乙方出具书面材料通知有关出票银行、出票人、发债人及保管人等关系人。

六、未经甲方许可，乙方不得转让或许可他人使用本合同项下出质权利。

七、在本合同生效后，乙方如发生分立、合并、股份制改造等变更情形，应妥善落实本合同项下的担保义务。

八、在甲方质权受到或可能受到来自任何第三方的侵害时，有义务通知甲方并使甲方质权免受侵害。

九、有下列情形之一的，应及时书面通知甲方：

1. 经营机制发生变化，如实行承包、租赁、联营、合并、分立、股份制改造、与外商合资合作等；

2. 经营范围及注册资本增减、股权变动；

3. 涉及重大经济纠纷诉讼；

4. 出质权利权属发生争议；

5. 破产、歇业、解散、被停业整顿、被吊销营业执照；

6. 住所、电话、法定代表人发生变更。

十、主合同债务人清偿主合同项下全部债务后，有权要求甲方返还出质权利及有关权利凭证。

十一、依法或依本合同应享有的其他权利或应承担的其他义务。

第九条　费用承担

本合同项下有关的费用支出，包括但不限于各项公证、保险、查勘、鉴定、评估、登记、保管、运输、提存、过户、诉讼与非诉讼、律师服务等费用均由乙方承担。

第十条　违约责任

一、乙方隐瞒质物共有、瑕疵、争议转质或申请挂失、提起公示催告程序或提前支取，或伪造、变造权利凭证，或涉及诉讼、仲裁等其他情况严重危及质权实现时，应向甲方支付担保债权数额_____的违约金，并须将质物恢复到甲方认可的原状，或提供甲方认可的新的等值担保。

二、由于乙方的原因，致使甲方不能及时实现质权的，乙方应承担妨碍清除前的债权担保数额_____的违约金。

三、本合同生效后，甲、乙双方当事人均应履行合同约定的义务，任何一方不履行或不完全履行本合同所约定义务的，应当承担相应的违约责任，并赔偿由此给对方造成的损失。

四、出现本条上述违约事项，甲方有权采取以下一项或多项措施：

1. 要求乙方限期纠正违约；

2. 要求乙方增加相应的担保或重新提供担保；

3. 要求乙方赔偿损失；

4. 以出质权利折价或拍卖、变卖出质权利，并以所得的价款优先受偿；

5. 甲方有权采取的其他措施。

第十一条　合同的生效、变更、解除和终止

一、本合同自甲、乙双方签章、出质权利凭证移交于甲方之日起生效；需办理出质登记的，自办妥出质登记手续之日起生效。本合同至主合同项下债权人的债权本金、利息、复利、罚息、违约金、赔偿金、实现债权的费用和所有其他应付费用全部清偿之日终止。

二、本合同生效后，甲、乙双方任何一方不得擅自变更或提前解除本合同。如本合同需要变更或解除时，应经甲、乙双方协商一致，并达成书面协议。书面协议达成之前，本合同各条款仍然有效。

第十二条　公证

甲乙双方同意并确认：本合同若经公证机关公证为具有强制执行效力的债权文书，如债务人未能按期清偿所欠甲方的债务本息和其他应付费用及乙方有本合同第十条规定的违约情形时，甲方有权根据本合同直接向有管辖权的人民法院申请强制执行，乙方同意无条件地接受该强制执行并放弃抗辩权。

第十三条　本合同之地位

一、本合同独立于主合同，无论主合同是否被认定部分或全部无效，乙方仍应承担本合同项下的质押担保责任。

二、乙方（包括其继承人、受遗赠人）为自然人的，本合同的有效性不受乙方人身或财产发生重大事故（如死亡、失踪、被宣告失踪、丧失民事行为能力、遭受自然灾害等）的影响。乙方为法人或其他组织的，本合同的有效性不受乙方合并、分立、重组、股份制改造、隶属关系变更等因素的影响。

三、在本合同履行期间，如乙方迟延履行合同义务，或甲方对乙方任何违约行为或延误行为施以任何宽容、宽限，均不能损害、影响、限制甲方依据本合同约定和有关法律规定享有的作为质权人的一切权利，不能视为甲方对任何违约行为的许可或默许，也不能视为甲方放弃对乙方现在或者将来违约行为采取行动的权利。

第十四条　法律适用及争议解决

一、本合同适用中华人民共和国法律。

二、甲、乙双方在履行本合同过程中发生的争议，首先应协商解决；协商不成的，可通过以下第_____种方式解决：

1. 在甲方所在地法院通过诉讼方式；

2. 仲裁方式，提交中国国际经济贸易仲裁委员会按照金融争议仲裁规则进行仲裁；

3. 其他：_____。

三、双方确认：广东发展银行总行有权直接或授权任何机构取代甲方处理因执行本合同所产生的纠纷。

第十五条　乙方的特别陈述

一、确认本合同的全部内容都经过各方充分协商，并保证理解了本合同的全部内容。对本合同画线部分已特别注意，并对此无任何异议。

二、是本合同项下出质权利的完全的、有效的、合法的所有者，该出质权利依法可以设定质押，不会受到任何限制；出质权利为共有的，本合同项下的质押已得到全体共有人的书面同意。

三、为主合同项下甲方的债权提供质押担保完全出于自愿，在本合同项下全部意思表示真实。

第十六条　附则

一、在正式签署本合同之前，各方均应认真核查对方及其签字人所获之授权权限与时效。

二、本合同项下：甲方经办人为：_____联系电话：_____

　　　　　　　　乙方经办人为：_____联系电话：_____

三、本合同附件是本合同不可分割的组成部分，与本合同具有同等法律效力。

　　　　附件包括：

　　　　附件一：《出质权利清单》

　　　　附件二：

　　　　附件三：

四、本合同一式_____份，甲方执_____份，乙方执_____份，有关登记机关执_____份，具有同等法律效力。

第十七条　其他约定（空栏不足可另附页）：

_____

_____

_____

_____

_____

合同各方签章：

甲方（盖章）：　　　　　　乙方（盖章）：

法定代表人　　　　　　　　法定代表人

或授权代表（签字或盖章）：　或授权代表（签字或盖章）：

日期：　　　　　　　　　　日期：

第七节　留置与定金

一、留置

（一）留置的概念

留置是指依照《担保法》第八十四条的规定债权人根据保管合同、仓储合同、运输合同和加工承揽合同及其他为他人提供服务的合同约定占有债务人的动产，债务人不按照合同约定的期限履行义务的，债权人有权依照《担保法》的规定留置该财产，将其折价或以拍卖、变卖该财产的价款优先受偿。

（二）留置的性质与特征

留置是保障合同债权人利益的一种法律制度，是对合法占有他人财产的交易制度规定的一种担保形式。

留置的特征为：（1）一种财产担保措施；（2）留置标的与主合同标的相同；（3）留置物的处分权在债权人手中；（4）留置担保的标的是动产；（5）约定优先适用于法定。

（三）关于担保贷款形式中物权的受偿顺序问题

根据《物权法》中物权优先的原则，抵押权与其担保的债权同时存在，债权消灭的，抵押权也随之消灭；同一财产法定登记的抵押权与质权并存时，抵押权人优先于质权人受偿；同一财产抵押权与留置权并存时，留置权人优先于抵押权人受偿。在抵押物灭失、损坏或被征用的情况下，抵押权人可就该抵押物的保证金、赔偿金或补偿金优先受偿。在抵押物灭失、损坏或被征用的情况下，抵押物所担保的债权未届清偿期的，抵押权人可请求法院对抵押物的保证金、赔偿金或补偿金等采取保全措施。

二、定金

（一）定金的概念

定金是指当事人在签订合同时，为了防止后履行合同或履行合同能力相对比较弱的一方不积极履行合同，先履行合同的一方或履行合同能力相对比较强的一方要求对方提交一部分现款（定金）作履约的担保。

（二）定金的性质

当提供定金方履行债务后，定金应当抵作价款或收回；给付定金方不履行约定的债务的，无权请求返还定金；收受定金的一方不履行约定的债务的，应当双倍返还定金。

定金与合同的关系：当事人约定已交付定金作为主合同成立或生效要件，给付定金方未支付定金，但主合同已经履行或已经履行主要部分的，不影响主合同的成立或生效，以稳定市场交易秩序。

（三）定金的特征

定金是一种从合同，提供定金的当事人是后履行合同的一方当事人或履行合同能力较弱的一方，其提供定金的行为是被动的，一般是订立合同所必需的附属行为，如果他不提供定金对方当事人将不愿意与之进行交易。

（四）定金实施的条件

定金实施的条件是当事人不履行、延迟履行或具有其他违约行为，致使合同目的不能实现，可使用定金罚则。部分适用定金罚则：当事人一方不完全履行合同的，应当按照未履行部分所占合同约定内容的比例，适用定金罚则。

思 考 题

1. 银行贷款是如何分类的？可以分为哪几类？
2. 商业银行贷款定价的原则是什么？
3. 阐述担保贷款中物权受偿顺序。
4. 阐述担保贷款中的三种主要形式。
5. 阐述质押与抵押贷款的关系。
6. 阐述连带责任保证担保形式的优势。

练 习 题

一、单项选择题

1. 在五级分类贷款中，缺陷已经很明显的贷款，正常经营收入已不足以保证还款，需要通过出售、变卖资产或对外融资，乃至执行抵押担保来还款的一类贷款称（　　）。

  A. 关注贷款　B. 可疑贷款　　C. 次级贷款　　D. 损失贷款

2. 在五级分类贷款中，借款人偿还贷款本息没有问题，但潜在的问题若发展下去将会影响偿还的一类贷款称为（　　）。

  A. 关注贷款　B. 可疑贷款　　C. 次级贷款　　D. 损失贷款

3. 在五级分类贷款中，已肯定要发生一定损失，但由于贷款人重组、兼并、合并、抵押物处理诉讼未决等待定因素，贷款损失数目还不能确定的一类贷款称为（　　）。

  A. 关注贷款　B. 可疑贷款　　C. 次级贷款　　D. 损失贷款

4. 在五级分类贷款中，全部或部分已经损失的一类贷款称为（　　）。

  A. 关注贷款　B. 可疑贷款　　C. 次级贷款　　D. 损失贷款

5. 不良贷款率是衡量（　　）的最重要指标。

  A. 银行风险　　　　　　　　B. 银行负债质量
  C. 银行资产质量　　　　　　D. 银行经营绩效

6.《汽车贷款管理办法》规定，贷款人发放自用车贷款的金额不得超过借款人所购汽车价格的（　　）。

  A. 20%　　　B. 50%　　　　C. 70%　　　　D. 80%

7. 汽车贷款的贷款期限（含展期）不得超过（　　）年。

  A. 5　　　　B. 4　　　　C. 2　　　　D. 1

8. 票据贴现利率（贴现率）一般较同期的其他贷款（　　）。

A. 高　　　　B. 一样　　　　C. 低　　　　D. 不定

9. 银行以合法方式筹集资金自主发放的贷款是（　　　）。

A. 委托贷款　B. 自营贷款　　C. 特定贷款　　D. 自主贷款

10. 由政府部门、企事业单位及个人等委托提供资金，由银行（受托人）根据委托人确定的贷款对象、用途、金额、期限、利率等代为发放、监督使用并协助收回的贷款是（　　　）。

A. 委托贷款　　　　　　B. 自营贷款

C. 特定贷款　　　　　　D. 自主贷款

11. 经国务院批准并可能造成的损失采取相应的补救措施后，责成国有商业银行发放的贷款是（　　　）。

A. 委托贷款　　　　　　B. 自营贷款

C. 特定贷款　　　　　　D. 自主贷款

12. 一般来讲，信用贷款、保证贷款、抵押贷款和质押贷款中风险最大的是（　　　）。

A. 信用贷款　　　　　　B. 保证贷款

C. 抵押贷款　　　　　　D. 质押贷款

13. 一定时期客户向贷款人支付的贷款利息与贷款本金之比称为（　　　）。

A. 贷款利率　　　　　　B. 补偿余额

C. 承诺费　　　　　　　D. 隐含价格

14. 以若干大银行统一的优惠利率为基础，并考虑到违约风险补偿和期限风险补偿的贷款定价法是（　　　）。

A. 成本加成定价法　　　　B. 价格领导模型定价法

C. 成本—收益定价法　　　D. 客户盈利性分析定价法

15. 质押贷款与抵押贷款的不同点主要在于（　　　）。

A. 是否进行实物的交付　　B. 手续的繁简

C. 利率的高低　　　　　　D. 风险的大小

16. 下列关于质押率的说法，不正确的是（　　　）。

A. 质押率的确定要考虑质押财产的价值和质押财产价值的变动因素

B. 质押率的确定要考虑质物、质押权利价值的变动趋势

C. 质押权利价值可能出现增值

D. 对于变现能力较差的质押财产，应适当提高质押率

17. 在贷款质押业务的风险中，最主要的风险因素是（　　　）。

A. 虚假质押风险　　　　　B. 司法风险

C. 汇率风险　　　　　　　　　D. 操作风险

18. 下列关于防范质押操作风险的说法，不正确的是（　　）。
    A. 银行应当确认质物是否需要登记
    B. 银行应收齐质物的有效权利凭证
    C. 银行应当与质物出质登记、管理机构和出质人签订三方协议，约定保全银行债权的承诺和监管措施
    D. 银行借出质押证件时，应书面通知登记部门或托管方撤销质押

19. 保证合同不能为（　　）。
    A. 书面形式　　　　　　　　　B. 口头形式
    C. 信函、传真　　　　　　　　D. 主合同中的担保条款

20. 下列关于质押的说法，不正确的是（　　）。
    A. 质押是债权人所享有的通过占有由债务人或第三人移交的质物而使其债权优先受偿的权利
    B. 设立质权的人称为质权人
    C. 质押担保的范围包括质物保管费用
    D. 以质物作担保所发放的贷款为质押贷款

21. 对于抵押物的存货估价，应当是评估存货的（　　）。
    A. 现值　　B. 购买成本　　C. 生产成本　　D. 历史价值

22. 由于使用磨损和自然损耗造成的抵押物贬值是（　　）贬值。
    A. 功能性　　B. 实体性　　　C. 经济性　　　D. 泡沫

23. 某抵押物市场价值为 15 万元，其评估值为 10 万元，抵押贷款率为 60%，则抵押贷款额为（　　）万元。
    A. 12.6　　　B. 9　　　　　　C. 8.6　　　　　D. 6

24. 在贷款担保中，借款人将其动产交由债权人占有的方式属于（　　）。
    A. 保证　　　B. 抵押　　　　C. 质押　　　　D. 定金

25. 下列质押品中，不能用其市场价格作为公允价值的是（　　）。
    A. 国债　　　　　　　　　　　B. 银行承兑汇票
    C. 上市公司流通股　　　　　　D. 上市公司限售股

26. 下列关于担保中留置的说法，正确的是（　　）。
    A. 留置财产只能是不动产
    B. 留置财产可以是动产，也可以是不动产
    C. 留置权人不占有留置财产
    D. 当债务人到期未履行债务时，留置权人有权就留置财产优先受偿

27. 抵押物由于技术相对落后发生的贬值称为（　　）。

    A. 实体性贬值　　　　　　　　B. 功能性贬值

    C. 经济性贬值　　　　　　　　D. 科技性贬值

28. 下列主体可作为保证人的是（　　）。

    A. 8 岁的小明

    B. 65 岁无经济来源的老王

    C. 某医院

    D. 有母公司书面授权可作为保证人的某子公司

29. 质押与抵押最重要的区别为（　　）。

    A. 抵押权可重复设置，质权不可

    B. 抵押权不转移标的占有，质权必须转移标的占有

    C. 抵押权人无保管标的义务，质权人负有善良管理人注意义务

    D. 抵押权标的为动产和不动产，质权标的是动产和财产权利

30. 抵押贷款中，在认定抵押物时，除核对抵押物的所有权外，还应验证董事会或职工代表大会同意证明的企业形式为（　　）。

    A. 国有企业

    B. 实行租赁经营责任制的企业

    C. 集体所有制企业或股份制企业

    D. 法人企业

31. 关于保证，下列说法正确的是（　　）。

    A. 银行与借款人协商变更借款合同时，可不告知保证人

    B. 未经保证人同意，展期后的贷款保证人可不承担保证责任

    C. 事前如有约定的，银行对借款人有关合同的修改可不通知保证人

    D. 银行对借款合同的修改都应取得保证人口头或书面意见

32. 下列关于抵押物认定的说法，错误的是（　　）。

    A. 只有为抵押人所有或有权支配的财产才能作为贷款担保的抵押物

    B. 银行对选定的抵押物要逐项验证产权

    C. 对国有企业，应核对抵押物的所有权

    D. 用共有财产作抵押时，应取得共有人同意抵押的证明，以整个财产为限

33. 某上市公司目前正与一家风险投资公司谈判并购事宜，并以其法人股权为质押向银行申请质押贷款，下面是按不同形式确定的法人股权价值，则银行应确定质押品的公允价值为（　　）。

    A. 公司最近一期经审计的财务报告中标明法人股权的价值为 500 万元

金融学科核心课程系列教材

B. 以 2008 年 5 月至 2009 年 5 月的财务报表为基础，测算公司未来现金流得到的质押品现值为 450 万元

C. 公司与并购方谈判质押品价格为 470 万元

D. 公司向银行提交的价格 550 万元

34. 1996 年，在国家的大力提倡下，企业纷纷放弃含氟冰箱的研制生产，从而导致生产该冰箱的设备使用率极低，价值也大大降低，这是一种（　　）。

    A. 实体性贬值　　　　　　　　B. 功能性贬值

    C. 经济性贬值　　　　　　　　D. 科技性贬值

35. 下列关于贷款担保作用的说法，错误的是（　　）。

    A. 协调稳定商品流转秩序，维护国民经济健康运行

    B. 降低银行存款风险，提高资金使用效率

    C. 促进企业加强管理，改善经营管理状况

    D. 巩固和发展信用关系

二、多项选择题

1. 商业银行贷款担保政策主要包括（　　）。

    A. 明确担保的方式

    B. 规定抵押品的鉴定、评估方法和程序

    C. 确定贷款与抵押品估值的比率、贷款与质押品价值的比率

    D. 确定担保人的资格和还款能力的评估方法和程序

2. 商业银行贷款按保障条件可以分为（　　）。

    A. 信用贷款　　　　　　　　　B. 保证贷款

    C. 抵押贷款　　　　　　　　　D. 质押贷款

3. 根据还款保证的不同，担保贷款可以分为（　　）。

    A. 留置　　　　　　　　　　　B. 抵押贷款

    C. 质押贷款　　　　　　　　　D. 保证贷款

    E. 定金

4. 银行贷款按照其偿还方式的不同可以分为（　　）。

    A. 延期还款　　　　　　　　　B. 一次性偿还

    C. 到期偿还　　　　　　　　　D. 分期偿还

5. 商业银行贷款定价的原则有（　　）。

    A. 利润最大化原则　　　　　　B. 扩大市场份额原则

    C. 保证贷款安全原则　　　　　D. 维护银行形象原则

6. 贷款业务流程包括（　　　）。

    A. 贷后管理　　　　　　　B. 贷款申请

    C. 贷款调查　　　　　　　D. 贷款审批

    E. 贷款发放

7. 与其他贷款相比，信用贷款的特点有（　　　）。

    A. 以借款人信用和未来的现金流量作为还款保证

    B. 风险大、利率高

    C. 手续简便

    D. 更为普通

8. 银行在确定抵押率时，应当考虑的因素有（　　　）。

    A. 贷款风险　　　　　　　B. 借款人信誉

    C. 抵押物的品种　　　　　D. 贷款期限

9. 国际银行业普遍认同的将贷款按照风险大小可分为（　　　）类。

    A. 正常　　B. 关注　　C. 次级　　D. 可疑　　E. 损失

10. 属于不良贷款的是（　　　）。

    A. 正常　　B. 关注　　　C. 次级　　　D. 可疑　　　E. 损失

11. 商业银行对客户的信用分析主要集中在五个方面，即所谓的"5C"原则，其中5C分别代表的有（　　　）。

    A. 借款人品格（character）

    B. 借款人的能力（capacity）

    C. 企业的资本（capital）

    D. 贷款的担保（collateral）

    E. 借款人经营环境条件（condition）

12. 我国目前的担保贷款包括（　　　）。

    A. 保证贷款　　　　　　　B. 质押贷款

    C. 抵押贷款　　　　　　　D. 信用贷款

13. 抵押物处分方式主要有（　　　）。

    A. 拍卖　　B. 折价　　　C. 直接出售　　D. 变卖

14. 贷款的"三查"是指（　　　）。

    A. 贷前检查　　　　　　　B. 贷前调查

    C. 贷时审查　　　　　　　D. 贷后检查

15. 商业银行中长期贷款发放量增加的弊端在于（　　　）。

    A. 资金被长期占用　　　　B. 流动性差

C. 风险大　　　　　　　　D. 盈利少

16. 下列可以作为保证人的有（　　　）。

　　A. 金融机构

　　B. 从事经营活动的企业法人

　　C. 经企业法人书面授权的分支机构

　　D. 自然人

　　E. 以公益为目的的事业单位

17. 贷款保证存在的主要风险因素有（　　　）。

　　A. 保证人不具备担保能力

　　B. 虚假担保人

　　C. 公司互保

　　D. 保证手续不完备

　　E. 超过诉讼时效

18. 下列关于质物、质押权利合法性的说法，正确的有（　　　）。

　　A. 所有权、使用权不明或有争议的动产，法律规定禁止流通的动产不得
　　　作为质物

　　B. 凡出质人以权利凭证出质的，必须对出质人提交的权利凭证的真实
　　　性、合法性和有效性进行确认

　　C. 凡发现质押权利凭证有伪造、变造迹象的，应重新确认

　　D. 以海关监管期内的动产作质押的，需由负责监管的海关出具同意质押
　　　的证明文件

　　E. 非流通股可设定质押

19. 公司以没有明确市场价格的质押股权进行质押的，应当在（　　　）中选
择较低者为质押品的公允价值。

　　A. 质押品的可变现净值

　　B. 公司最近一期经审计的财务报告或税务机关认可的财务报告中所写明
　　　的质押品的净资产价格

　　C. 质押品所担保的债务的价值

　　D. 以公司最近的财务报告为基础，测算公司未来现金流入量的现值所估
　　　算的质押品的价值

　　E. 如果处于重组、并购等股权变动过程中，以交易双方最新的谈判价格
　　　为参考所确定的质押品的价值

20. 商业银行可接受的质押财产包括（　　　）。

A. 出质人所有的、依法有权处分的机器

B. 汇票

C. 依法可以转让的基金份额、股权

D. 依法可以转让的专利权

E. 依法可以质押的特许经营权

21. 贷款抵押的风险防范措施包括（　　　）。

    A. 对抵押物进行严格审查

    B. 对抵押物的价值进行准确评估

    C. 做好抵押物登记工作，确保抵押关系的效力

    D. 贷款合同期限应覆盖抵押合同期限

    E. 根据评估价值打折扣后确定贷款额度的权重

22. 抵押合同的内容包括（　　　）。

    A. 被担保的主债权种类、数额

    B. 债务人履行债务的期限

    C. 抵押物的所有权归属或者使用权归属

    D. 抵押担保的范围

    E. 抵押物的名称数量

23. 抵押担保的范围包括（　　　），或按抵押合同规定执行。

    A. 主债权　　　　　　　　B. 主债权的利息

    C. 违约金　　　　　　　　D. 损害赔偿金

    E. 实现抵押权的费用

24. 下列属于财产担保的有（　　　）担保。

    A. 房产　　　　　　　　　B. 企业保证

    C. 股票　　　　　　　　　D. 债券

    E. 保险单

25. 中外合资、合作企业的企业法人提供的保证，需要提供（　　　）。

    A. 董事会出具的同意担保的决议

    B. 董事会出具的授权书

    C. 董事会成员签字的样本

    D. 中国注册会计师事务所出具的验资报告或出资证明

    E. 外资方所在国注册会计事务所出具的验资报告或出资证明

26. 银行一般不能向借款人提供与抵押物等价的贷款，其原因包括（　　　）。

    A. 抵押物在抵押期间可能会出现损耗

B. 抵押物在抵押期间可能会出现贬值

C. 在处理抵押物期间可能会发生费用

D. 贷款有利息

E. 逾期有罚息

27. 贷款担保的作用主要包括（　　　）。

A. 巩固和发展信用关系

B. 促进借款人加强管理，改善经营管理状况

C. 降低银行贷款风险，提高信贷资金使用效率

D. 加强担保人与银行的业务合作，使得担保人未来更可能获得银行信贷

E. 协调和稳定商品流转秩序，使国民经济健康运行

28. 下列措施中，可防范质押操作风险的有（　　　）。

A. 谨慎接受权证质物

B. 质物出质登记

C. 与质物出质登记、管理机构和出质人签订三方协议

D. 将质押证件作为重要有价单证归类保管

E. 出借质押证件

29. 下列质押品中，其市场价格可作为抵押公允价值的有（　　　）。

A. 国债　　　　　　　　　B. 存单

C. 银行承兑汇票　　　　　D. 上市公司流通股票

E. 上市公司法人股权

30. 商业银行可接受的财产质押有（　　　）。

A. 出质人所有的或有处分权的机器设备

B. 汇票

C. 字画

D. 国家机关的财产

E. 依法可转让的基金份额

31. 在抵押期间，银行若发现抵押人对抵押物使用不当或保管不善，足以使抵押物价值减少，或已使抵押物价值减少时，其拥有的权利包括（　　　）。

A. 要求抵押人停止其行为

B. 要求抵押人恢复抵押物价值

C. 提供与减少的价值相等的担保

D. 只能在抵押人因损害而得到赔偿范围内要求提供担保

E. 只能要求抵押物未减少的部分作为债权的担保

32. 下列担保形式中，不动产不能作为担保物的有（　　　）。

    A. 抵押　　　　　　　　B. 质押

    C. 留置　　　　　　　　D. 动产担保

    E. 不动产担保

33. 票据背书连续性的内容包括（　　　）。

    A. 每一次背书记载事项、各类签章完整齐全

    B. 每一次背书不得附有条件

    C. 各背书相互衔接

    D. 办理了质押权背书手续，并记明"担保"字样

    E. 票据依法可流通

34. 下列财产中不得抵押的有（　　　）。

    A. 土地所有权

    B. 抵押人所有的房屋和其他地上定着物

    C. 耕地、宅基地、自留地、自留山

    D. 学校、幼儿园、医院的教育设施、医疗卫生设施

    E. 抵押人依法承包并经发包方同意抵押的荒山、荒沟、荒滩等荒地

35. 订立保证合同时，最高贷款限额包括（　　　）。

    A. 最高贷款累计额　　　　B. 最高贷款额

    C. 贷款余额　　　　　　　D. 法定的数额

    E. 单笔贷款限额

三、判断题

1. 贷款政策是指商业银行指导和规范贷款业务、管理和控制贷款风险的各项方针、措施和程序的总和。（　　　）

2. 贷款是商业银行作为贷款人按照一定的贷款原则和政策，以还本付息为条件，将一定数量的货币资金提供给借款人使用的一种借贷行为。（　　　）

3. 信用贷款是指银行完全凭借客户的信誉而无须提供抵押物或第三者保证而发放的贷款。银行一般只向银行熟悉的较大的公司借款人提供，对借款人的条件要求较高，因此只需收取较低的利息。（　　　）

4. 担保贷款是指只以信用作为还款保证的贷款。（　　　）

5. 透支是指活期存款户依照合同向银行透支的款项，它实质上是银行的一种贷款。（　　　）

6. 贷款定价仅仅是一个确定贷款利率的过程。（　　　）

7. 一次性偿还贷款仅指借款人在贷款到期日一次性还清贷款本金与利息的贷款，其利息不可以分期支付。 （ ）

8. 贷款的风险越大，贷款成本就越高，贷款的价格也就越高。 （ ）

9. 借款人的信用越好，贷款风险越小，贷款价格也应越低。 （ ）

10. 抵押是指债务人或第三人不转移抵押财产的占有，将该财产作为债权的担保。银行以抵押方式作担保而发放的贷款，就是抵押贷款。 （ ）

11. 在质押方式下，质权押人在债务全部清偿以前占有债务人用作抵押的财产，但质权押人没有出卖该财产的权力。 （ ）

12. 抵押率又称"垫头"，是抵押贷款本金利息之和与抵押物估价之比。 （ ）

13. 抵押率又称"垫头"，是抵押贷款本金与抵押物估价之比。 （ ）

14. 票据贴现是一种特殊的贷款方式。它是指银行应客户的要求，以现金或活期存款买进客户持有的未到期的商业票据的方式发放的贷款。 （ ）

15. 担保贷款虽然手续复杂，但其贷款成本并不大。 （ ）

16. 信用评估必须由中国人民银行认可的有资格的专门信用评估机构对借款人进行统一评估，评估结果供各家银行使用。 （ ）

17. 信用贷款虽然风险大，但是手续简便。 （ ）

18. 贷款业务按照客户类型可分为个人贷款和公司贷款。 （ ）

19. 项目贷款是指银行发放的，用于借款人新建、扩建、改造、开发、购置固定资产投资项目的贷款。 （ ）

20. 在有抵押、质押、保证和留置的情况下，应该坚持物权优先的原则。 （ ）

21. 如果一笔保证贷款逾期时间超过 6 个月，在此期间借款人未曾归还贷款本息，而贷款银行又未采取其他措施，致使诉讼时效中断，那么贷款丧失胜诉权。 （ ）

22. 政府可要求银行为他人提供担保。 （ ）

23. 银行应将质押存款的资金放在借款人在本行的活期存款账户中。 （ ）

24. 贷款质押中质物的占有权原则上应转移给质权人，贷款质押于质物占有和权利凭证支付之日起生效或登记之日起生效。 （ ）

25. 法律规定自登记之日起生效的合同，必须办理抵押登记，否则合同无效。 （ ）

26. 抵押权的转让独立于其所担保的债权。 （ ）

27. 对以机器设备作为抵押物的，在估价时不得扣除折旧。　　　　（　　）

28. 在贷款抵押中，财产占有权发生转移。　　　　　　　　　　　（　　）

29. 质物保管费用和实现质权的费用不属于质押担保范围。　　　　（　　）

30. 保证人保证限额是指根据客户信用评级办法测算出来的保证人信用风险限额。　　　　　　　　　　　　　　　　　　　　　　　　　（　　）

31. 保证合同是主合同的从合同。　　　　　　　　　　　　　　　（　　）

32. 同一财产只能设立一个抵押权，但可设数个质权。　　　　　　（　　）

33. 抵押物适用性越强，变现能力越强，适用的抵押率越低。　　　（　　）

34. 保证就是由任意第三人担保债务人履行债务的一种担保制度。　（　　）

35. 财产用于抵押后，其价值大于所担保债权的余额部分不可再次抵押。

　　　　　　　　　　　　　　　　　　　　　　　　　　　　（　　）

36. 在保证中，核保必须双人同去。　　　　　　　　　　　　　　（　　）

37. 债权人有权收取质物的孳息，孳息应当首先冲抵收取孳息的费用。

　　　　　　　　　　　　　　　　　　　　　　　　　　　　（　　）

38. 医院、学校等以公益为目的的事业单位、社会团体提供保证的保证合同无效。　　　　　　　　　　　　　　　　　　　　　　　　　　（　　）

39. 在抵押担保中，若债务人按期偿还债务，则债权人无权出售抵押品。

　　　　　　　　　　　　　　　　　　　　　　　　　　　　（　　）

40. 土地所有权可以用于抵押。　　　　　　　　　　　　　　　　（　　）

第六章　商业银行的表外业务

从20世纪80年代初，西方发达国家的商业银行已经普遍开始重视表外业务。目前他们的表外业务中非利息收入占利润的60%左右。而我国商业银行由于存贷利差不断缩小，自1997年来，传统存贷业务利润增长空间日益减少，为了寻求新的利润增长点，开始将盈利重心由传统的存贷业务向中间业务倾斜。表外业务对利润贡献度从2002年只有2%不断发展到10%左右，近几年由于商业银行基金托管业务的发展，几家大型商业银行表外业务对利润的贡献度已经上升到20%以上。

本章重点介绍七方面内容：表外业务概述、结算类中间业务、代理类中间业务、托管与咨询顾问类中间业务、承诺类表外业务、担保类表外业务、衍生产品类表外业务。

第一节　表外业务概述

一、表外业务定义

表外业务（off-balance sheet activities，OBS）是指商业银行所从事的不列入资产负债表且不影响资产负债总额的业务。

二、表外业务分类

（一）广义与狭义的表外业务

按业务范畴划分为广义与狭义表外业务。狭义的表外业务又称中间业务，是指银行不运用自己的资金，代替客户办理款项收付、结算或其他委托事项而收取手续费的业务。绝大多数中间业务是无风险的业务，只有国际结算中的信用证，由于是银行信用代替了商业信用，因此属于有风险的表外业务，但是通常情况下，理论上普遍认为中间业务即是无风险的表外业务。

广义表外业务包括三个方面：一是无风险的中间业务；二是银行承担一定风险的表外业务（如贷款承诺、备用信用证、贷款销售与资产证券化、票据发行便利等）；三是金融创新产生的风险极大的衍生产品业务。如即期交易（SPOT）、远期交易（FORWARD TRANSACTION）、调期交易（SWAP）、期权（OPTION）、远期利率协议（FRA）、外汇与利率期货（FUTURE）、股指期货（INDEX FUTURE）等。

（二）　无风险与有风险的表外业务

按照银行是否承担风险，表外业务可分为无风险和有风险的表外业务。无风险性主要体现在此类业务中，银行仅作为服务中介提供金融服务而不承担任何资金损失的风险。无风险表外业务主要包括：结算业务（信用证除外）、代理业务、信托业务、租赁业务。

有风险的表外业务又可分为三类：贸易融资业务、金融保证业务、派生产品业务。

（三）　巴塞尔委员会的划分标准

按照巴塞尔委员会提出的要求，广义的表外业务可分为两大类：一是或有债权/债务，即狭义的表外业务，包括：（1）贷款承诺；（2）担保；（3）金融衍生工具，如互换、期货、期权、远期合约、利率上下限等；（4）投资银行业务，包括证券代理、证券包销和分销等。二是金融服务类业务，包括：（1）信托与咨询服务；（2）支付与结算；（3）代理人服务；（4）与贷款有关的服务，如贷款组织、贷款审批、辛迪加贷款代理等；（5）进出口服务，如代理行服务、贸易报单、出口保险业务等。

通常我们所说的表外业务主要指的是狭义的表外业务。

第二节　结算类中间业务

结算业务是指银行为对公或对私客户采用票据、汇款、托收、信用证、信用卡等结算方式进行货币支付及资金清算所提供的服务。

结算类中间业务包括国内与国际结算，其中国内结算主要是"三票一汇"，即支票、本票、汇票与汇款；国际结算包括汇款、托收和信用证方式。

一、国内结算

国内结算是银行应客户要求为其通过现金或支票所引起的货币收付和其他委托事项而收取手续费的业务。结算业务有两种形式，一是现金结算，二是转账结算。国内结算方式主要有传统的"三票一汇"业务与信用卡结算。

（一）汇票

汇票是出票人签发的，委托付款人在见票时或者在指定日期无条件支付确定的金额给收款人或者持票人的票据。分为银行汇票和商业汇票。而商业汇票又根据承兑人不同，分为商业承兑汇票和银行承兑汇票。汇票既可由付款人给收款人签发，又可由收款人给付款人签发。汇票用于异地清算。

（二）本票

银行本票是银行签发的，承诺自己在见票时无条件支付确定金额给收款人或者持票人的票据。银行本票分为定额银行本票和不定额银行本票。银行本票提示付款期限为两个月。由于本票是付款人给收款人签发的，票据签发日即是承兑日，因而本票不需要承兑，本票用于同城清算，但是我国银行基本上不签发银行本票。

（三）支票

支票是出票人签发的，委托出票人的支票账户所在银行在见票时无条件支付确定金额给收款人或持票人的票据，可用于单位和个人的各种款项结算。分为现金支票、转账支票等。支票必须由付款人签发给收款人，因而不需要承兑，支票同样用于同城清算。支票结算业务是银行应客户要求为其通过支票所引起的货币收付和其他委托事项而收取手续费的业务。

（四）国内汇款

汇款是指银行接受客户的委托，通过银行间的资金划拨、清算、通汇网络，将款项汇往收款方的一种结算方式。

国内汇款又称国内汇兑，或称汇兑业务，即银行代理客户把现款汇给异地收款人的业务。原来汇款只局限于异地之间的资金划拨，但现在同城付款业务也可以使用汇款方式。

（五）信用卡结算

银行卡是由商业银行（或发卡机构）发行的具有支付结算、汇兑转账、储蓄、循环信贷等全部或部分功能的支付工具或信用凭证。银行卡分为借记卡和贷记卡。借记卡又称储值卡，是指银行发行的一种要求先存款后使用的银行卡。贷记卡又称信用卡，是指由商业银行或非银行发卡机构向其客户提供具有消费信用、转账结算、存取现金等功能的信用支付工具（我国目前尚不允许非银行发卡机构发行信用卡）。

二、国际结算

国际结算有三种形式：汇款、托收、信用证。

（一）境外汇款

1. 境外汇款含义

境外汇款是指进出口双方，在签订贸易合同后，卖方径自将货物发给买方，而买方则通过银行将应付款项用汇付方式汇给卖方的业务。国际汇款对银行来说只发生一笔汇款业务，至于进口商是否汇款或者足额汇款，与银行没有关系，因此汇款业务属于商业信用。

2. 汇款业务流程

汇款业务流程见图6.1。

3. 汇款支付方式的特点

（1）风险大

对于预付货款的买方及货到付款的卖方来说，一旦付了款或发了货就失去制约对方的手段，能否收货或付款，完全取决于境外的交易对方的信用，如果对方信用不好，很可能钱货两空。由于汇款结算方式中，对于出口商的保护极差，因此只有进出口商之间有多年的贸易往来关系，彼此相互信任，特别是多年的业务往来中很少出现信用问题的贸易双方，才会采用该结算方式。另外，同一公司的境内外分公司之间及总公司与世界各地分公司之间的业务往来，涉及的款项与资金的划拨，采用汇款方式，只有这样才能将风险降到最低。

金融学科核心课程系列教材

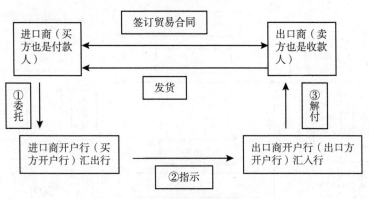

图 6.1 汇款业务流程

（2）资金负担不平衡

对于预付货款的买方及货到付款的卖方来说，资金负担较重，整个交易过程中需要的资金，几乎全部由他们来提供。汇款形式只是商业信用，没有银行信用参与，银行只是办理结算服务并收取手续费的中间业务而已。

（3）手续简便，费用少

汇款支付方式的手续是最简单的，就像一笔没有相对给付的非贸易业务，银行的手续费也最少，只有一笔数额很小的汇款手续费。因此，在交易双方相互信任的情况下，或者在跨国公司不同子公司之间，用汇款支付方式是最理想的。

（二）托收

1. 托收定义

托收是指委托人（收款人）向其账户所在银行（托收行）提交凭以收取款项的金融票据或商业票据，要求托收行通过其联行或代理行向付款人收取款项。

2. 托收业务流程

托收业务流程见图 6.2。

3. 托收支付方式的特点

（1）比汇款安全

在跟单托收时，由于是交单或承兑付款，对于出口商来说，就不会货到付款时，要"冒钱货两空"的风险。而对进口商来说，托收比预付货款远为安全。

（2）收款依靠商业信用

在托收时，是否付款完全由进口商决定，银行只是转手交单的代理人，对付款不负责任，因此托收是对进口商有利的支付方式。当然进口商也不是没有风

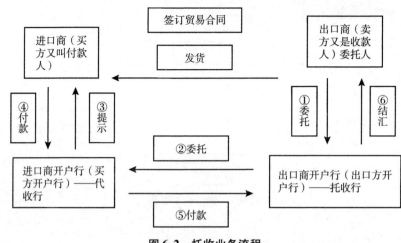

图 6.2　托收业务流程

险，他的主要风险就是在货到后发现货物与合同不符。因此在托收业务时，进口商也必须了解出口商。托收同样在一定程度上更加保护出口商，因为如果进口商不付款，那么就从银行手中得不到提货单据。

（3）资金负担不平衡

托收时出口商的资金负担较重，但因为有单据，有些银行愿意做押汇，出口商因此能获得融资。而在采用汇款结算方式时，出口商没有单据，所以根本不能做押汇以改善资金周转。

（4）费用略高，手续略多

银行的托收手续比汇款手续费略高些，托收要通过银行交单，自然手续比汇款多，但以此来换得比汇款安全的优点，因此手续费稍高些。

（三）信用证

1. 信用证定义

信用证是一个有条件的银行付款承诺，具体说就是银行根据买方的要求和指示，向卖方开立的在规定的期限内，凭与规定相符的单据，支付一定金额的书面承诺。信用证结算业务实际是在进出口双方签订合同以后，进口商主动请求进口地银行为自己的付款责任做出保证，是银行信用对商业信用的担保。

2. 信用证业务流程

信用证业务流程见图 6.3。

金融学科核心课程系列教材

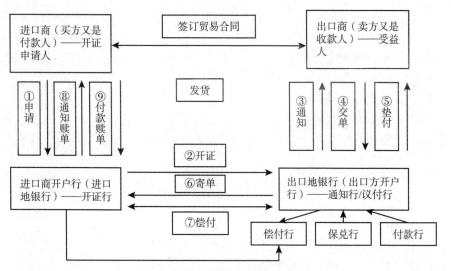

图 6.3　信用证业务流程

3. 信用证的种类

信用证有多种分类方法：按照进出口可分为进口信用证和出口信用证；按开证行保证性质的不同，分可撤销信用证和不可撤销信用证；按信用证项下的汇票是否附商业单据，分跟单信用证和光票信用证；按付款期限分即期信用证和远期信用证；按是否可循环分循环信用证和不可循环信用证；按是否保兑分保兑信用证和无保兑信用证。目前国际上通用的皆是不可撤销信用证。

4. 信用证结算方式的特点

（1）信用证属于银行信用

与汇款、托收支付方式下付款依靠进口商信用的情况不同，信用证是开证行负责付款，付款依靠银行信用。由于银行信用高于商业信用，银行一旦开出信用证，就成为第一付款责任人，因而在信用证结算方式下，出口商收款是有保障的，同时在国际结算的三种形式中，信用证是最为保护出口商利益的结算方式。

（2）独立的文件

虽然信用证是以买卖合同为基础，贸易双方要受合同约束，但是信用证一旦开出，在信用证业务处理过程中各当事人的责任与权利都以信用证为准，信用证是一个与买卖合同分离的独立文件。

（3）只管单据

虽然信用证在国际结算的三种方式中，最保护出口商利益，但是信用证并不是万能的。在信用证方式下，银行是凭相符单据付款，不管事实。尽管这种规则不尽合理，但实际上银行也是不可能去调查事实的，银行只能只管单据。在信用证方式下，受益人要保证收款就一定要提供相符单据，开证行要拒付也一定要以单据上的不符点为理由，因此信用证把买卖合同中的货物交易完全转变为只管单据是否相符的单据交易了。

5. 信用证的优缺点

信用证主要有两个优点：一是受益人（出口商）收款有保障；二是资金负担较平衡。信用证同样有两个缺点：一是容易产生欺骗；二是手续烦琐、费用多。

第三节　代理类中间业务

代理业务是指商业银行接受客户的委托，以代理人的身份代为办理一些双方议定的经济事务，并从中收取手续费的业务。如商业银行受财政部门的委托，代理发行和兑付国债等。

一、代收代付业务

代收代付业务是指商业银行利用自身的结算便利，接受客户委托代为办理指定款项收付事宜的业务。

代收代付业务包括代理各项公共事业收费、代理行政事业收费和财政性收费、代发工资、代扣住房按揭贷款等。目前主要有委托收款和托收承付两类。

二、代理银行业务

代理银行业务包括代理政策性银行、代理中央银行、代理商业银行业务三项。其中代理政策性银行业务是指商业银行受政策性银行委托，对其自主发放的贷款代理结算，并对其账户资金进行监管的一种中间业务。代理中央银行业务是指根据政策、法规应由中央银行承担，但由于机构设置、专业优势等方面的原因，由中央银行指定或委托商业银行承担的业务。代理商业银行业务是指商业银行之间相互代理的业务。

三、代理证券资金清算业务

代理证券资金清算业务是指商业银行利用其电子联行系统、通存通兑系统、营业网点及人力资源为证券公司总部与其下属营业部代理证券资金清算、汇划等结算业务。

四、代理保险业务

代理保险业务是指商业银行接受保险公司委托，代其办理保险业务的经营活动。商业银行代理保险业务，既可受托于个人或法人投保各险种的保险事宜，又可作为保险公司的代表，与保险公司签订代理协议，是保险人委托代理银行办理保险业务的代理行为。代理银行依托自身的结算、网络等优势，结合所拥有的客户群资源，为保险公司提供代理保险业务的服务。

五、代销开放式基金

代销开放式基金是指商业银行利用其网点柜台或电话银行、网上银行等销售渠道代理买卖基金公司发行的开放式基金。银行向基金公司收取基金代销费用。投资者可通过银行柜台在股市营业时间内认购、申购、赎回开放式基金。

六、代理国债买卖

银行客户可通过银行营业网点购买、兑付、查询凭证式国债、电子式储蓄国债及柜台记账式国债。除金融机构外，凡持有有效身份证件的个人及企事业单位与社会团体的法人，均可在商业银行柜台开立国债托管账户进行国债买卖。柜台交易实行债券和资金的实时交割结算。承办银行和中央国债登记公司可收取与债券托管业务相关的服务费用。

第四节　托管与咨询顾问类中间业务

一、托管业务

托管业务是指具备托管资格的商业银行作为托管人，依据有关法律法规，与委托人签订资产托管合同，履行托管人相关职责的业务。

目前国内商业银行资产托管业务主要有证券投资基金托管、保险资产托管、社保基金托管、企业年金托管、券商资产管理计划资产托管、信托资产托管、商业银行人民币理财产品托管、QFII（合格境外机构投资者）资产托管、QDII（合格境内机构投资者）资产托管等。这里只介绍基金托管业务。

基金托管业务是指有托管资格的银行接受基金管理公司或其他客户的委托，安全保管所托管基金的资产，并办理有关资金清算、资产估值、会计核算、监督基金管理人投资运作等业务的经营活动。

二、信托业务

从委托人的角度看，信托是把自己的财产委托别人管理或处理来使自己或第三者获得利益的行为。从受托人的角度看，信托则是接受委托人的委托，代为管理、营运和处理托管财产的一种过程。信托业务若按照信托关系划分为公益信托、私益信托、他益信托、自益信托。其中证券投资基金即是自益信托。

三、租赁业务

租赁是指所有权与使用权之间的一种借贷关系，是在财产所有权不变的前提下，承租人通过向出租人交付租金来租用使用权的经济行为。商业银行所从事的租赁业务是指由银行垫付资金购买资本设备，然后出租给客户并以租金的形式收回资金的一种业务方式。包括融资性租赁、经营性租赁、转租赁、回租租赁。

融资租赁是指出租人根据承租人对租赁物和供货人的选择或认可，将其从供货人处取得的租赁物按合约出租给承租人占有、使用，向承租人收取租金的交易活动。融资租赁是以融通资金为目的的租赁，一般租期较长，占到设备经济寿命的75%以上；经营租赁主要是设备的短期使用或利用服务；转租赁又称再租赁，是将设备或财产租入后再租出的方式；回租租赁是财产所有人将其财产出售以后又租回使用的一种租赁方式，目的在于提高承租人资产的流动性。

四、咨询业务

咨询业务是指商业银行向工商企业、政府或个人提供所需信息并获得咨询费收入的一种表外业务。商业银行处于现代金融体系的中枢，已成为社会大量经济信息的集散地，不仅拥有丰富的信息资源，而且拥有大量金融专业人才，能为客户提供利率、汇率等多方面的信息，帮助客户选择最有利的金融资产组合和投资机会，同时也为自身赢得了可观的咨询费收入。

五、财务顾问

财务顾问是指银行根据客户需要，站在客户的角度为客户的投融资、资本运作、资产与债务重组、财务管理、发展战略等活动所提供的咨询、分析、方案设计等服务，并且收取顾问费用的中间业务。财务顾问与银行的咨询业务有较多的相似之处。

六、理财业务

理财业务是指商业银行将客户关系管理、资金管理和投资组合管理等业务融合在一起，向公司、个人客户提供综合性的定制化金融产品和服务，包括对公理财业务和个人理财业务。

第五节 承诺类表外业务

一、贷款承诺

贷款承诺（loan commitment）是银行与借款客户间达成的一种具有法律约束力的正式契约。银行在有效承诺期限内，按照约定的利率，随时准备应客户的要求向其提供一定金额以内的贷款并收取一定的承诺佣金。它可以分为定期贷款承诺、备用贷款承诺和循环贷款承诺三种类型。

二、票据发行便利

票据发行便利（note-issuance facilities，NIFS）是一种具有法律约束力的中期周转性票据发行融资的承诺。在该承诺下，银行允诺在一定期间内为其客户的票据融资提供各种便利条件。具体来看，票据发行便利是银行与客户签订的一个中期的循环融资保证协议，协议期限一般是 3～7 年。在协议期限内，贷款人可以以自己的名义周转性地发行短期票据，循环的短期票据共同构成中期的融资效果，从而利用短期债券利率的成本获得了中长期的资金融通。就银行借款者而言，票据通常是短期存款凭证，而对非银行借款者来说，票据通常采取本票的形式。

我国商业银行由于受政策层面的制约，尚未开展此项业务。

三、贷款销售与资产证券化

（一）贷款销售

贷款销售是指银行通过直接出售或证券化的方式，把贷款转让给第三方。

（二）资产证券化

资产证券化是贷款销售的一种方式，它是指银行将具有共同特征的流动性较差的一组盈利资产，比如贷款集中起来，以此为基础发行具有投资特征的证券的行为。

我国大型商业银行如中国工商银行已开展了此项业务，但都是以优良的贷款为基础，进行的资产证券化。

（三）资产证券化的种类

1. 根据产生现金流的基础资产类型不同，可分为住房抵押贷款证券（mortgage-backed securitization，MBS）和资产支持证券（asset-backed securitization，ABS）两大类。前者基础资产是房地产抵押贷款，包括住房抵押贷款和商用房产抵押贷款；后者基础资产是除房地产抵押贷款以外的其他信贷资产，包括汽车消费贷款、学生贷款、信用卡应收款、贸易应收款、设备租赁费、基础设施收费、保费收入、中小企业贷款等。

2. 从资产质量看，可分为不良贷款（次级贷款）证券化和优良贷款证券化。

3. 从贷款的形成阶段看，可分为存量贷款证券化和增量贷款证券化。

4. 从贷款的会计核算方式看，可分为表内贷款证券化和表外贷款证券化。

（四）资产证券化的好处与风险

通过资产证券化，银行获得了可支配资金的新来源，有助于银行分散信用风险，降低银行对贷款偿还跟踪监督的成本。此外还可以提高流动性较差、变现成本较高的资产的流动性。在商业银行进行贷款销售及资产证券化时，主要面临的风险包括流动性风险和信用风险。在资产证券化时，如果附有追索权，即在债务人违约时，银行需要补偿投资者。在这种情况下银行显然面临信用风险。在不附有追索权的资产证券化情况下，银行对债务人的违约虽然从法律角度看不承担责任，但一旦投资者因为证券质量较差而遭受损失，就必然会影响银行声誉，同时影响银行未来从事的资产证券化业务，损失也相当大。

第六节　担保类表外业务

一、商业信用证

银行从事的商业信用证（letter of credit，L/C）业务是银行担保业务的一种类型，主要发生在国际贸易结算中。信用证业务简单地说就是进口商以开证申请人的身份，请求进口方开户银行开出的以境外出口商为受益人的信用凭证，因此是银行信用对商业信用的担保。本章第二节在讲解国际结算方式时，已经详细地介绍了信用证结算方式，这里不再赘述。

二、银行承兑汇票

银行承兑汇票是指以银行为承兑人的可流通转让的远期汇票，主要用于国内与国际贸易中。在贸易双方进行商品交易时，若卖方对买方的支付能力有疑虑，就可能要求买方的开户银行对交易用远期汇票进行承兑，这种经过银行承兑的远期汇票就是银行承兑汇票。汇票一经承兑，银行即负有不可撤销的第一性的到期付款责任。因此，银行承兑汇票同样是银行担保业务的一种类型。

三、备用信用证

备用信用证（standby letter of credit，SLC）是指银行为其客户开立的保证书。这种业务通常涉及三方当事人：开证行、客户和受益人。客户对受益人负有偿付或其他义务时，银行通过备用信用证向受益人承诺，如果客户未按协议规定进行偿付或履行其他义务，开证行有责任按照信用证条款代替客户向受益人进行偿付，银行支付的款项变为银行对客户的贷款。

第七节　衍生产品类表外业务

一、远期利率协议

远期利率协议（forward rate agreement，FRA）是 20 世纪 80 年代初在国际金融市场上出现的一种防范利率风险的金融工具。交易双方签署一项协议，对未来某一时段的利率予以约定。若到期时的市场利率与合同利率有差距，则由某一方予以补足，从而起到保值的作用。

【案例 6.1】

某公司计划 3 个月后从国际市场上筹集 1 000 万美元，期限为 6 个月。当时的 LIBOR 为 6%，为避免 3 个月后 LIBOR 上升的风险，该公司可与银行叙做"远期利率协议"，向银行买进一笔"三对九"（即 3 个月后起算，期限为 6 个月的"FRA"，利率固定为 6%，金额为 1 000 万美元）。若 3 个月后 LIBOR 已升到 7%，该公司即可根据协议获得银行补给的一笔款项，金额根据 LIBOR 与合同利率的差距计算，从而将筹资成本固定在 6%。

上例中 3 个月是递延期限，6 个月为协议期限，6% 为协议利率。通过案例 6.1 可以看出，"FRA"做法简单易行，交易双方需要动用的只是"合同利率"与"市场利率"之差的一点资金，使交易风险大大降低，正因为具有上述优点，"FRA"自问世以来广受欢迎，已成为国际金融工具中的翘楚。

二、互换业务

互换（swap）又称调期，是指两个或两个以上的当事人按照预先约定的条件，在约定的时间内相互交换一系列支付款项，以达到转移、分散和降低风险的一种互利金融交易。

互换主要有三种类型：货币互换、利率互换、利率与货币交叉互换。

（一）货币互换

货币互换（currency swaps），又称外汇互换，亦称外汇调期（在后面第七章第一节外汇交易中详细介绍），它是指在约定期限内交换约定数量两种货币的本金，同时定期交换两种货币利息的交易。货币互换交易的本金交换形式是：在协议生效日双方按约定汇率交换本币与外币的本金，在协议到期日双方再以相同汇率、相同金额进行一次本金的反向交换。货币互换利息交换形式是：交易双方定期向对方支付以换入货币计算的利息金额，交易双方可按照固定利率计算利息，也可以按浮动利率计息。

通过货币互换，交易双方可以有效地规避外汇风险。值得注意的是虽然货币互换称为外汇互换，又称为外汇调期交易，但货币互换多数情况是在两国政府或者中央银行安排下进行的，而外汇调期交易是外汇市场上自发的为了调节头寸或保值避险而进行的外汇买卖行为。另外，外汇市场上绝大多数外汇调期买卖的期限较短，通常以 1 个月、3 个月的居多，最长一般不超过 12 个月，而政府主导下的货币互换通常期限在 2 年以上，甚至更长时间。鉴于此，在外汇市场上的货币互换，习惯上称为外汇调期。

【案例 6.2】

据韩联社 2008 年 11 月 4 日报道，继韩国政府与美国缔结 300 亿美元规模的货币互换协议后，韩政府正积极推进与中、日两国扩大货币互换额度至 100 亿美元和 300 亿美元。分析指出，韩国与我国和日本签订扩大货币互换协议有助于韩国解决外汇流动性不足问题，并遏制韩元贬值和稳定东亚地区金融体系。

【案例 6.3】

2008 年 12 月 12 日，我国央行与韩国银行宣布签署双边货币互换协议：规模为 1 800 亿元/38 万亿韩元，双方可在上述规模内，以本国货币为抵押换取等额对方货币。

【案例 6.4】

韩国、瑞典、墨西哥和巴西等多国央行宣布延长同美联储（FED）的货币互换安排至 2010 年 2 月 1 日，原先的安排将于 2009 年 10 月底到期。韩国央行，墨西哥央行和巴西央行同美联储的互换额度均为 300 亿美元。

另外同日内，与美联储延长货币互换额度安排的央行还包括澳洲、加拿大、丹麦、英国、新西兰、挪威、新加坡、瑞士和欧洲央行。

（二）利率互换

利率互换（interest rate swaps）又称利率调期，是指交易双方约定在未来的一定期限内，根据约定数量的同种货币的名义本金交换利息额的金融合约。

按利率互换类别划分为三种：第一，同一种货币的固定利率与浮动利率的互换；第二，不同货币的固定利率与浮动利率的互换；第三，不同货币的固定利率与固定利率的互换。因此，利率互换通常又可简单地表示为债务人根据国际资本市场利率趋势，将其自身的浮动利率债务转化成固定利率债务，或将固定利率债务转换成浮动利率债务。通过利率互换可以降低借款成本，或密闭利率波动的风险，同时还可以固定自己的边际利润。

【案例 6.5】

东方公司向金融机构申请到 5 000 万美元、期限为 5 年的浮动利率贷款，利率为 6 个月 LIBOR +0.40%，本金在未来各结息日等额偿还，每半年还本付息一次。浮动利率的美元债务使东方公司面临着美元利率风险，由于认为目前美元利率处于低点，且预测将来美元利率会上升，东方公司与中国建设银行进行了下列交易，锁定了债务成本，规避了利率风险。交易日为 2004 年 9 月 30 日。交易后，每个还本付息日东方公司向建行按固定利率 3.90% 支付利息，建行向东方公司按 6 个月 LIBOR +0.40% 支付利息，利息支付方式为轧差交割。如利率上升后，浮动利率水平超过固定利率，建行需向东方公司支付差额部分的利息。叙做该笔利率调期的结果是将来无论 LIBOR 高低，东方公司均按 3.90% 支付债务利息，控制了利率上升的风险，锁定了债务成本。

利率调期优点在于没有本金的交换，买卖比较灵活，期限可较长（5 ~ 10 年），没有额外的费用。当债务人预期市场利率下降时，可将固定利率债务转换成浮动利率债务；当债务人预期市场利率上升时，则可将浮动利率换成固定利率，避免还债成本的上升。

（三）货币利率交叉互换

货币利率交叉互换（cross currency and interest swap）又称货币利率交叉调期，它是将融资和外汇风险防范有机地结为一体，筹资者可在一个对自己有利的市场筹集到成本低的货币，然后通过调期交易，把它换成自己所需要的货币。

【案例 6.6】

某公司筹集到了一笔 200 万瑞士法郎的 5 年期 6% 固定利率债务，但因该公司的收入为美元，该公司即可与银行叙做货币利率交叉调期，将瑞士法郎债换成美元债（汇率为 1 美元＝1.25 瑞士法郎），并在 5 年期间支付美元利息（假定为 8%），在调期结束时，仍按照约定汇率 1.25，买回当初卖出的瑞士法郎，用以偿还贷款。具体做法如下：

　　第一步：调期业务开始时，公司将筹集到的 200 万瑞士法郎，按 1.25 的汇率卖给建行，建行向公司支付 160 万美元。

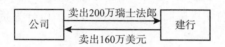

　　第二步：调期后，公司向建行支付美元利息建行向公司支付瑞士法郎利息。

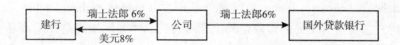

　　第三步：调期结束时，公司按 1.25 的汇率买回瑞士法郎，用于归还贷款。

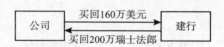

　　通过此笔调期，公司将原来的固定利率的瑞士法郎债换成了固定利率美元债。货币利率交叉调期还包括浮动利率——浮动利率及货币调期、固定利率——浮动利率及货币调期等多种形式。公司可根据自身债务特点，收入来源及对各种货币利率走势的判断，选取对自己最有利的方式，来达到规避风险、降低成本的目的。

三、期货交易

　　期货交易（future）是指交易双方在集中的期货市场上以公开竞价的方式所进行的期货合约的买卖。期货合约是一种标准化的合同，它由买卖双方订立，约定在未来日期按照约定价格交割一定数量商品。

　　期货交易必须在期货交易所场内进行，因此标准化合约必须具有如下特点：一张期货合约是一份合法的有约束力的协议，为了交割而进行的商品质量和数量都是既定的，现在将价格固定下来，同时期货交易有固定的交割月份，价格最小变动点等规则要求，即期货交易的规则、期货合约和期货合约的单位、期货价格变动规则（点）、期货交割月份、期货交易时间、期货交易的叫价制度、保证金及佣金等一系列的管理规定。

金融期货交易（financial futures）是指以各种金融工具或金融商品为标的的期货交易方式。金融期货合约就是指根据买卖双方同意的价格、买进或卖出一定标准数量和质量的某一金融工具，在约定的将来某一月份交割的可转让的法律约束性协议或文件。金融期货按照交易对象的不同，可分为货币期货、利率期货和股票指数期货三类。

（一）货币期货

1. 货币期货定义

货币期货（currency futures）又称外汇期货（foreign exchange futures），亦称外币期货，它是指所交易的对象是外汇期货合约，主要用来规避外汇市场上汇率波动的风险。

2. 外汇期货交易的合约指标

表6.1列示了芝加哥商品交易所的国际货币市场（IMM）外汇期货合约指标。

表 6.1　　　　　　　　　　　IMM 交易的部分外汇期货合约指标

	澳元	英镑	欧元	瑞士法郎	日元	加拿大元
交易单位	10 万	6.25 万	12.5 万	12.5 万	1 250 万	10 万
报价方法	美分/澳元	美分/英镑	欧元/美分	美分/瑞士法郎	美分/日元	美分/加元
最小变动价位	1 点（0.0001）	2 点（0.0002）	1 点（0.0001）	1 点（0.0001）	1 点（0.0001）	1 点（0.0001）
最小变动值	10.00 美分	12.50 美分	12.50 美分	12.50 美分	12.50 美分	10.00 美分
购买数量限制	60 000 张	6 000 张	6 000 张	60 000 张	6 000 张	6 000 张
交割月份	3、6、9、12 各月份的第三个星期三					
交割时间	芝加哥时间上午 7:20 至下午 2:00					
最后交易日	交割日前两个交易日（于当日上午 9:16 收盘）					
交割地	清算所指定的货币发行国银行					

【案例 6.7】

某人 2010 年 3 月 1 日在芝加哥国际货币市场购进一份 6 月份交投的瑞士法郎期货合约，当天的结算价格为 1 瑞士法郎 = 1.0203 美元，为此，他必须支付 12 251.99 美元（125 000×1.0203）。到了 5 月 4 日，该货币市场 6 月份交投的瑞士法郎合约的结算价格变为 1 瑞士法郎 =1.0603 美元，于是他便将手头的那份合约以现在的价格抛出，得到 132 537.5 美元，获利 10 024.514 美元 ［10 024.514 = 12 500 × (1.0603 − 1.0203)］。

3. 套期保值

套期保值又称套头交易，亦称"对冲"。它是一种把价格波动造成损失的风险减少到最低限度的一种买卖方法。为了保值，在买进或卖出实际商品（外汇、利率、股指）的同时或前后，在期货交易所卖出或买进等数量的期货合同，由于期货市场和现货市场的价格走势基本一致，所以，实际现货市场的亏（盈）可从期货市场的盈（亏）得到弥补或冲销。

单纯叙做期货交易，主要是为了投机，可能会带来很大收益，但也同样面临巨大的风险。因此，无论是外汇期货、利率期货、指数期货，多与现货市场进行反向操作，以对冲风险达到套期保值作用。

下面是比较典型的利用外汇现货市场与外汇期货市场进行的套期保值行为。

【案例6.8】

某一美国公司与英国公司签订合约，将在 6 个月后出口价值300 万美元的电子设备，而英国公司将用英镑支付该笔货款。假定，当时英镑兑美元汇率为 1 英镑 =1.4510 美元，该合约的付款额应为 2 067 540 英镑，而美国公司必须承担 6 个月后英镑贬值的风险，如果届时英镑贬值至 1.3850 美元，美国公司所收到的 2 067 540 英镑，仅能够兑换 2 863 542 美元，该出口商即蒙受了 136 458 美元损失。该出口商可以在外汇期货市场上卖出外汇期货合约来降低英镑贬值的风险。如果英镑贬值，该出口商在现货市场的现金损失，可以由期货合约上的利润补回。假设当上述合约签订时，外汇期货市场英镑兑美元汇率为 1 英镑 =1.4830 美元，当该批电子装备出口时，现货市场上英镑对美元的汇率下跌至 1 英镑 = 1.3850 美元，期货市场上英镑对美元下跌至 1 英镑 =1.4170 美元。卖出套期保值的交易流程见表 6.2。

表 6.2　　　　　　　　　外汇期货和外汇现货市场套期保值

现货市场	报价	期货市场	报价	基差
拥有英镑	1.4510	卖出英镑合约	1.4830	− 0.0320
卖出英镑	1.3850	买进英镑合约	1.4170	− 0.0320
现货市场损失	0.0660	期货市场利润	0.0660	0

注：各种手续费未计算在内。

（二）利率期货

利率期货（interest rate futures）是以利率期货合约为交易对象的交易，它以各种利率的载体作为合约的标的物，实际上是附有利率的债券期货，主要用来规避金融市场上利率波动的风险。

利率期货交易与外汇期货交易过程、操作、规则等，原理是一样的。下面介绍美国短期国库券期货交易。

【案例6.9】

面值10 000美元、91天期、收益率为4%的美国国库券，售价9 900美元，91天满期时可收回10 000美元。国库券期货合同规定为面值100万美元，91天期的国库券，最低价格波动幅度为1点，即25美元。每日价限最高不超过前一个交易日最高价的50点（1 250美元）或最低价的100点（2 500美元），报价采取"国际货币市场——IMM"设计的一种指数为基础的方法，即用100减去国库券年收益率来报价，如6%收益率的国库券报价为94.00，这里94.00并不是国库券期货的实际价格，如以上述报价，其实际价格为$1\ 000\ 000\times[1-(6\div4)\%]=985\ 000$（美元）。

（三）股票指数期货

1. 股票指数期货定义及特点

股票指数期货（stock index futures）的交易对象是股票市场的价格指数，可用来规避股市波动的系统风险；它是一种买空卖空式保证金买卖（以小搏大）；股票指数期货的价格是按购买或出售时的有关指数数字成交的；股票指数期货交易用现金结算而不用实物交割。

【案例6.10】

某人在2010年8月23日买入4份9月份的恒生指数期货合约，指数为22 317点，等到9月16日时，指数22 617点，这时他将4份合约卖出，获得收益为6万港币[$60\ 000=50\times4\times(22\ 617-22\ 317)$]（香港恒生指数1点为50港币）。

2. 国际上比较著名的几种股票指数期货

我国香港恒生指数期货、美国标准普尔·500指数期货、日本日经指数期货（NK225）、英国金融时报指数、我国深沪300指数都是著名的股票指数期货。其中香港期货交易所（HKFE）于1986年5月开始经营股票指数的期货交易，所选用的指数是香港最具代表性的恒生指数，也是香港推出的第一种金融期货。深沪

300 指数期货是从 2010 年 4 月 16 日正式推出的。

3. 利用股票指数期货进行套期保值

（1）出售股票指数期货合约的套期保值

【案例 6.11】

在香港的某股票持有人 A，在 1992 年 8 月 10 日持有价值为 50 000 港元的股票，由于他认为股市前景看淡，便出售 9 月期的恒生指数期货合约。由于 8 月 10 日当天的 9 月份期货合约的恒生指数为 2 800 点。故卖出合约价值为 2 800×50 = 140 000（港元）。到了 9 月底，股市果真下降，A 所持股票价值下降到 35 000 港元。其在股市损失就是 15 000 港币。但因他事前作了套期保值交易，恒生指数也下降约 200 点，变成 2 600 点，由于他在期货市场盈利 200×50 = 10 000（港币），故实际损失为 5 000 港币。

（2）购入股票指数期货合约的套期保值

【案例 6.12】

某一交易商 B，在 1992 年 8 月 1 日，售出 36 000 港币的股票，同时购入 9 月份恒生股票指数期货合约，当日 9 月份合约的恒生指数为 3 200 点，则此份合约的价格为 3 200×50 = 160 000（港币），到 8 月底，股市上升使 B 出售股票的价值增至 42 000 港币，则 B 在股市上损失为 6 000 港币（42 000 − 36 000）。但因为 B 事前购入了股票指数期货合约，当恒生指数由 3 200 点升到 3 348 点时，B 在股票指数期货市场上的收益便为：（3 348 − 3 200）×50 = 7 400（港币），此数足以弥补他在股市上的损失，同时还有剩余。

（四）期货交易带给银行的风险

期货交易往往只进行盈亏计算而不真实地进行实物交割，即通过在到期日前买进或卖出与原方向相反的合约来完成交易。从事期货交易会给银行带来流动性风险，信用风险、市场风险和基差风险。

（五）现货交易与期货交易的关系

1. 二者的区别

商品交易按成交方式、成交地点和交易的性质分为两大类：现货交易与期货交易。现货交易又称为实物交易，它是实际商品的即期交割，买卖双方可以任何方式，在任何地点成交。现货交易的特点是出售商品收取现金并立即交货，即所谓的"一手交钱，一手交货"。进行现货交易的场所称为现货市场，在现货市场上是不可以"买空卖空的"。

期货交易采用标准化的合约，合约内规定了交易数量单位、远期交货时间、保证金条款等内容。其必须在场内进行，也就是在期货交易所内完成交易，同时期货交易极少有实物交割的，而且可以买空卖空，以小搏大。

2. 二者的联系

期货交易虽然与现货交易有较大的不同，但是二者相互关联密切。通常期货市场走势是现货市场未来的发展趋势，期货交易有助于商品（股票、利率、货币、股票指数、黄金、石油等）在现货市场上的买卖更顺利地进行；而现货交易活跃，又可以促进期货交易的繁荣。

（六）期货合约和现货合约区别

期货合约比现货合约标准化与简单化（标准的数量、标准的规格和标准的交收地点）期货合约不需实际交割。现货合约的手续费由买卖价差显示，因交易量大小而不同。而期货合约其每份合约有定额手续费。

四、期权

（一）期权的定义

期权（options）又称选择权，是一种能在未来某特定时间以特定价格买进或卖出一定数量某商品的权利。以这种权利为标的所进行的交易就是期权交易。

金融期权（financial options）是以金融商品或金融期货合约为标的的期权交易。

（二）期权的分类

1. 看涨期权与看跌期权

看涨期权是指期权买方在规定的期限内享有按照一定的价格向期权卖方购入某种基础资产的权利，但不负担必须买进的义务。投资者一般在预期价格上升时买入看涨期权，而卖出者预期价格会下跌。

看跌期权是指买方在规定的期限内享有向期权卖方按照一定的价格出售基础资产的权利，但不负担必须卖出的义务。投资者一般在预期价格下跌时买入看跌期权，而卖出者预期价格会上升。

金融学科核心课程系列教材

2. 欧式期权与美式期权

期权按行使权力的时限分为欧式期权和美式期权。欧式期权的买方只能在期权到期日方能行使权力；美式期权的买方可以在买入后至到期日之间的任何时间行使权力。由于美式期权的买方选择余地很大，更加灵活，有相对较多的主动权，因此付出的期权费（有时又称为保险费）也要高于欧式期权。欧式期权的僵硬做法使其有渐渐被美式期权取代的可能性。

3. 货币期权与利率期权

金融期权主要包括货币期权和利率期权两大类。

（1）货币期权

货币期权，即外汇期权，在第七章第一节外汇交易中，有详细讲解，这里不再赘述。

（2）利率期权

①利率期权含义

利率期权是指在浮动利率的债务人不愿意将其浮动利率债务转换成固定利率债务以固定还款成本时，便可以通过买进或卖出利率期权来达到防范利率风险的目的。

②利率期权种类

利率期权有三种类型：第一种是利率封顶；第二种是利率封底；第三种是利率两头封。

第一种：利率封顶（CAP）。

利率封顶，又称利率上限，是指封顶期权的买方在向卖方支付期权费后，在双方商定一个利率上限的基础上，卖方向买方保证，在规定的时期内，如果市场利率高于协定利率的上限，则向买方支付市场利率高于上限利率的差额；如市场利率低于协定上限，则双方不发生资金的偿付。

【案例 6.13】

某公司有笔浮动利率债务 5 000 万美元，该公司从建行买入利率封顶期权，协议利率上限为 7%，期权利率费为年率 0.25%，若市场利率高于 7%，比如 8%，该公司按 8% 向国外贷款银行付息后，还可以从建行获得 1% 的利差补偿，而使得实际付息成本为 7%。若市场利率低于 7%，则与建行不发生资金偿付，按市场利率付贷款利息即可。总之，不论市场利率如何变化，该公司付出的最高利率不会超过 7%（不考虑期权费因素）。可见购买封顶期权使浮动利率债务人既转移了市场上升导致还款成本提高的风险，又可保留市场利率下降时享有低息的机会。

【案例 6.14】

我国某公司向美国进口一批价值 1 亿美元设备，得到国外买方信贷，期限为 7 年，贷款利率为浮动利率，6 个月 LIBOR + 0.65%。若该客户与国内银行签订了买入封顶期权，协定利率上限为 4%，期权费为年率 0.25%，若市场利率高于 4%，例如 5%，该公司按 5% 向国外贷款银行支付利息后，还可以从国内银行获得 1% 的利差补偿，从而使实际付息成本为 4%。若市场利率低于 4%，则按市场利率付贷款利息即可，不与国内银行发生资金偿付。

【案例 6.15】

2003 年 3 月，深科技从英国进口磁头设备，到国内银行申请外币贷款 7 000 万美元，期限为 5 年，每半年还本付息一次。深科技于是向多家银行询价。工行报价按 6 个月 LIBOR + 300BP 浮动，建行报价按 6 个月 LIBOR + 200BP 浮动；最后深科技与中国进出口银行做业务，该行给予封顶利率为 1.9%，当时的 LIBOR 水平在 1.31%。从 2004 年以后 5 年间 LIBOR 最高时达到 5.5%，绝大多数时间在 1.9% 以上，只有很少时间在 1.9% 以下，因此当 LIBOR 在 1.9% 以上时，中国进出口银行将替深科技补足利率差额，当 LIBOR 在 1.9% 以下时，深科技按照实际利率支付该行利息，因而深科技锁定了利息成本，中国进出口银行因为属于国家政策性银行，不以营利为目的，虽然收取了期权费，但是却替客户支付了数量巨大的外汇利息。

第二种：利率封底（FLOOR）。

利率封底，又称利率下限，是指卖方在从买方收到期权费后，承担在协定期限内，当市场利率下降到协定封底利率以下时，向买方补偿市场利率低于封底利率的利差的做法。

【案例 6.16】

某公司有一笔 8 000 万美元浮动利率债务，为降低还款成本，该公司可出售 8 000 万美元的利率封底期权，封底利率为 5%，收到的期权费为 0.85%。若市场利率低于 5%，例如为 3%，公司按 3% 支付贷款利息后，还需要向银行支付 2% 的利息差额，而使得实际债务成本限制在 4.15%（3% + 2% − 0.85%），如此则将最低债务成本限制在 4.15% 的水平，但若市场利率水平较高，例如 6%，则实际债务成本可降低为 6% − 0.85% = 5.15%。由此可见，出售封底期权是一种降低债务成本的手段，但由于对债务成本进行了封底，一旦利率大幅度下降，也会失去享有低利率的好处。

第三种：利率两头封（COLLARS）。

利率"两头封"又称利率上下限，亦称利率双封，是指利率"封顶"和"封底"两种金融工具结合使用。购买两头封是在买进封顶期权的同时，卖出一个封底期权，以期权费收入部分或全部抵消期权费支出，从而达到既防范风险又降低费用成本的目的；而出售两头封则是指在卖出封顶期权的同时，买进一个封底期权。

【案例 6.17】

某债务人公司购买一个两头封，即买入封顶，协定利率为 6%，期权费支出为 0.6%，同时卖出封底，协定利率为 5%，期权费收入为 0.8%。这样，便将债务的实际最高成本限定在 6% - 0.2% = 5.8% 的水平，但也将债务的最低成本固定在 5% - 0.2% = 4.8% 的水平。如此债务人避免了利率大幅度上升带来还款成本增加的风险，并因期权费的净收入而使债务成本得以降低，但却也可能因此而失去利率大幅度下降带来的好处。

五、多种衍生产品套期保值

（一）以交易为基础的结构性套期保值

以交易为基础的结构性套期保值也叫做对冲套期保值，跨国公司以外汇即期、远期、外汇调期、利率调期买卖来规避风险和保值，即将同种货币的收入和支出抵消或将同种货币的资产和负债抵消。

（二）战略性的结构化套期保值

战略性结构化套期保值是一种在全球市场上跨国经营的长期选择。一个跨国公司不可能做到对其经济风险完美套期保值，但是在某种程度上，它还是有可能建立结构性套期保值的，如在货币收入和支出之间建立长期的匹配关系；将公司的成本结构（按币种）与其主要的竞争对手相匹配。

六、企业债务风险管理业务案例分析

【案例 6.18】

利率调期与结构性金融产品

东方公司拥有未到期外汇债务，本金余额为 500 万美元，剩余期限为 2003 年 4 月 14 日至 2010 年 4 月 14 日，利率为 6 个月 LIBOR +0.40%，本金在未来各结息日等额偿还，每半年还本付息一次。浮动利率的美元债务使东方公司面临着美元汇率风险和利率风险。由于认为目前美元利率处于低点，且预测将来美元利率会上升，东方公司与建设银行进行了下列交易，锁定了债务成本，规避了利率风险。

解决方案 1：典型的利率调期交易

交易日：2003 年 4 月 14 日。

交易后，每个还本付息日，东方公司向建设银行按固定利率 3.90% 支付利息；建设银行向东方公司按 6 个月 LIBOR +0.40% 支付利息。

利息支付方式为轧差交割。如利率上升后，浮动利率水平超过固定利率，建行需向东方公司支付差额部分的利息。结果：将来无论 LIBOR 高低，东方公司均按 3.9% 支付债务利息，控制了利率上升的风险，锁定了债务成本。

解决方案 2：触发式利率调期交易（与未来 LIBOR 相联系）

交易日：2003 年 4 月 14 日。

交易后，每个还本付息日，东方公司向建设银行按固定利率 3.50% 支付利息；建设银行向东方公司按 6 个月 LIBOR +0.40% 支付利息。

条件：如果未来 6 个月 LIBOR 低于 5%，则双方如前述发生利息交换；如果对某一计息期确定的 LIBOR 超过 5%，则对该计息期的利息，双方不发生交换。

利息支付方式为轧差交割。结果：将来 LIBOR 低于 5% 时，东方公司可以按一个较低的固定利率 3.50% 支付债务利息；但当 LIBOR 高于 5% 时，则仍按原来的浮动利率支付利息。部分控制了利率上升的风险，在一定范围内将债务成本锁定在了较低的水平上。

方案 2 是带有期权结构的利率调期交易。银行可根据未来利率的走势和客户的偏好设计多种方案供客户选择。

【案例 6.19】

货币调期与结构性金融产品

东方公司拥有未到期日元债务，本金余额为 50 亿日元，剩余期限为 2003 年 4 月 14 日至 2010 年 4 月 14 日，利率为 6 个月 LIBOR +0.70%，本金在未来各结息日等额偿还，每半年还本付息一次。当时美元兑日元汇率为 120，预计日元在短期内可能会调整至 125 水平，但之后日元可能会再度上升，为了规避日元汇率上升的风险，东方公司与建设银行进行了下列交易，锁定了债务成本，规避了汇率风险和利率风险。

方案：典型的货币调期交易

金融学科核心课程系列教材

当市场汇率在125时，将日元债务调成固定利率3.5%的美元债务。

交易日：2003年4月14日。

交易后，每个还本付息日，东方公司向建设银行支付美元本金和按固定利率3.50%计算的美元利息；建设银行向东方公司支付日元本金和6个月LIBOR＋0.70%计算的日元利息，本息支付方式为全额交割。

结果：将来无论日元汇率高低，东方公司均按1∶125计算的美元债务来还本付息，控制了日元升值的风险，锁定了债务成本。

七、代客资金管理业务案例分析

【案例6.20】

与美元/欧元汇率联系的资金管理方案

委托方：华夏公司。

受托方：中国建设银行。

本金金额：300万美元或以上。

期限：1个月。

委托日：2003年4月14日。

起始日：2003年4月16日。

到期日：2003年5月16日。

欧元/美元参考期间：从委托日至到期日前两个营业日。

欧元/美元参考区间：(1.0450，1.0850)。

收益率（年率）：若在整个参考期间内，欧元/美元汇率始终位于参考区间内，则收益率为4%；只要欧元/美元汇率曾经越出过参考区间的话，即欧元/美元汇率曾小于或等于1.0450，或者曾大于或等于1.0850的话，则收益率为0。

收益计算方式：本金×收益率×实际天数/360。节假日调整：遇纽约假日顺延，且不延至下月。本金赎回：管理期内，委托方不得提前赎回本金。

【案例6.21】

与汇率区间联系、利息逐日计算的资金管理方案

委托方：华夏公司。

受托方：中国建设银行。

本金金额：300万美元或以上。

期限：6个月。

委托日：2003年4月4日。

起始日：2003年4月8日。

到期日：2003年10月8日。

本金担保：100%美元/日元。

参考期间：起始日前两个营业日至到期日前两个营业日。

美元/日元参考区间：(117.50，120.70)。

收益率（年率）：2%×n/N。其中，n＝参考期间内，美元/日元位于参考区间内的天数，N＝委托期的天数。

收益计算方式：本金×收益率×实际天数/360，到期一次还本付息。

节假日调整：遇纽约假日顺延，且不延至下月。

本金赎回：管理期内，委托方不得提前赎回本金。

【案例6.22】

与LIBOR联系的利息逐日计算的资金管理方案

委托方：东方公司。

受托方：中国建设银行。

本金金额：300万美元或以上。

期限：2年

委托日：2003年4月14日。

起始日：2003年4月16日。

到期日：2005年4月16日（被取消时可提前终止）。

本金担保：100%6个月LIBOR。

参考期间：起始日前两个伦敦营业日至到期日前两个伦敦营业日6个月LIBOR。

参考区间：第一年——(0，1.75%)；第二年——(0，2.50%)。

收益率（年率）：2.8%×n/N。其中，n＝参考期间内，美元6个月LIBOR位于参考区间内的天数，N＝委托期的天数。

收益计算方式：本金×收益率×实际天数/360，每半年付息一次。

取消权：自起始起6个月后，建设银行有权取消该委托，每6个月决定1次，需提前2天通知委托方。

节假日调整：遇纽约、伦敦假日顺延，且不延至下月。

本金赎回：管理期内，委托方不得提前赎回本金。

【案例6.23】

与国债收益率联系的资金管理方案

委托方：华夏公司。

受托方：中国建设银行。

本金金额：300万美元或以上。

期限：5年。

委托日：2003年4月14日。

起始日：2003年4月16日。

到期日：2008年4月16日（被取消时可提前终止）。

本金担保：100%。

收益率（年率）：$1\% + 2.25 \times (X_1 - X_2)$。其中，$X_1 = 10$年期美国国债收益率，$X_2 = 2$年期美国国债收益率。

收益计算方式：本金×收益率×实际天数/360，每半年付息一次。

取消权：自起始日起6个月后，建设银行有权取消该委托，每6个月决定1次，需提前2天通知委托方。

节假日调整：遇纽约假日顺延，且不延至下月。

本金赎回：管理期内，委托方不得提前赎回本金。

思　考　题

1. 什么是商业银行表外业务？广义和狭义的表外业务有何联系和区别？

2. 什么是商业信用证业务和备用信用证业务？二者有何区别？在信用证业务下，商业银行会承担哪些风险？

3. 什么是银行的资产证券化？资产证券化给商业银行带来的好处是什么？给商业银行带来的风险是什么？

4. 为什么说票据发行便利情况下，客户只需要付出短期融资成本就可以获得中长期的融资效果？

5. 什么是期货交易？金融期货依据交易对象的不同可分为哪些类型？从事期货交易会给银行带来哪些风险？

6. 论述现货交易与期货交易的关系。

7. 现货合约与期货合约的区别？

8. 期权业务的种类有哪些？

9. 论述利率期权的种类。

10. 国际上有哪些主要的股票指数期货？

练 习 题

一、单项选择题

1. 下列关于商业银行表外业务的说法中，错误的有（　　）。

A. 经营的是"信誉"而非资金

B. 提供资金和提供服务相分离

C. 取得手续费收入

D. 取得利差收入

2. 下列关于银行承兑汇票的说法中，正确的有（　　）。

A. 以银行为承兑人的不可流通转让的远期汇票

B. 主要用于国际贸易中，国内贸易一般不使用

C. 汇票一经承兑，银行即负不可撤销的第一性的到期付款责任

D. 分为可撤销银行承兑汇票和不可撤销银行承兑汇票

3. 下列关于备用信用证的说法中，不正确的有（　　）。

A. 是银行为受益人开立的保证书

B. 涉及三方当事人：开证行、客户和受益人

C. 实质上是银行把自己的信誉"贷"给客户

D. 银行承担第一性付款责任

4. 下列关于票据发行便利的说法中，正确的有（　　）。

A. 是一种短期周转性票据发行融资的承诺

B. 不具法律约束力

C. 利用短期债券利率的成本获得了中长期的资金融通

D. 如果一般工商企业作为借款人，票据一般采取短期的大额可转让存单

5. 货币互换发生的前提是（　　）。

A. 存在对货币需求相反的交易双方

B. 能使双方都获益

C. 存在利率差异

D. 必须有在期限和金额上存在相同利益而对货币币种需求相反的交易双方

6. 利率互换发生的前提是（　　）。

A. 交易双方在金融市场上有不同的信用等级，进而产生了融资时的比较优势

B. 必须由在期限和金额上存在相同利益而对贷款需求相反的交易双方

C. 存在利率差异

D. 能使双方都获益

7. 下列关于远期利率协议的说法中，正确的有（　　）。

　　A. 在远期利率协议下存在本金的转移

　　B. 如果协议签订后市场利率下降，买方受到保护

　　C. 合同是标准化的

　　D. 是一种场外交易的金融产品

8. 在《巴塞尔资本协议》中信用风险转换系数为100%的有（　　）。

　　A. 普通担保　　　　　　　　B. 履约担保书

　　C. 投标保证书　　　　　　　D. 用于特别交易的备用信用证

9. 下列是关于经营租赁的说法有（　　）。

　　A. 是以融通资金为目的的租赁，一般租期较长

　　B. 是设备的短期使用或利用服务

　　C. 是财产所有人将其财产出售以后又租回使用的一种租赁方式

　　D. 是将设备或财产租入后再租出的方式

10. 银行为了防范由于利率变动而产生的市场风险，通常会采用在期货市场上进行反方向的对冲交易，这种对冲交易（　　）。

　　A. 可以使金额等于远期利率协议之名义本金额

　　B. 只能减少市场风险而不能将其完全消除

　　C. 期货支付可以从远期交易中获得补偿，不会对银行的流动资金造成压力

　　D. 可以完全消除银行的市场风险

二、多项选择题

1. 有风险的表外业务可划分为（　　）。

　　A. 贸易融通业务　　　　　　B. 金融保证业务

　　C. 结算业务　　　　　　　　D. 派生产品业务

2. 下列关于商业信用证的说法中正确是（　　）。

　　A. 银行担保业务的一种类型

　　B. 主要发生在国际贸易结算中

　　C. 跟单信用证是一个有条件的银行付款承诺

　　D. 银行信用对商业信用的担保

3. 银行承诺业务通常包括（　　）。

　　A. 贷款承诺　　　　　　　　B. 贷款销售与证券化

　　　　C. 票据发行便利　　　　　　D. 银行承兑汇票

4. 备用信用证涉及的当事人有（　　　）。

　　　　A. 经纪人　　　　　　　　　B. 银行

　　　　C. 受益人　　　　　　　　　D. 客户

5. 利率互换的类型有（　　　）。

　　　　A. 固定利率与浮动利率互换

　　　　B. 息票利率互换

　　　　C. 基础利率互换

　　　　D. 交叉货币利率互换

6. 金融期货按照交易对象的不同，可划分为（　　　）。

　　　　A. 货币期货　　　　　　　　B. 利率期货

　　　　C. 股票指数期货　　　　　　D. 股票期货

7. 根据期权标的物的不同，期权分为（　　　）。

　　　　A. 股票期权　　　　　　　　B. 利率期权

　　　　C. 货币期权　　　　　　　　D. 黄金和其他商品期权

8. 当前国际商业银行主要从事的代理业务包括（　　　）。

　　　　A. 代理融通业务　　　　　　B. 保管箱业务

　　　　C. 代理发行有价证券业务　　D. 现金管理业务

9. 按信托方式来划分，信托业务包括（　　　）。

　　　　A. 自益信托　　　　　　　　B. 他益信托

　　　　C. 公益信托　　　　　　　　D. 私益信托

10. 商业银行进行贷款销售与资产证券化时，面临的风险主要有（　　　）。

　　　　A. 利率风险　　　　　　　　B. 流动性风险

　　　　C. 信用风险　　　　　　　　D. 汇率风险

三、判断题

　　1. 表外业务是商业银行所从事的不列入资产负债表且不影响资产负债总额的经营活动。　　　　　　　　　　　　　　　　　　　　　　　　　（　　　）

　　2. 汇票一经承兑，银行即负有不可撤销的第二性的到期付款责任。（　　　）

　　3. 银行承兑汇票是以银行为承兑人的不可流通转让的远期汇票，主要使用于国内和国际贸易中。　　　　　　　　　　　　　　　　　　　　（　　　）

　　4. 跟单信用证是一个无条件的银行付款承诺，具体说就是银行根据买方的要求和指示，向卖方开立的在规定的期限内，凭与规定相符的单据支付一定金额

金融学科核心课程系列教材

的书面承诺。　　　　　　　　　　　　　　　　　　　　　　　　　　　（　　）

5. 在备用信用证中，一般情况下银行与受益人之间不发生资金支付关系，这是它与商业信用证的一个最主要的区别。　　　　　　　　　　　　　　（　　）

6. 银行从事票据发行便利业务，是利用自身在票据发行中的优势帮助客户售出短期票据以实现筹集资金的目的。　　　　　　　　　　　　　　　　（　　）

7. 由于商业银行的表外业务不纳入商业银行的资产负债表，所以同表内业务相比，对表外业务进行有效监管和恰当的内部控制难度更小。　　　　　（　　）

8. 金融衍生产品交易往往有较大的杠杆作用，如果发生亏损而不及时止损，可能产生数倍甚至数十倍于原始资产的亏损，给银行的正常经营带来巨大的危害。　　　　　　　　　　　　　　　　　　　　　　　　　　　　（　　）

9. 为了防范承诺业务的风险，商业银行应采用浮动利率，使合同利率与市场利率相一致，以此规避由于利率变化而给银行可能带来的风险。　　　　（　　）

10. 票据发行便利根据有无包销可分为包销的票据发行便利和无包销的票据发行便利。　　　　　　　　　　　　　　　　　　　　　　　　　　　（　　）

11. 贷款销售是银行通过直接出售或证券化的方式，把贷款转让给第三方，从而收取转让费。　　　　　　　　　　　　　　　　　　　　　　　　（　　）

12. 资产证券化是贷款销售的一种方式，它是指银行将具有共同特征的流动性较差的一组盈利资产如贷款集中起来，以此为基础发行具有投资特征的证券的行为。　　　　　　　　　　　　　　　　　　　　　　　　　　　　（　　）

13. 互换是指两个或两个以上的当事人按照预先约定的条件，在约定的时间相互交换一系列支付款项，以达到转移、分散和降低风险的一种互利金融交易。　　　　　　　　　　　　　　　　　　　　　　　　　　　　　（　　）

14. 在同城结算中，商业银行主要采用的结算方式是托收结算。　　（　　）

15. 期货交易往往只进行盈亏计算而不需真正地进行实物交割，即通过在到期日前买进或卖出与原方向相反的合约来完成交易。　　　　　　　　（　　）

16. 商业银行的咨询业务是指商业银行向工商企业、政府或个人提供所需信息并获得咨询费收入的一种表外业务。　　　　　　　　　　　　　　　（　　）

17. 表外业务往往只是完成了风险的转移而没有消除风险。　　　　（　　）

18. 表外业务的发展不会影响一国货币当局所采取货币政策的有效性。　　　　　　　　　　　　　　　　　　　　　　　　　　　　　　　　（　　）

19. 在金融期货交易中，只有基差不变时，利率风险才可以被完全消除，当基差变动时，用期货规避风险的能力就会减弱。　　　　　　　　　　　（　　）

20. 为了防范风险，银行应该挑选较高质量的资产进行证券化。　（　　）

第七章 商业银行的国际业务

国际业务是商业银行主要业务之一，在其经营过程中发挥着重要作用。近年来，国际业务对商业银行利润贡献度不断提升。本章主要介绍三方面内容：外汇交易、贸易融资和国际借贷。

通过本章学习，掌握外汇交易的主要形式：即期、远期、调期、期权、期货买卖；了解国际保理、银行保函、福费廷、出口信贷等业务品种；熟悉外币票据贴现、政府混合贷款、国际银团贷款等。

第一节 外汇交易

一、即期外汇买卖概述

（一）即期外汇买卖定义

即期外汇买卖是指客户委托银行按照当天或即时的汇率买入一种货币，卖出另一种货币，成交之后两个工作日或两个工作日以内进行交割的外汇交易。

【案例7.1】

美国在日本的一家分公司从德国进口1 000万欧元的设备，但手边只有美元，为了支付需要，该公司可以与银行叙做即期外汇买卖业务，即卖出美元，买入欧元。若这家美国公司于2010年9月15日，向银行询价并叙做即期外汇买卖，银行报出的即期汇率为1欧元＝1.4145/55美元，那么9月15日是交易日，9月17日为交割日，或称起息日，即在2010年9月17日，这一天美国公司买入的1 000万欧元开始计息，而银行买入的14 155万美元也同样从这一天起计算利息。

（二）即期外汇买卖类型

即期外汇买卖分为四类：实盘买卖、保证金买卖、代客买卖和自营买卖。

1. 实盘买卖

（1）实盘外汇买卖概念

实盘外汇买卖，即外汇实盘兑换，外汇存款客户可根据银行规定的可兑换的货币币种和兑换价格，以一种外币存款为基础，将其兑换为另一种或几种外币存款。

在办理实盘外汇买卖时，客户需要在银行开立的外汇账户中存有足够的外汇资金。客户可在交易系统中方便地查询交易、资金及其他情况。国内各商行根据国际市场的实时行情向客户提供优惠的报价。

（2）实盘外汇买卖的宗旨和作用

首先，银行开办此项业务的宗旨是为储户提供保值避险工具，保护储户的利益。我国商行可兑换的货币币种包括美元、港币、日元、欧元、英镑和澳大利亚元等。凡是在国内商行持有外币存款的储户和拥有外币现钞的居民个人及外贸企业，均可到银行办理实盘外汇交易业务。

其次，为了丰富个人外汇资产经营手段，国内商行多数开办了个人外汇买卖业务。同时实行全天 24 小时交易（节假日除外），采用 T + 0 结算方式。客户可在任一家银行的分支机构通过柜台交易、电话银行、自助终端、网上银行等任何一种交易方式，方便地进行外汇买卖，享受参与国际金融市场的感觉。

2. 保证金买卖

（1）保证金外汇买卖概念

保证金外汇买卖是为满足客户需要而设计的外汇买卖工具，客户按银行规定存入一定的交易担保金，即可在规定的比例范围内买卖外汇，是一种杠杆式外汇投资工具。客户通过此项业务，可以用较少的资金进行较大的货币投资，买入或卖出外汇，以期在汇价波动中获取收益，或利用各种货币间的利率差距进行套息，或对冲手上原有的资产负债，达到保本、增值等投资目的。

国外银行外汇买卖分为实盘交易和保证金买卖，我国银行从 1990 年年底开始陆续开办保证金外汇买卖，但是 1997 年，国家外汇管理局严禁国内商行叙做外汇保证金买卖，国内商行凡是开办该业务的，陆续关闭了此项业务。然而，到 2007 年，管理部门对这项业务管理有所松动，2010 年国内商行中的中国银行（得到外管局批准）再度开始办理个人外汇保证金买卖业务。

（2）保证金外汇买卖的特点

①具备杠杆效应，减少资金占用。投资者只需按规定存入一定数量的交易保证金，就可在外汇交易中进行放大数倍的交易。

②可选择看多或看空，市场机会更多。原本持有美元的投资者不但可以卖出美元，还可以将美元作为保证金继续买入美元，不论美元是涨是跌，都有可能实现投资收益。

③存在追加保证金和强行平仓的可能。当投资者保证金充足率降至50%以下时，银行将提醒客户追加保证金；当降至20%以下时，银行将进行强制平仓。

④更适合进行短线操作。

（3）保证金买卖的交易规则

①交易渠道

目前个人保证金外汇买卖交易渠道仅限于中行网上银行客户端，客户通过CA证书下载并登录交易客户端后，可通过网上银行实现查询、即时交易和委托交易等操作功能。

②交易方式

分为即时交易和委托交易。委托交易分为限价委托、止损委托、二选一委托和追加委托。客户可指定委托有效时间，最长有效时间为委托交易发生的交易周。在客户不撤销委托的前提下，除非客户指定有效时间，一般默认其委托有效期为委托交易发生的交易日。

③交易货币与交易单位

个人保证金外汇买卖直盘交易货币对为欧元/美元、英镑/美元、美元/日元、美元/瑞郎、澳元/美元、美元/加元，交叉盘交易货币对为欧元/日元、英镑/欧元、英镑/日元、澳元/日元。货币对中前者为基础货币，后者为报价货币。例如，欧元/美元的基础货币为欧元，报价货币为美元。交叉盘货币对合约大小以基础货币为基准。

个人保证金外汇买卖以合约为基本交易单位，交易合约必须为整数份，每手合约为1 000单位基础货币，开仓时合约的起点份数为5手合约，单笔交易最大手数为10 000手，平仓时如果合约份数小于5手必须一次全额平仓。具体交易货币对每份合约对应金额和起点保证金要求参照表7.1。

（4）保证金外汇买卖作用

保证金外汇买卖是银行为满足客户高风险偏好而设计的具有放大作用的外汇交易类产品，该产品的门槛较低，最低起始保证金为等值500美元基础货币。

客户办理相关开户及签约手续后，可通过安装中国银行网上客户交易端进行

表 7.1 中国银行个人保证金外汇买卖合约中基本交易单位和金额

货币对	每手合约大小	起点合约大小	起点保证金要求（等值美元）
欧元/美元	1 000 欧元	5 000 欧元	500 欧元
英镑/美元	1 000 英镑	5 000 英镑	500 英镑
美元/日元	1 000 美元	5 000 美元	500 美元
美元/瑞郎	1 000 美元	5 000 美元	500 美元
美元/加元	1 000 美元	5 000 美元	500 美元
澳元/美元	1 000 澳元	5 000 澳元	500 澳元
英镑/欧元	1 000 英镑	5 000 英镑	500 英镑
英镑/日元	1 000 英镑	5 000 英镑	500 英镑
澳元/日元	1 000 澳元	5 000 澳元	500 澳元
欧元/日元	1 000 欧元	5 000 欧元	500 欧元

即时交易、委托交易及保证金专户管理、查询等操作。

中国银行推出具有放大效应和双向选择功能的外汇理财新品——"保证金外汇买卖"，旨在帮助投资者弥补投资本金规模较小以及美元单边上扬时获利方式有限的两大缺憾。

（5）保证金外汇买卖的风险提示

保证金外汇买卖，由于可以在实有外汇金额的基础上扩大若干倍数，因此风险极大。银行必须对所扩大倍数因而带来的风险进行必要的揭示。2010 年 5 月，中行新推"保证金外汇买卖"，保证金"外汇宝"（即个人实盘外汇买卖）特有的本金放大机制能为投资者带来可观的盈利，同时，其风险也将同比例放大。国际市场上，外汇保证金交易是高风险的投资方式，并不适合所有的普通投资者。

【案例 7.2】

王先生与中国银行签约进行"个人保证金外汇买卖"交易。在保证金专户中存入 1 000 美元，当其动用这 1 000 美元的保证金进行美元兑日元的交易时，通过 10 倍的放大效应，他的名义交易金额可达 1 万美元。如果是操作传统的"外汇宝"交易（个人外汇实盘买卖），假设王先生对市场走势判断准确的情况下他赚了 50 美元，盈利率为 5%；而在同样的市况，通过"个人保证金外汇买卖"的 10 倍放大作用后，王先生的获利将增加为 500 美元，与客户实际投入的本金 1 000 美元相比，盈利率可达 50%。但是，如果王先生对市场判断错误，由于叙做了保证金外汇买卖，他的损失同样扩大了 10 倍，即损失从 5% 增加到 50%。

3. 代客买卖

代客买卖是指银行代为客户买卖外汇的业务。银行的客户既可以是个人客户，又可以是机构客户，包括外贸企业、证券公司、保险公司、基金公司、信托公司等机构投资者。代客外汇买卖又可分为代客实盘买卖和代客保证金买卖。

4. 自营买卖

银行利用自身资金买卖外汇的业务。从 1994 年 1 月 1 日国家外汇管理局颁布《关于金融机构办理自营外汇买卖业务的管理规定》以来，国内商业银行陆续开办自营外汇买卖。由于银行自营炒汇风险极大，并且有些银行损失惨重，1997 年国家外汇管理局下发《关于加强金融机构自营外汇买卖管理的通知》（汇管条字［1997］第 421 号），国内商行凡是开办自营外汇买卖的，逐步取消该业务。2007 年以后，外管局放松对国内商行开办自营外汇买卖业务的管制。然而，出于对自营买卖外汇风险的考虑，目前国内商行叙做自营外汇交易的少之又少。

（三）即期外汇买卖的主要参与者

即期外汇买卖的主要参与者有客户、国内银行、境外银行，其中客户主要分为投资者和投机者两类。个人和贸易企业是主要的投资者，而银行甚至央行或者其他金融机构是主要的投机者。个人外汇投机的，即个人炒汇者目前国内占比相对较少，同时投资者和投机者很难在外汇市场上进行区分（见表 7.2）。

表 7.2　　　　　　　　中国银行 2014 年 1 月 3 日外汇牌价

货币名称	现汇买入价	现钞买入价	现汇卖出价	现钞卖出价	中行折算价	发布日期	发布时间
澳大利亚元	541.01	524.32	544.81	544.81	542.46	2014 – 01 – 03	15：12：40
加拿大元	565.44	547.98	569.98	569.98	572.22	2014 – 01 – 03	15：12：40
瑞士法郎	669.44	648.77	674.82	674.82	672.26	2014 – 01 – 03	15：12：40
丹麦克朗	110.33	106.92	111.21	111.21	110.81	2014 – 01 – 03	15：12：40
欧元	822.93	797.52	829.53	829.53	834.13	2014 – 01 – 03	15：12：40
英镑	990.96	960.37	998.92	998.92	1004.27	2014 – 01 – 03	15：12：40
港币	77.88	77.26	78.18	78.18	78.72	2014 – 01 – 03	15：12：40
印尼卢比		0.0479		0.0513	0.0496	2014 – 01 – 03	15：12：40
日元	5.7786	5.6003	5.8192	5.8192	5.8115	2014 – 01 – 03	15：12：40
韩国元		0.5534		0.6002	0.5746	2014 – 01 – 03	15：12：40

续表

货币名称	现汇买入价	现钞买入价	现汇卖出价	现钞卖出价	中行折算价	发布日期	发布时间
澳门元	75.68	73.14	75.97	78.4	75.76	2014 - 01 - 03	15：12：40
林吉特	183.04		184.32		184.51	2014 - 01 - 03	15：12：40
挪威克朗	97.72	94.7	98.5	98.5	97.98	2014 - 01 - 03	15：12：40
新西兰元	497.04	481.7	501.04	504.03	495.52	2014 - 01 - 03	15：12：40
菲律宾比索	13.5	13.08	13.6	14.02	13.57	2014 - 01 - 03	15：12：40
卢布	18.23	17.71	18.37	18.98	18.37	2014 - 01 - 03	15：12：40
瑞典克朗	92.55	89.69	93.29	93.29	92.76	2014 - 01 - 03	15：12：40
新加坡元	475.58	460.9	479.4	479.4	477.06	2014 - 01 - 03	15：12：40
泰国铢	18.27	17.7	18.41	18.98	18.34	2014 - 01 - 03	15：12：40
新台币		19.88		21.32	20.6	2014 - 01 - 03	15：12：40
美元	603.91	599.07	606.33	606.33	610.39	2014 - 01 - 03	15：12：40

（四）即期结售汇

即期外汇交易中，只要买卖中有一方是我国货币——人民币，称为即期结售汇，因此结售汇是即期外汇买卖的一种特殊形式。

即期结售汇由外汇指定银行根据国家外汇管理局规定的买卖价浮动幅度和每日公布的美元中间价（牌价），结合国际市场的汇率，确定合理的结售汇价格。一般国内商行可以根据我国外管局每日公布的买卖价上下浮动1‰至5‰不等。

为了提高工作效率，增强国内商行结售汇汇率的竞争力，争取更多优质客户到银行办理业务，各家银行皆给大客户简化结售汇流程，增加银行中间业务收入，体现差别定价的原则。各家银行根据对年度经济形势的预测，一般都授予部分支行网点对客户结售汇汇率在规定点差内有自主执行优惠的权力。表7.3是中国建设银行深圳市分行2004年特批其下属支行结售汇优惠价格。

表7.3　　　　中国建设银行深圳市分行城建支行结售汇牌价优惠

建行深圳分行下属支行名称	客户名称	业务类型	优惠点差
城建支行	深圳大友钢铁有限公司	美元结汇	挂牌价 +40 点
城建支行	深圳大友钢铁有限公司	港币结汇	挂牌价 +5 点
城建支行	大亚湾核电财务有限责任公司	美元结售汇	挂牌价 +（-）60 点
城建支行	大亚湾核电财务有限责任公司	港币结售汇	挂牌价 +（-）6 点
城建支行	大亚湾核电财务有限责任公司	欧元结售汇	挂牌价 +（-）70 点

（五）外汇交易的主要术语和行话

外汇交易中常常使用一些固定术语，常见的有：

中文	英文	中文	英文
平仓	cover	交割	delivery
下挫	slump	浮动	float
斩仓	forced liquidation	交割月	delivery month
空头	short position	多头	long position
持仓	hold position	交割成交价	delivery price
卖空	sell short	敞口	open position
平盘	square position/cover	远期轧平	forward cover
止损	stop-loss	熊市	bear market
僵持市场	congested market	远期汇率	forward exchange rate
趋势线	trend line（bar/candle/line）	移动平均线	MV（moving average）
疲软市场	soft market	超买	overbought
股票指数期货	stock index futures	履约价格/	exercise price
固定/浮动汇	fixed exchange rate	协议价格	
率	float exchange rate	远期合约	forward contract
开盘价	open order	贴水	discount
调期	swap	差价	spread
限价	limit order	升水	premium
中间价	middle rate	卖出价	offer price
结算价	settlement price	起息日	value day
底价	bottom	买入价	bid price
结算日	settlement date	到期日	expiry date/maturity day
牛市	bull market	回购	purchase agreement
基本面分析	fundamental analysis	技术分析	technical analysis
支持线	support line	阻力线	resistance line
套利	arbitrage	套期保值	hedging
活跃市场	tight market	超卖	oversold
保证金交易	margin transaction		

（六）即期外汇买卖的报价方式

外汇市场上，外汇买卖的报价方式表现在三个方面：一是所有货币汇率皆按美元报价；二是所有汇率报价皆采用双边报价，即买卖两个价；三是除英镑（GBP）、澳大利亚元（AUD）、加拿大元（CAD）、新西兰元（NZD）、欧元（EUR）用间接标价法外，其他皆采用直接标价法。

另外，可在 REUTER 和 TEERATE 报价系统的页面上打出 ASAP（as soon as possible），立刻出现即期汇率（SPOT rate）的页面。表 7.4 巴克莱银行即期汇

金融学科核心课程系列教材

率报价。

表 7.4　　　　　　　ASAP 即期汇率报价表（巴克莱银行）

SPOT RATE（即期外汇买卖）报价方法			
时间（2014 – 01 – 06）	货币	报价行名称	SPOT RATE
1835	EUR	DBFX	1.3593/03
1832	JPY	UBZI	104.85/95
1833	GBP	PRBX	1.6415/25
1831	CHF	ABKX	0.9050/60

图 7.1、图 7.2 分别列示了 2006～2010 年美元兑日元的汇率走势和 2013 年全年 100 美元兑日元汇率走势。

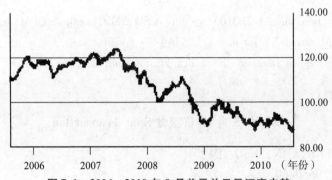

图 7.1　2006～2010 年 9 月美元兑日元汇率走势

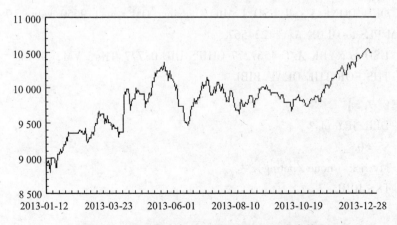

图 7.2　2013 年全年 100 美元兑日元汇率走势

（七）叙做即期外汇交易的流程

即期外汇交易的参与者主要是客户、国内银行、境外银行。首先，客户采取电话或网络及自助终端等方式，向国内银行询价并叙做外汇交易。其次，国内银行通常采用交易机（Dealing 2000）向境外银行平盘或叙做交易。国内银行与境外银行叙做即期交易的程序如案例7.3至案例7.5所示

【案例7.3】

Spot Transaction（即期外汇买卖）

A bank：Hi, bank of China Shanghai calling spot DEM for 5 USD PLS?

B bank：03/08.

A bank：5 yours.

B bank：Ok done. At 2.0103 we buy USD 5MIO against DEM value May 19, 1989. USD to Mantrust NY for our A/C 544 – 7 – 21236.

A bank：DEM to Deutsche Bank Frankfurt for our A/C9512054.

【案例7.4】

1989 年 5 月 17 日叙做 Spot Transaction

A：Hi, FRD, MN, USD/DM?

B：MP. 1.9650/60.

A：MINE USD 1.

B：OK, DONE. I sell USD 1 MIO, against DM, at 1.9650 value 19, May, 1989. DM PLS to DLBK A/C 1234567.

A：USD to NYBK A/C 4567777 CHIPS UID 08777. TKs, VM, Bi Bi.

B：THS FOR THE DEAL. BIBI.

【案例7.5】

A：DLR/JPY pls?

B：55/60.

A：My risk（none /noting）.

B：TKS BIBI.

（八）即期外汇买卖交割日的计算和超短期外汇买卖

1. 即期外汇买卖的交割日计算

绝大多数即期外汇买卖的交割日是从叙做交易后的第二个工作日算起，遇节假日顺延。

【案例7.6】

1988 年 11 月 9 日某外贸公司与银行叙做一笔即期 USD/JPY 的外汇买卖，11 月 10 日一天，而 11 月 11 日为纽约假期，12 日为星期六，13 日为星期日，那么交割日（起息日）是 11 月 14 日。

2. 超短期外汇买卖

由于某些国家在时差上的原因，要求购买第二天起息的货币，即 Value Tomorrow，Value Tom。故而，产生超短期外汇买卖的需要。超短期外汇买卖是指外汇的交割在成交的当天或隔天完成的外汇交易。

【案例7.7】

2010 年 5 月 17 日，C 银行和 D 银行通过电话达成一项外汇买卖交易，C 银行愿意按 1 美元 = 95.78 日元卖出 100 万美元，买入等值日元，D 银行愿意按同样的汇率卖出 9 578 万日元，买入等值美元，当天立即进行交割，双方各自按对方要求将卖出货币解入①对方指定账户内。

（九）即期外汇买卖的优缺点

1. 优点

首先，方便、快捷。即期外汇买卖的优点是在交易后的两个工作日内便收到买入货币用于付款。从保值的角度看，即期交易，一次买定，今后汇率升跌与投资者无关。从这个意义上说，即期买卖也具有保值作用。从交易技术上看；即期交易时，银行报价来得容易、快捷，便于捕捉市场。其次，汇率波动与投资者无关，即投资者主要是贸易公司，不考虑汇率波动因素对其带来的影响。

2. 缺点

首先，资金调度不灵活。即期外汇买卖不如做远期外汇买卖灵活，因为即期交易在第二个工作日一次性把某种货币卖出，把另一种货币买入，资金被绑死，

---

① 对公账户上将款项存入公司账户称作解入。

不如远期外汇买卖那样可灵活调动资金。其次，由于不关心和预测汇率波动，因此一定程度上属于对外贸公司不负责任的做法。

二、远期外汇买卖概述

（一）远期外汇买卖的定义

远期外汇买卖（forward transaction）是指达成交易后，按事先约定好的两个工作日以后的汇率进行交割的外汇买卖。常见的远期外汇买卖的期限为 1 个月、2 个月、3 个月、6 个月或 1 年，在日常交易中，任何一个营业日都可以作为远期外汇买卖的交割日。

【案例7.8】

某公司欲从日本进口一批设备，预计 3 个月后需要支付 9 000 万日元。为避免日元升值，美元贬值的损失，该公司向银行购买 3 个月期的远期日元。假如 3 个月远期汇率为 1 美元 = 90 日元，那么该公司只要准备 100 万美元就够了。不论汇率将来如何变化均与该公司无关，因为已经锁住成本。但是如果不购买远期日元，一旦汇率变为 1 美元 = 80 日元，那么该公司需要支付 112.5 万美元，比预期多付 12.5 万美元。

（二）远期外汇买卖的类型

远期外汇买卖业务按外汇实际交割日的确定来区分，可分为以下两种。

1. 固定外汇交割日的远期外汇买卖（fixed forward transaction），是按照交易双方商定的日期进行外汇交割的交易。这类交易的外汇交割日既不能提前，也不能推迟。

【案例7.9】

2010 年 5 月 16 日，E 银行与 F 银行通过交易机达成一项为期 3 个月的固定外汇交易日的远期外汇买卖。E 银行愿意按 1 美元 = 104.26 日元的汇率卖出 100 万美元，买入等值的日元，F 银行也愿意按同样的汇率卖出 10 426 万日元，买入等值的美元，交割日期为 8 月 18 日。届时，E 银行和 F 银行必须在 8 月 18 日这一天，同时按对方的要求将卖出的货币解入对方指定的账户内，如果一方提前交割，另一方则既不需要提前交割，也不需要因对方提前交割而支付利息。但如有一方延迟交割，则另一方可向其收取滞付息。

2. 选择外汇交割日的远期外汇买卖（option forward transaction），是指交易的一方可在成交日后的第 3 天起至约定的期限内的任何一个营业日，要求交易的另一方按照双方约定的远期汇率进行外汇交割的交易。

【案例 7.10】

2010 年 5 月 16 日，G 银行（报价银行）和 H 银行（询价银行）通过交易机达成一项为期 2 个月的择期外汇买卖。G 银行愿意按 1 美元 = 92.67 日元卖出 9 267 万日元，买入等值的美元。在 5 月 19 日至 7 月 18 日之间的任何一个营业日，H 银行都可以要求 G 银行按 1 美元 = 92.67 日元的汇率进行交割，并按对方的要求将各自卖出的货币解入对方指定的账户内。

【案例 7.11】

2010 年 9 月 28 日，某外贸企业从德国进口一批货物，贸易合同中进口货物价格以欧元计价，通过银行支付信用证项下货款（信用证到期日为 2010 年 12 月 31 日），需要 100 万欧元。而该公司账上只有美元和港币。该公司有两种做法：第一种做法，等到 12 月 29 日，给银行打电话，要求叙做即期外汇买卖；第二种做法，在当天即 9 月 28 日，给银行打电话要求叙做 3 个月的远期外汇买卖。通常，企业选择第二种做法，锁定成本，规避汇率风险。

（三）远期外汇买卖升贴水的计算

升贴水又称为调期率，调期率的计算公式如下：

升/贴水（SWAP RATE）= 即期汇率 ×（甲货币利率 − 乙货币利率）× 天数/360

远期汇率 = 即期汇率（SPOTRATE）± 升贴水（SWAP RATE）

远期汇率 = 即期汇率 ± 调期率

【案例 7.12】

即期汇率 1 美元 = 133.10 日元，远期天数为 90 天，3 个月定期美元利率为 8.5% 厘；3 个月定期日元利率为 3.5% 厘。调期率的计算 = 133.10 ×（8.5% − 3.5%）×90/360 = 1.664；远期汇率 = 133.10 − 1.664 = 131.44。

（四）远期外汇买卖的报价

1. 远期报价行情

在 REUTER 和 TEERATE 报价系统上打出 FX = ，便在电脑屏幕上出现远期报价行情（见表 7.5）。

表 7.5 　　　　　　 2014 年 1 月 6 日巴克莱银行远期外汇升贴水报价表

	SPOT	1MTH	2MTHS	3MTHS	6MTHS	12MTHS
STG	1.6415/25	39/36	81/77	123/119	248/243	448/438
ECU	1.3593/03	59/58	17.5/19.5	22/24	23/28	24/34
CHR	0.9050/60	35/32	65/61	95/91	187/180	370/350
JPY	104.85/95	59/57	112/110	163/161	304/300	565/555

2. 远期汇率的计算和报价

根据表 7.5，可计算出美元对其他若干货币的远期汇率。

（1）德国马克 1 个月期的买价为 1.9698 – 52BP = 1.9646

（2）英镑 2 个月期的买价为 1.6190 – 77BP = 1.6113

（3）欧洲货币单位 6 个月期买价为 1.0598 + 28BP = 1.0626

3. 选择外汇交割日的远期汇率的报价方法

由于选择外汇交割日的远期外汇买卖在外汇的交割日期方面具有一定灵活性，所以，在汇率方面与固定外汇交割日的远期外汇买卖有所不同。

（1）在直接标价法情况下：

①银行在买入择期时，择期部分不计升水；

②银行在买入择期时，扣除最大的贴水；

③银行在卖出择期时，择期部分不计贴水；

④银行在卖出择期时，向对方收取最大的升水。

现在用上面巴克莱银行的汇率计算择期汇率（见案例 7.13、案例 7.14）。

【案例 7.13】

远期时期	日元买价
a. 3 个月定期	138.75 – 163BP = 137.12
b. 3 个月择期	138.75 – 163BP = 137.12
c. 2 个月定期第三个月择期	138.75 – 163BP = 137.12

【案例 7.14】

远期时期	日元卖价
a. 3 个月定期	138.85 – 161BP = 137.24
b. 3 个月择期	138.85 – 0BP = 138.85
c. 2 个月定期第三个月择期	138.85 – 110BP = 137.75

（2）在间接标价法的情况下：

金融学科核心课程系列教材

①银行在买入择期时，择期部分不计升水；

②银行在买入择期时，须向对方收取最大贴水；

③银行在卖出择期时，须扣除最大升水；

④银行在卖出择期时，择期部分不计贴水。

根据表7.6巴克莱银行汇率来计算择期汇率（见案例7.15、案例7.16）：

【案例7.15】

远期时期	英镑买价
a. 3个月定期	$1.6190 - 119BP = 1.6071$
b. 3个月择期	$1.6190 - 0BP = 1.6190$
c. 2个月定期第三个月择期	$1.6190 - 77BP = 1.6113$

【案例7.16】

远期时期	英镑卖价
a. 3个月定期	$1.6180 - 123BP = 1.6057$
b. 3个月择期	$1.6180 - 123BP = 1.6057$
c. 2个月定期第三个月择期	$1.6180 - 123BP = 1.6057$

（3）超远期外汇买卖汇率报价方法：

超远期汇率的报价方法基本上与远期汇率的报价方法相同，只是计算升水和贴水所使用的利率不同。一般来说，远期汇率计算升贴水所使用的利率多为市场拆放利率，而超远期汇率计算升贴水时使用的利率多为债券利率。

（4）远期外汇买卖银行间叙做交易的方式（见案例7.17）：

【案例7.17】

A BANK：HI, BANK OF CHINA SHANGHAI CALLING YEN FORWARD OUT-RIGHT VALUE JUNE 5，1989 FOR 3 USD.

B BANK：SWAP 128/123　SPOT　43/48.

A BANK：3 MINE.

B BANK：OK DONE.

AT 131.25 WE SELL USD 3MIO AGAINST YEN VALUE JUNE 5，1989，YEN TO BANK OF TOKYO FOR OUR　A/C12345678.

A BANK：USD TO BANK OF CHINA NEW YORK FOR OUR A/C2877777 TH-KS. BIBI.

B BANK：THKS FOR THE DEAL. BIBI.

4. 远期结售汇业务

（1）远期结售汇概念

远期结售汇是指银行与客户协商签订远期结售汇合同，约定将来办理结汇或售汇的外币币种、金额、汇率和期限，到期外汇收入或支出发生时，即按照该远期结售汇合同订明的币种、金额、汇率、期限办理结汇或售汇的业务。远期结售汇业务为远期外汇买卖的特殊形式。

【案例 7.18】

某外贸企业出口一批商品到美国，3 个月后换回外汇 2 000 万美元，由于担心 3 个月后，美元汇率下跌，使其外汇收入减少，因此可以与国内商行叙做远期结汇业务，即该外贸企业卖出 3 个月的远期美元，而买入 3 个月远期的人民币，这样可以避免因美元汇率下跌带来的风险。

（2）远期结售汇业务的作用

通过远期结售汇业务，客户可有效规避汇率风险，锁定未来时点的交易成本或收益。远期结售汇业务面向的客户是在我国境内的企事业单位、国家机关、社会团体、部队等，包括外商投资企业。

远期结售汇价格确定依据国际通用远期外汇交易的原理计算得出。远期结售汇价格取决于即期结售汇率、人民币和外汇利率以及交割期限。

（3）远期结售汇种类

远期结售汇业务分为固定期限的远期交易和择期交易。

①固定期限的远期交易是指交割日为未来某一确定日的远期交易，分为 7 天、20 天、1 个月、2 个月……12 个月等 14 个固定期限。

②择期结售汇交易是指约定的交割期限为未来某一时段，客户可在此之内选择一个确定的交割日。远期结售汇交易可展期一次，展期期限同 14 个固定期限，最长为 12 个月。因此，远期结售汇交易的最长期限可达 2 年。展期交易也可以选择固定期限的远期交易或择期交易。

择期即交易日期不固定的远期外汇买卖，一般买方在将来的一段时间（通常为一个半月内）任何一天按照约定的汇率进行交割。

【案例 7.19】

我国一家公司欲从美国进口一批设备，在签订购买商品合同时，该公司尚无法确定付款的确切日期，只知道在 3 个月以后，为了稳定进口成本，该公司想购买远期美元外汇，故他们与银行叙做择期售汇业务，把日期定在 2004 年 12 月 1 日到 12 月 31 日之间的任何一天根据进口付款的要求，随时通知银行在两个工作日后交割。

5. 远期外汇买卖的优缺点

（1）优点

首先，远期外汇买卖是在远期交割的，这对于一手收汇，一手付汇计划用款的进口商最为有利。

【案例 7. 20】

某公司出口一批货物计划 3 个月后收入美元，与此同时它又与日商签订进口合同，计划 3 个月后支付日元。为了防范日元升值而美元贬值，该公司便可以到银行卖出远期美元，买进远期日元，使自己的外汇得到保值。

其次，购买远期外汇的商人可以将手中的现汇暂时派作其他用场，从而加速资金周转使用。正因为远期外汇买卖兼有保值避免汇率风险、资金计划和周转灵活等优点，因而受到进口商的广泛欢迎。在海外，凡大宗进口业务，商人多购买远期外汇，防范汇率风险。

（2）缺点

远期外汇买卖在规避风险和锁住成本的同时，也放弃了汇率向有利于自己的方向发展的好处。预测汇率是非常困难的事，世界上的大银行和经济金融专家没有不对汇率感到困扰的。人们应多从成本核算出发，从外汇保值的目的出发，排除侥幸心理，多考虑做远期外汇买卖，特别是付款时间较远的情况更要注意，因时间越长对于汇率的预测越难。若付汇金额较大，购买远期外汇可以分批进行。

【案例 7. 21】

某公司 3 个月后欲支付 10 亿日元，那么该公司可以分两次或三次购买，三次不同的汇率，平均价格会比一次购买风险小。

三、调期外汇买卖概述

（一）调期外汇买卖的定义

调期又称掉期，亦称互换。特别是在外汇交易中多采用调期名称。调期外汇买卖是指在某一日即期卖出甲货币，买进乙货币的同时，反方向地买进远期甲货币，卖出远期乙货币的交易，即把原来持有的甲货币来一个调期。

为了调整外币资金结构和进行套期保值，客户可以委托银行办理调期外汇买卖，该交易是指客户委托银行在买进或卖出一种货币的同时，卖出或买进交割期不同的同种货币的外汇买卖。

【案例 7.22】

某公司从国外借进一笔日元，想把它转成美元使用，同时为了防止日元将来升值，造成还款成本上的被动，可以与银行叙做一个调期交易，即期卖出日元，买入美元；远期买入日元，卖出美元，便可以防止日元换成美元后，可能发生的美元贬值的损失。

（二）银行自做调期业务的目的

银行自做调期业务的目的，主要是为了调节外汇资金头寸。通常情况下，银行的外汇资金头寸是不平衡的，即美元、英镑、港币、欧元、澳元等外汇资金余缺差异较大，由于美元在结算中使用较多，故而多数银行美元头寸不足，而其他外币资金却相对较多，因此为了解决外币资金头寸不均衡问题，银行自身常常叙做调期外汇买卖。

【案例 7.23】

中国建设银行深圳分行通常港币头寸较多，美元头寸严重不足，而在各项外汇业务中又多使用美元，因此为了解决美元头寸不足、港币头寸过多的状况，通常中国建设银行深圳分行与总行叙做港币与美元的调期。于是分行在有1 年期定期存款 5 亿港币、半年期定期存款 3 亿港币的情况下，与总行叙做 3个月港币兑美元的调期，即期卖出 7.8 亿港币，买入 1 亿美元，3 个月后卖出美元，买回港币。

（三）调期外汇买卖的特点

调期外汇买卖实际上由两笔交易组成，一笔即期买卖，一笔远期买卖。既然调期买卖有两笔交易构成，那么做两笔交易就行了，为什么还要发明调期交易这种方式呢？事实上，调期买卖在做交易时只做一笔，这样调期交易，买卖差价只损失一次，否则先做即期，后做远期，有两个汇率，在报价上，损失的买卖差价可能多一些，同时两笔买卖需要向银行交纳两笔交易的手续费。

（四）调期外汇买卖的询价和报价交易程序

【案例 7.24】

A：HI, FRD, GBP T/N SWAP PLS?

B：MP, 3.2 – 3（BP）.

A：BUY/SELL GBP1 MIO.

B：OK, DONE. at 3.2 we sell/buy GBP 1 Mio.

Confirm：value Sep22 – 23 – 10，GBP pls to ABC BK LDN.

USD pls to EFG BK NY CHIPS UID 12345.

Rate：1.4232. AG 1.4230.

TKS，for the deal.

A：OK, agree. USD to AAB BK NY CHIPS UID 22222. GBP to BBA BK LDN A/C No. 33888.

Bi…see you.

【案例 7.25】

A BANK：HI BANK OF CHINA SHANGHAI CALLING USD/DEM SWAP POINTS FOR 1USD VALUE JULY 7 OVER SPOT PLS

B BANK：SWAP 116/112

A BANK：BUY/SELL

B BANK：OK DONE

　　　　AT 1.4316/1.4200 WE S/B USD 1MIO AGAINST

　　　　DEM VALUE JULY 7，1989，USD FOR US TO BANK OF TOKYO NEW YOUK

　　　　DEM FOR US TO AMEX FRANKRURT

　A BANK：DEM FOR US TO DEUTSCHE BANK FRANKFURT

USD FOR US TO BANK OF CHINA NEW YORK

四、套汇与套利交易

（一）套汇

套汇是利用不同的外汇市场，不同的货币种类和不同的交割期限在汇率上的差异而进行的外汇买卖，借以运用外汇资金，调拨外汇头寸，增加外汇收益，防止汇率风险。套汇方式一般可以分为以下三种：

1. 地点套汇

地点套汇（space arbitrage）是指利用不同地点的外汇市场之间的汇率差异，

同时在不同的地点进行外汇买卖，以赚取汇率差额的一种套汇交易。地点套汇一般又分为三种形式：

（1）两角套汇

两种货币之间套汇（two points arbitrage）简称两角套汇。它是指利用两个不同地点的外汇市场之间某种货币的汇率差异，同时在两个外汇市场上买卖同一货币，以赚取汇率差额的一种套汇交易。

【案例 7. 26】

假设，　　　伦敦市场汇率　　　1 英镑 = 1.4150/60 美元

　　　　　　纽约市场汇率　　　1 英镑 = 1.4180/90 美元

以上表明英镑在纽约市场上的汇率高于伦敦市场上的汇率，因此，套汇者可以在伦敦市场上以 1 英镑 = 1.4160 美元卖出美元，买入英镑，然后在纽约市场上以 1 英镑 = 1.4180 美元卖出英镑，买入美元，一笔交易赚取 20BP，假若在伦敦市场买入 100 万英镑，那么通过该笔两角套汇，赚取 2 000 美元。

（2）三角套汇

三种货币之间套汇（three points arbitrage），简称三角套汇，亦称间接套汇（indirect arbitrage）。三角套汇是指利用三个不同地点的外汇市场中三种不同货币之间交叉汇率（cross rate）的差价，同时在这三个外汇市场上进行套汇买卖，以赚取汇率差额的一种套汇交易。

【案例 7. 27】

假定美元、英镑和瑞士法郎之间的交叉汇率（2006 年 4 月 13 日某一时点上）如下：

	纽约市场	伦敦市场	苏黎世市场
英镑/美元	1. 7510/15	1. 7513/18	1. 7508/13
英镑/瑞士法郎	2. 2610/35	2. 2550/70	2. 2600/35
美元/瑞士法郎	1. 2925/35	1. 2875/95	1. 2865/85

上述汇率表明，套汇者要想通过两种货币之间的套汇是无法获利的。然而，套汇者通过三种货币之间的套汇却获得了微利。套汇者同时在纽约市场上卖出美元买入瑞士法郎，在瑞士的苏黎世市场上卖出瑞士法郎，买入英镑，在伦敦市场上卖出英镑买回美元。这样，套汇者通过三笔外汇买卖，每 100 万美元交易可获得 24.41 美元的收益。由于获利微薄甚至可以忽略不计，因此不同市场同一时点的套汇活动几乎在国际外汇市场上消失。以上套汇计算公式 = 1 000 000 × 1.2925 （1/2.2635）× 1.7513 = 1 000 024.409 （美元）。

（3）多种货币之间套汇

多种货币之间套汇（multiple points arbitrage）是指利用三个以上不同地点的外汇市场中多种不同货币之间交叉汇率的差价，同时在几个外汇市场上进行套汇交易，以赚取汇率差额的一种套汇交易。其基本原理与三角套汇相同。

2. 时间套汇

时间套汇（time arbitrage）是指套汇者利用不同期限外汇汇率的差异，在买入或卖出即期外汇的同时，以卖出或买入远期外汇的方法牟取盈利的外汇交易。时间套汇常常被用作防止汇率风险而采取的一种货币保值手段。

【案例 7.28】

某银行有一笔英镑资金，而他的客户要向他借一笔美元贷款。该银行以贷款到期日为交割日，按远期汇率买回英镑。这样该银行既充分利用了资金，满足了客户的需要，又避免了因美元汇率下跌而可能造成的损失。

（二）套利

套利（interest arbitrage）是指利用在不同国家或地区进行短期投资的利率差异，将资金由利率较低的国家或地区转移到利率较高的国家或地区进行投放，以赚取利率差额的外汇交易。

【案例 7.29】

1988 年 4 月 8 日，6 个月期的港币存款利率为 5%，而同期美元存款利率却高达 7.625%，套利者就会把资金从香港调往美国作短期投放，这样就能增加2.625% 的利息收入。但是，由于套利者将港币资金兑换成美元资金后，承担了汇率风险，可能套利者的收益会因此减少许多，因为他必须考虑 6 个月后美元换回港币时，美元汇率下跌的风险。

特别值得注意的是由于通讯设备的迅速发展与完善，目前世界各地的外汇市场已由国际卫星通讯网络紧密地联系起来，电子计算机被广泛地应用在外汇交易之中，外汇市场和外汇交易全球化、同步化。故而，以前由地区不同和时差所造成的汇率差已几乎不存在。因此，以上几种套汇方式几乎在银行不再使用。例如，套利已被调期交易所取代，时间套汇则被期权代替。所谓两点、三点和多点套汇被目前人们称为现期套汇取代。

（三）交叉汇率与交叉套汇

1. 交叉汇率定义

在外汇买卖中，如果买卖的外汇既不是直接标价法的美元兑其他货币，也不是英镑等英联邦货币兑美元，而是两者之间交叉的买卖，例如欧元兑日元，英镑兑瑞士法郎，英镑兑欧元，日元兑港币等，即交叉盘外汇买卖。

交叉汇率报价在 REUTER 和 TEERATE 报价系统上打出 WX，即刻出现交叉盘报价。表 7.6 列示了中国银行在 2006 年 4 月 13 日公布的交叉汇率。

表 7.6　　　　　　中国银行 2014 年 1 月 6 日公布的交叉汇率　　WX =

	EUR	GBP	JPY	CHF
EUR	*	0.8300/30	141.21/91	1.4173/89
GBP	1.2045/95	*	170.80/110	1.4817/122
JPY	0.0070/88	0.0059/99	*	0.0087/123
CHF	0.8125/85	0.6748/38	115.20/75	*

2. 交叉套汇

国际货币的升跌主要看美元变动状况，如果美元上升，世界主要货币如欧元、瑞士法郎、英镑、日元等大都下跌。如果美元下跌，其他货币大都上升。但是有些升得快，有些升得慢，升得快和升得慢之间，就有差距，也就是说买进升得快的货币，卖出升得慢的货币，就会赚取汇差，这就是交叉套汇。

3. 交叉汇率的计算

交叉汇率可以通过两笔直接标价法或者两笔间接标价法计算出来，同时还可以用一笔直接标价法和另一笔间接标价法的汇率计算出来。通常交叉汇率不需要银行自己计算，一般通过路透报价系统的交叉盘报价 WX，可以直接获得交叉汇率报价的。多数需要叙做交叉盘买卖的，银行皆采用路透系统的交叉盘报价，没有自己通过第一种方式套算的，但是如果需要通过交叉盘套汇的，则不采用直接的交叉盘报价。

【案例 7.30】

2010 年 9 月 29 日，某银行报出的即期汇率 1 美元 = 0.9763/73 瑞士法郎；1 美元 = 83.63/73 日元；报出的瑞士法郎兑日元的交叉盘 WX = 92.76，客户要买进瑞士法郎，卖出日元（因为预测日元利率下降，瑞士法郎利率上升，以瑞士法郎进行投资）。

客户先以 83.73 卖出日元而买入美元，再用美元买瑞士法郎（以 0.9763 买入瑞士法郎）。

1 瑞士法郎 = 83.73/0.9763 = 85.76 日元。

若客户按照银行报出的交叉盘汇率直接买入 100 万瑞士法郎，由于 WX =

92.76，那么客户需要用9 276万日元。若客户采用即期汇率套算出交叉套汇：

（1）AT 83.73 SELL（85 762 573）JPY，BUY USD（1 024 275）

83.73×1 024 275＝85 762 573

（2）AT 0.9763 SELL USD（1 024 275），BUY（1 000 000CHF）

0.9763×1 024 275＝1 000 000CHF

（3）直接做交叉盘多支付：

9 276－8 576＝700（万日元）（700/83.73＝8.36万美元）

（4）如果银行通过自己套算出的交叉盘汇率与路透系统中交叉盘的报价有套利套汇空间，则采用上述方法，可以使买汇成本降低8.36万美元。

（四）交叉套汇

交叉套汇是金融市场上一种非常活跃的买卖工具，被广泛用在投资和投机买卖上。

【案例7.31】

某中国学生2004年秋季到英国留学，入学学费为12万英镑，该学生只有人民币，希望用人民币兑换成英镑支付学费。但是如果直接用人民币向银行买入英镑，该学生将需要多支付2万多元人民币。因此最好采取套汇方式，即该学生先用人民币买入美元，再用美元买英镑。假定当时汇率为：1美元＝8.2640元人民币，1英镑＝1.8010美元，1英镑＝15.0511元人民币，直接买汇需要1 806 132元人民币，套汇方式需要1 786 231元人民币，套汇后节省20 117元人民币。

（五）个人外汇买卖交叉套汇

个人外汇买卖的"聚宝盆"业务是中国建设银行推出的新业务品种，客户可以通过办理该业务，获得套汇收益，同时还可以得到汇率和利率双方面的好处。

【案例7.32】

某客户用30万港币买美元，做美元外汇聚宝盆业务（即中国建设银行开办的个人实盘外汇买卖）。当时做即期外汇买卖汇率为1美元＝7.7900港币，建行给予美元利率LIBOR＋30BP浮动利率至最高1.3%（封顶利率）。6个月后，美元浮动利率（LIBOR＋30BP）超出1.3%，该美元存款自动终止。这时该客户将用美元买回港币，此时汇率为1美元＝7.8100港币。故而，客户在叙做了两笔外汇即期买卖赚得770元港币，同时又得到了利率高的收益（美元定期1年的利率为 0.8925%，港币定期 1 年的利率为 0.9825%）。

五、外汇期权交易概述

（一）外汇期权交易定义

外汇期权实际上是一个合约，买方拥有一种权利，可以在合约期满日或以前按规定的汇率买进预先约定数量的外汇，也有放弃合约不执行的权利。买进期权的费用称为期权费，将来若协议汇率对己有利就执行期权，否则就放弃，最大的损失以付出的期权费为限。

【案例 7.33】

2010 年 9 月 27 日，某公司进口英国设备，3 个月后需支付 100 万英镑，然而公司手边只有美元，当时市场即期汇率为 1 英镑 = 1.4410 美元，为了防范汇率风险，该公司付出 2 万美元的期权费买进了 GBP CALL USD PUT 的欧式期权，执行价格为 1.4410，金额为 100 万英镑，期限为 3 个月。即该公司有权在 3 个月以后以 1.4410 的汇率抛售美元买入英镑。若 3 个月后汇率为 1 英镑 = 1.4810 美元，执行合约；若汇率为 1 英镑 = 1.4010 美元，则放弃执行合约权利。

（二）外汇期权交易优点

外汇期权交易可以满足国际支付、汇率风险控制等多种需要。客户只需付出有限的期权费就可具有在约定的时间内按事先确定的价格买入或卖出一定数量的外汇货币资产的权利，用于锁定未来支付的最大成本或未来收入的最小收益，达到防险保值的目的，而且仍可享受市场汇率波动可能带来的好处。

（三）期权种类

1. 美式期权和欧式期权

期权有美式期权和欧式期权两种。欧式期权只能在期权到期日执行；美式期权可在期权有效期内任何一天执行。如案例 7.31 中 2010 年 12 月 27 日，这一天客户选择执行或者放弃，这就是欧式期权，如果从 2010 年 9 月 27 日开始至 2010 年 12 月 27 日之间的任何一个营业日，客户选择执行或者放弃，这是美式期权。可见美式期权比欧式期权更加灵活，因此美式期权的费用比欧式期权费高。

2. 买入期权和卖出期权

从期权的买方来说，期权有买入一个买入期权，买入一个卖出期权；从卖方来说，期权有卖出一个买入期权，卖出一个卖出期权（见表7.7）。

表 7.7　　　　　　　　　　　　买入与卖出期权类型

buy	call	put
sell	call	put

期权的选择权是对买入者来说的，对于期权买方最大的风险即是损失的期权费，而其收益可能无限大。对于期权的卖方是有限的收益（即收到的期权费），但是其风险可能无限大。

3. 期权的询价和报价及交易程序

【案例7.34】

A：What is your one month GBP/USD option European terms strike 1.6650 for GBP 1?

B：1.27PCT，1.40PCT（1.27%　1.40%）。

A：OK，I buy GBP 1MIO GBP CALL USD PUT.

B：That is agreed，so. you bought GBP1 Mio GBP Call DLR Put strike 1.6550 expire 29Sep 04 delivery 31Sep 04 European terms. you pay GBP 14000 value 30 Sep 04. GBP to ABC BK LDN for me pls.

A：OK，agreed，thank for the deal BI FN.

【案例7.35】

外汇期权协议

Dear Sirs，

we confirm that you have purchased /cancelled the currency option below：

Our reference No. ：

Date of transaction：

Type-American /European：

The bank sells currency & amount：

The bank buys currency &amount：

Strike price：

Expiration date：

Value date：

Premium due to us：

Date of cancellation：

Premium due to you：

The premium is payable within two business days of the transaction date. This transaction shall be subject to the terms and conditions，set out overleaf but otherwise to current foreign exchange market practice.

Your faithfully，

For and on behalf of

（Bank' Name）

Please sign and return the duplicate of this letter.

【案例 7.36】

汇金总经理谢平表示注资商业银行汇率风险已化解。2005 年 7 月 21 日傍晚，中国人民银行公布了人民币汇率形成机制改革的消息，即日起人民币升值 2%，美元对人民币交易价格调整为 1 美元兑 8.11 元人民币。消息公布后，汇金公司注入国有商业银行的外汇资本金的汇率风险问题成为社会各界特别是投资银行非常关注的问题。之前，汇金公司两度向国有商业银行注入外汇资本金：一是 2003 年 12 月向中国银行和中国建设银行注入 450 亿美元外汇储备，二是 2005 年 4 月向中国工商银行注入 150 亿美元。2005 年 8 月 1 日，证券时报记者采访了中央汇金公司总经理谢平先生。

记者：这次人民币汇率调整之后，境外投资者是不是特别关注三家银行的外汇资本金汇率风险？

谢平：三家国有商业银行外汇资本金的汇率风险问题，在 2004 年与战略投资者谈判、建设银行上市申请过程中，均是一个热门话题。每次谈判外国人和投资银行都要问这个问题，因为战略投资者和未来的 IPO 投资者都关注这些外汇资本金的汇率风险，它会影响三家商业银行的每股净资产和价格。另外，这三家商业银行也有多年参与国际金融市场的经验，他们早就提出对冲资本金汇率风险的要求。

记者：那么作为三大银行的大股东，汇金公司什么时候开始着手研究对冲汇率风险的问题？

谢平：汇金公司 2004 年应邀研究此事，开始与中国银行、建设银行谈判。我们最终接受以期权方式作风险交易的安排，而其中最关键的就是期权费。另外，工商银行 2005 年就照搬了中国银行、建设银行的交易模式。

中央汇金公司于 2005 年 1 月 5 日、1 月 12 日和 4 月 30 日分别与中国银行、

金融学科核心课程系列教材

建设银行、工商银行签订了"外汇期权交易协议",使这 3 家商业银行的外汇资本金的汇率风险通过市场交易行为得以对冲。

记者:这个协议的具体内容能否介绍一下?

谢平:首先是交易标的和协议金额,在不超过汇金公司注入的资本金的总额内,这三家银行可以选择需要套期保值的初始协议金额。其中,中国银行的外汇期权交易金额是 180 亿美元,建设银行是 225 亿美元,工商银行是 120 亿美元。

其次是期权执行价格,汇金公司承诺从 2007 年 1 月 1 日起,分批从上述三家银行购入美元,价格定在 1 美元兑人民币 8.2769 元。需要说明的是,工商银行有一点点差别,它的价格是定在 1 美元兑人民币 8.2765 元。

第三是期权费,因为整个期权合约期跨越 3~4 年不等,上述三家商业银行要分月向汇金公司支付期权费,期权费总额为初始协议金额的 3%(即每年 1%)。以中国银行为例,初始协议金额是 180 亿美元,以 1 美元兑 8.2769 元人民币计算,3 年要交期权费总计 44.69526 亿元人民币。

记者:计算下来三家银行需要承担的期权费不是个小数目。

谢平:期权费总量的确不少,实际上每年 1% 的期权费率不算高。3 家商业银行不会因此导致资本金总量缩水,每股净资产和价格也不会因此下降,汇金公司作为大股东也是划算的。再说这些外汇资本金运作的收益也是较高的。

记者:中行、建行、工行在与境外战略投资者的谈判过程中,有无向对方披露过外汇资本金的期权交易安排?

谢平:实际上,建设银行 2005 年 6 月中旬向香港联交所提交的《招股说明书送审稿》中,就已经披露了 225 亿美元资本金的外汇期权交易安排,而且"期权交易协议"作为"重大合约"的副本已经交给香港联交所,也要作为备查文件在香港公司注册处公开登记。另外,上述三家商业银行在与境外战略投资者的谈判以及签订的有关协议中,均向对方披露了外汇资本金的期权交易安排。

谢平:商业银行和汇金公司用市场化方式共同承担了风险。商业银行支付了期权费,我们执行约定的买入价格。这是期权交易,其他投资者既然关心这个问题,我们就用市场化的方式解决掉这个问题。汇金公司这么做是很市场化的,投资者看到资本金汇率风险已经对冲,就不用担心此事了。

六、外汇期货业务

外汇期货又称货币期货,亦称外币期货,是指买卖双方通过期货交易所,按照约定的价格，在约定的未来时间买卖某种外汇合约的一种衍生金融工具交易。

外汇期货交易属于金融期货业务的一种类型，由于金融期货产品在第六章表外业务的衍生金融产品中，做过详细介绍，这里就不再重复。

值得注意的是外汇期货交易必须在期货交易所内进行，而前面介绍的即期、远期、调期与绝大部分期权交易，都在场外交易，只有极少数的外汇期权交易在场内进行。

七、外汇期货和期权与远期外汇买卖的区别

（一）外汇期货与远期外汇买卖的区别

首先，外币期货合同每天都要发生现金流动，而外汇远期合同一般是直到合同到期才会有现金流动，即按原来商定的远期价格交割有关货币。其次，在期货合同有效期间，交易方有可能赚到额外的利息收益或遭受额外的利息损失，但在远期合同有效期间对交易方来说不可能发生这种情况。最后，远期外汇买卖合同是在交易双方之间直接签署的，没有第二级市场。因此，如果交易一方想改变自己的远期头寸，就只能另外订立一个独立的远期合同。这第二个远期合同如果是与同一交易对方做的，那么可能抵消掉前一个合同；不然，订立了两个合同的交易方就必须履行两个合同。而这时对两个合同来说，都存在信用风险。期货合同则不同，它可以通过期货市场的一家清算事务所而相互冲抵。

（二）外汇期权与远期外汇买卖的区别

外汇期权和远期外汇买卖比较，有它自己的特点，它既能使买方达到保值的目的，又十分灵活，特别适用于国际贸易中的招标。因为投标中的中标率只有百分之几，如果用远期外汇买卖的办法保值，在不中标时会造成很多麻烦，而用期权交易的办法就方便多了，使之更具有针对性。

八、我国银行业的其他外汇业务

（一）代客外汇资金管理

为了满足客户对大额外汇资金提高收益的要求，国内银行参照国际金融市场

操作惯例推出了代客资金管理业务，为客户提供新型的资金运作与管理模式。

代客资金管理是指客户为了灵活管理其暂时沉淀的外汇资金，在愿意承担一定风险的情况下，通过国内银行在国际市场上对各种金融产品的运作，提高资金收益率的业务。

代客资金管理的金额起点为 300 万美元，期限短则 3 个月，长则 3 年、5 年甚至 10 年。客户需与国内商行签订代客外汇资金管理协议，确立具体的管理条件与方案，并将相应的外汇资金交给银行，而银行则根据管理协议在国际金融市场上进行运作。目前，国内商行提供的资金管理方案中，客户获得的最终收益率可以与美元/人民币汇率、其他主要货币间汇率、市场利率、债券收益率、债券发行体的信用等市场要素的变化情况相联系。此外，银行还可以根据客户的不同情况"度身设计"，以满足客户的个性化需求。

（二）代客外汇债券买卖

对于拥有外汇资金，并经国家许可具有外汇债券买卖资格的客户，国内商行可以利用自身优势，代客户进行债券买卖。

办理该业务前，客户需在银行开立外汇账户并存入足够的资金。在申请买入外汇债券后，商行将从客户的外汇账户中扣除相应的交割金额，并为客户提供所购买债券的保管服务。每次债券收息日，银行将债券利息转入客户的外汇账户；债券到期后，银行将收回的债券本金转入客户账户。

当客户申请卖出债券时，商行将扣减部分代为客户保管的债券作为手续费，并将其余绝大部分债券卖出所收回的资金转入客户的外汇账户。为方便客户了解国际债券市场，选择买卖品种，在此业务的办理过程中，国内商行可以向客户提供全球债券市场行情并推荐具有投资价值的债券。

（三）代客债务风险管理业务

某些拥有外汇债务的企业，其债务负担会受国际市场利率或汇率波动的影响而变动不定，因此面临较大的利率与汇率风险。为了保证稳定的经营利润，客户通常希望对此类风险进行规避。为满足客户的需要，国内商行推出了代客债务风险管理业务，即根据国际市场利率与汇率的变化趋势，利用各种金融衍生产品，如利率调期、货币（利率）调期、利率上/下限、调期期权等，为客户度身设计风险管理方案。当双方就方案选择达成一致意见后，银行将与客户签署有关协议，并由客户出具相应的交易委托书。其后，银行将根据市场情况捕捉时机，与客户达成交易，帮助客户实现风险管理的目标。

（四）市场研究与咨询

为帮助客户更好地把握国际金融市场，国内商行总行及省市一级分行，一般都具有一支高水平的专门从事国际金融市场研究的队伍，利用自身丰富的信息来源和强大的市场分析能力，密切跟踪市场，为客户提供国际金融市场外汇、债券、股票、期货等各种金融产品的市场行情与研究分析资料，提供有价值的建议，帮助客户更好地决策。

（五）银行资金业务

资金业务是国内银行的核心业务之一。自 1978 年改革开放以来，国内商行本外币资金业务得到了健康、快速地发展。目前，国内商行已开办了多种资金交易业务，其中本币资金业务包括信用拆借、同业借款、转贴现、债券承销、买卖与回购等；外币资金业务包括外汇买卖、结售汇、债务风险管理、代客资金管理等。

（六）银行代客资金业务

长期以来，国内商行始终以客户为中心，致力于为客户提供高质量、全方位的外汇资金业务服务，不断推出如多币种结售汇、远期结售汇、个人外汇买卖、企业债务风险管理、代客外汇资金管理、代客债券买卖等多种面向客户的新产品，帮助客户控制各种金融风险，提高资金收益，赢得了良好的声誉和广泛的信任。针对客户日新月异的需求，国内商行还将结合市场状况，不断设计并推出新的金融产品，满足客户对资金业务服务的需要。

第二节　贸 易 融 资

信用证应包括在贸易融资中，同时是贸易融资中非常重要的一种形式，由于在第六章表外业务中已经介绍，在此不再赘述。这里只介绍其他六种贸易融资形式。

一、进出口押汇

押汇按进出口方的融资用途划分，可分为出口押汇和进口押汇。无论是出口押汇还是进口押汇，一般皆属于短期贸易融资。押汇按国际结算方式来分，分为信用证项下押汇和托收项下押汇。

（一）出口押汇

出口押汇是指银行凭借获得货运单据质押权利有追索权地对信用证项下或出口托收项下票据进行融资的行为。出口押汇在国际上也称为议付，即给付对价的行为。

（二）进口押汇

进口押汇是指银行应进口商申请，与其达成进口项下单据与货物的所有权归银行所有的协议后，银行以信托收据的方式向其释放单据并先行对外付款的行为。进口押汇包括进口信用证项下押汇和进口代收项下押汇。目前，我国银行主要办理进口信用证项下的进口押汇业务。

二、打包放款

出口打包放款是银行对本国出口商的一种短期资金融通方式，是银行传统外汇业务之一。从形式上看属于抵押贷款，其抵押物是尚处在打包中而没有达到可以装运出口程度的货物。因此，打包放款又是指在国际贸易中，银行凭以该出口商为受益人的信用证为抵押，向该出口商提供的用以生产、备货、装船的货款。

【案例7.37】

我国出口企业A公司凭美国银行开来的不可撤销即期信用证向其开户行B银行申请金额为500万元人民币的打包放款，用于生产信用证项下的出口产品，B银行对信用证真实性、条款等内容及A公司提交的进出口合同等证明文件进行审核。审核结果表明，信用证真实有效，条款清晰明确，符合银行有关规定。经B银行信贷部门审查，A公司财务状况良好，信誉可靠，没有不良记录，履约能力有保障，因此B银行为出口商A企业办理了出口打包放款手续，为其提供打包放款资金500万元人民币。

三、国际保付代理业务

国际保付代理业务（international factoring）简称保理业务，也叫保收代理，是指保理商（通常是银行或金融机构）向出口人提供进口人的资信调查，并承担100%的信用风险担保、应收账款的催收和追偿、资金融通和财务管理的一种综合性财务服务。

国际贸易中，在以托收、赊账为贸易条件的情况下，出口人事先与保理商签订保理协议，根据协议出口人按买卖合同规定发货后，有关运输单据直接寄交进口人而将应收账款的单据卖给保理商，由保理商通过其在进口地的代理人负责向进口人收款，保理商收到货款后，扣除一定的手续费，将货款交给出口人。

保理商在与出口人订立保理协议前，通常事先要对进口人进行资信调查，只有在进口人资信被认为确实可靠的前提下，保理商才接受办理。

四、银行保函

银行保函是指银行应委托人的请求，向受益人开立的一种书面担保凭证，银行作为担保人，对委托人的债务或义务，承担赔偿责任。

出口经济活动中银行保函的种类包括投标保函、履约保函和还款保函。进口经济活动中银行保函种类包括补偿贸易进口银行保函、成套设备进口银行保函和加工装备业务进口保函。

五、福费廷业务

(一) 福费廷的定义

福费廷业务 (forfaiting) 又称买断业务，是在延期付款的大型设备贸易中，出口商把经进口商承兑的期限在半年以上至 6 年的远期汇票，无追索权地售予出口商所在地的银行，提前取得现款的一种资金融通形式。它是出口信贷的一个类型。

Forfaiting 意思是放弃。福费廷业务中的"放弃"包括两方面含义：一是出口商卖断票据，放弃了对所有出售票据的一切权益；二是银行（包买人）买断票据，也必须放弃对出口商所贴现款项的追索权，可能承担票据拒付的风险。

(二) 福费廷对出口商的作用

福费廷业务是出口商给予进口商的信贷交易，通过出口商的票据卖断及时变为现金交易，获得现金。对出口商来说与买方信贷相似。因为，第一，在出口商的资产负债表中，可以减少国外的负债金额，提高企业的资信，有利于其有价证券的发行。第二，立即获得现金，改善流动资金状况促进出口。第三，信贷管理和票据托收的费用与风险转嫁给银行。第四，不受汇率和债务人情况变化的风险影响。

（三）福费廷对进口商的作用

对进口商来讲，利息与所有费用负担均计算于货价之内，一般货价较高。但利用福费廷的手续却较简便，不像利用买方信贷那样，进口商需要多方联系多方洽谈。从这一点上讲，与卖方信贷相似。在福费廷方式下，进口商要寻觅担保银行，对出口商开出的远期汇票进行担保。这时，进口商要向担保银行交付一定的保费或抵押品，其数额视进口商的资信状况而定。

六、出口信贷

出口信贷主要分为两类：出口卖方信贷和出口买方信贷。

（一）卖方信贷

卖方信贷是指贸易商常做的延期付款，进口商购货后延期支付货款给出口商，出口商为取得资金周转，向出口方银行贷款，这种贷款叫做卖方信贷。

出口商付给银行的利息费用，有的包括在货价内，有的在货价外另外加上利息，转嫁给进口商负担。按延期付款方式也有由进口商直接对外国出口商的商业性信用融资。但是资本性商品出口商的货款金额大，支付期很长，这类商品的延期付款方式一般均为出口卖方信贷。

由于出口卖方信贷在一定程度上是出口方的银行，在该国政府政策鼓励下给予本国出口商的贷款帮助，在这个层面上说出口卖方信贷属于国内贷款，只是贷款的用途是支持出口方的商品出口，但是一定程度上难于控制贷款者的资金用途一定是用于该笔出口产品，因此目前国际上普遍很少使用出口卖方信贷，反而多使用买方信贷。

（二）买方信贷

出口买方信贷是国际通行的出口融资方式，与国际金融市场的一般贷款相比，出口买方信贷的金额大、期限长、利率低，适合对机电产品、成套设备、单机、其他机电产品和高新技术产品的出口融资。

（三）我国出口买方信贷

出口买方信贷是我国政府参照国际通行的出口促进方法，为了支持我国产品出口，采取融资保险的方式，鼓励我国银行对外国进口商或进口方国家的银行提供贷款，进口方用出口买方信贷款项专项支付我国出口商的货款。

【案例 7.38】

1996 年，中国建设银行作为第一安排行和第一牵头行为伊朗地铁项目签订金额为 2.69 亿美元的出口买方信贷协议。该项目为我国当时最大的出口买方信贷，也是我国首次由国内主要金融机构组成的银团贷款。

第三节　国际借贷

第二节介绍的贸易融资六种形式，实际上皆属于国际借贷形式，只是从国际贸易角度出发，将贸易项下的国际借贷中的外汇贷款，称为贸易融资。本节主要介绍短期的贷款和中长期政府混合贷款与国际银团贷款。

一、外币票据贴现

企业持有的国外资信良好的银行为付款人或经其承兑的远期汇票，或远期信用证项下的出口业务经银行议付的未收妥货款，如需要时可向银行申请叙做贴现业务。银行接到申请后，须严格审核国外银行的资信，远期信用证项下出口货款未收妥的原因和货款收妥的风险大小，以上皆是银行能否接受票据贴现必须考虑的因素。贴现期限分为半年、1 年和 2 年 3 种，贴现利率根据国际市场不同期限的利率而定。偿还方式是银行将汇票或信用证项下收妥的货款全部以原币存入专户并通知收款人，直至该专户内资金足以抵补贴现金额为止。该专户内资金于汇票到期日偿还银行的贴现款项，该专户的利息以单位外汇定期出口 3 个月利息计付外币利息。

二、政府混合贷款

政府混合贷款是政府贷款和出口信贷或商业银行贷款混合组成的一种贷

款。政府贷款又称为国家贷款，是某国政府对另一国政府提供的具有经济援助性质的双边贷款。这种贷款要列入贷款国政府的财政预算，并须经过相应的立法机构通过。政府贷款利率较低，期限较长，但通常金额不大，而且还要考虑各种政治因素，限制贷款用途。出口信贷前面介绍过，是国家为了提高其出口商品的竞争力而采取的一种由国家或政府对贷款银行实行利息补贴并提供保险的信贷手段。

政府混合贷款是 20 世纪 80 年代末在出口信贷基础上发展起来的一种国际贷款形式，其目的是通过政府贷款或赠予来改变贷款的利率结构，降低利率，延长还款期限，以促进本国商品的出口，提高出口商品竞争力。

【案例 7.39】

2008 年 1 月 15 日，德国政府混合贷款。

1. 币种：欧元。

2. 使用领域和贷款条件：

(1) 城市商业银行承办的中小企业贷款：贷款期 12 年，含 3 年宽限期，贷款年利率为 3.3%，承办此业务的城市商业银行可适当提高贷款条件，用于对民营中小企业的贷款；

(2) 污水处理项目：软硬贷款比例为 1∶1.3，其中软贷款期限 40 年，含 10 年宽限期，年利率 0.75%，硬贷款期限 10 年，含 3 年宽限期，同期市场商业贷款利率。德国政府贷款原则上不超过项目总投资的 70%，项目采购方式为国际招标，贷款可用于支付设备、土建、培训和咨询服务等。

(3) 医疗项目：贷款期 20 年，含 5 年宽限期，由软硬贷款按一定比例混合而成，目前贷款年利率约为 2.3%，德方按贷款总额的 0.5% 一次性收取管理费，贷款可用于同一省区内的一家或几家医院打捆引进设备或医疗垃圾处理等项目，并应适当考察农村地区的需求，项目采购方式为国际招标。

(4) 气候保护和城市发展项目：贷款期 20 年，含 3 年宽限期，由软硬贷款按一定比例混合而成，目前年利率约为 2.7%，德方按贷款总额的 0.5% 一次性收取管理费；贷款可资助集中供热、可再生能源、提高能源效率、垃圾处理、城市公共交通（如轨道交通和智能化交通）以及与环保相关的城市基础设施等项目，项目应符合所在城市总体发展规划，采购方式为国际招标。

(5) 自然资源可持续性项目：可用于南方地区可持续森林经营和北方地区沙漠化防治项目，贷款期 20 年，含 3 年宽限期，贷款由软硬贷款按一定比例混合而成，目前贷款年利率约为 2.2%，德方按贷款总额的 0.5% 一次性收取管理费，单个项目贷款金额不超过 1 000 万欧元，采购方式为国际招标。

3. 转贷银行：

（1）主要国有商业银行和政策性银行。

（2）中国农业银行、华夏银行、中国光大银行、中国民生银行、深圳发展银行可转贷中小企业信贷。项目单位可直接向银行申请项目，无须财政担保，由银行独立开展评估转贷工作并自行承担转贷风险。

三、国际银团贷款

（一）银团贷款的概念

银团贷款又称为辛迪加贷款（syndicated loan），是由获准经营贷款业务的一家或数家银行牵头，多家银行与非银行金融机构参加而组成的银行集团（banking group）采用同一贷款协议，按商定的期限和条件向同一借款人提供融资的贷款方式。国际银团是由不同国家的多家银行组成的银行集团。

（二）银团贷款的功能

银团贷款的功能主要有：充分发挥金融整体功能，更好地为企业特别是大型企业和重大项目提供融资服务，促进企业集团壮大和规模经济的发展，分散和防范贷款风险。

（三）国际银团贷款的期限

国际银团贷款一般属于中长期贷款。国际银团贷款一般用短期滚转贷款的方式把浮动利率的短期信贷在到期日时自动滚动转移到下一个到期日，一直延续到贷款还清为止。贷款期限一般包括提款期和还款期。有时在借款人的要求下，由贷款人给予还款的宽限期。还款一般按分期偿还的方法并在项目投产或设备引进试车完成后的 6 个月开始还款。

（四）银团贷款的成员行

参与银团贷款的银行，均为银团贷款的成员。一般分为牵头行、代理行和参加行。

1. 银团牵头行

银团贷款牵头行是指经借款人同意、发起组织银团、负责分销银团贷款份额的银行，是银团贷款的组织者与安排者。单家银行担任牵头行时，其承担的贷款

金融学科核心课程系列教材

份额原则上不少于银团融资总金额的 20%；分销给其他银团贷款成员的份额原则上不低于 50%。

2. 银团代理行

银团贷款代理行是指银团贷款协议签订之后，按照相关贷款条件确定的金额和进度归集资金向借款人提供贷款，接受银团委托，按银团贷款协议规定的职责对银团资金进行管理的银行。通常代理行由牵头行担任，但也可由银团贷款成员协商确定。

3. 银团参加行

银团贷款参加行是指接受牵头行邀请，参加银团并按照协商确定的承担贷款份额向借款人提供贷款的银行。银团参加行主要职责是参加银团会议，按照约定及时足额划拨资金至代理行指定的账户；在贷款续存期间应了解和掌握借款人日常经营与信用状况的变化情况，对发现的异常情况应该及时通报代理行。

四、几种国际信贷的区别

（一）福费廷与贴现的区别

福费廷与贴现的区别有四点：一是福费廷是一种买断，无追索权；二是福费廷包括多张票据且期限长；三是福费廷需要一流银行担保，贴现只须背书，无须担保；四是福费廷费用高，利率高。

（二）福费廷与保理的区别

福费廷与保理的区别有四点：一是福费廷在大项目、大设备和大企业上进行；二是保理无须进口商所在地银行对汇票支付进行保证或开立保函，而福费廷必须履行该手续；三是保理业务出口商无须事先与进口商协商，而福费廷业务则要求进出口双方必须事先协商，取得一致意见；四是保理业务内容比较综合，常附有资信调查、会计处理、代制单据等服务内容，而福费廷内容比较单一突出。

思 考 题

1. 简述外汇买卖的类型。
2. 简述福费廷、国际保理业务。
3. 简述几种国际信贷的区别。

4. 阐述政府混合贷款与国际银团贷款及出口信贷的关系。

练 习 题

一、单项选择题

1. 客户询价 GBP/USD，银行报价 1.5200/10，银行以什么价买进美元？
（　　　）

    A. 1.5200　　　B. 1.5210　　　C. 1.5100　　　D. 1.5110

2. 上题中客户以什么汇价从银行买进英镑？（　　　）

    A. 1.5200　　　B. 1.5210　　　C. 1.5100　　　D. 1.5110

3. 上题中如果客户向银行卖出英镑，汇价是多少？（　　　）

    A. 1.5200　　　B. 1.5210　　　C. 1.5100　　　D. 1.5110

4. 某银行询问美元兑瑞士法郎汇价，你答复：1USD = 1.0293/13CHF，请问如果该银行想把瑞士法郎卖给你，汇率是多少？（　　　）

    A. 1.0293　　　B. 1.0313　　　C. 1.0213　　　D. 1.0393

5. 如果你是 ABC 银行交易员，客户向你询问澳元/美元，你报 0.9180/90，1AUD = 0.9180/90USD，请问如果客户想把澳元卖给你，汇率是多少？（　　　）

    A. 0.9180　　　B. 0.9190　　　C. 0.9810　　　D. 0.9890

6. 上题中如果客户要买进 AUD，汇率是多少？（　　　）

    A. 0.9180　　　B. 0.9190　　　C. 0.9810　　　D. 0.9890

7. 市场上经纪的报价为 1USD = 83.54/60JPY，如果某银行向你报 83.56/60，请问银行的报价倾向于买入日元还是买入美元？（　　　）

    A. 买入美元　　　B. 买入日元　　　C. 买入英镑　　　D. 买入欧元

8. 市场上英镑兑美元的经纪报价 1GDP = 1.4055/60USD 请问如果银行看好英镑，银行应在买入价还是卖出价上增加点？（　　　）

    A. 买入价加点数

    B. 卖出价加点数

    C. 买入价和卖出价上同时加相同点数

    D. 买入价和卖出价上皆不加点数

9. 上题中如果甲银行在空头 200 万英镑后，发觉方向有错，而市价已由 1.4055/60 上升到 1.4060/65，银行想以好价吸引同业，买回英镑平仓，应该如何报价？（　　　）

    A. 1.4060/65　　　　　　　　B. 1.4055/60

    C. 1.4045/55　　　　　　　　D. 1.4035/45

10. 根据上题，如果银行决定斩仓，应如何报出买入价？（　　）

　　A. 1.4060/65　　　　　　　　　　B. 1.4055/60

　　C. 1.4065/70　　　　　　　　　　D. 1.4045/55

11. 如果你是银行交易员，你向客户报出 1USD = 7.8057/67HKD，客户要以港币向你买进 100 万美元，你报什么价？（　　）

　　A. 7.8057　　　B. 7.8066　　　C. 7.8067　　　D. 7.8056

12. 上题中如果客户以你上述报价，向你买了 500 万美元，而你随后打电话给境外银行想买回美元平仓，几家境外银行报价为下面四种，你该同哪一个经纪商做交易，对你最有利，同时汇价？（　　）

　　A. 7.8058/65　　　　　　　　　　B. 7.8062/70

　　C. 7.8054/60　　　　　　　　　　D. 7.8053/63

13. 如果你向客户报美元兑瑞士法郎的汇价是 1USD = 1.0655/75CHF，客户立刻卖给你 100 万美元，买进瑞士法郎。请问你用什么汇价卖出瑞士法郎？（　　）

　　A. 1.0555　　　B. 1.0675　　　C. 1.0655　　　D. 1.0575

14. 根据上题，随后又有一家客户向你询问美元兑瑞士法郎汇率。下面有四个报价，你选择哪一个向客户报价，即使你平仓，仍旧最为有利？（　　）

　　A. 1.0655　　　B. 1.0656　　　C. 1.0660　　　D. 1.0658

15. 假设银行同业间的美元兑瑞士法郎报价为 1.0530/35，某客户向你询问美元兑瑞士法郎报价，如你需要赚取 2～3 个点作为银行收益，你应该如何报出买入价和卖出价？（　　）

　　A. 1.0528/38　　　　　　　　　　B. 1.0527/35

　　C. 1.0528/32　　　　　　　　　　D. 1.0527/33

16. 假设即期美元/日元汇率为 103.30/40，银行报出 3 个月远期的调期率为 42/39。假设美元 3 个月定期同业拆息为 2.3125%，日元 3 个月定期同业拆息为 1.25%，为计算方便，不考虑拆入价与拆出价的差别，请问某贸易公司要购买 3 个月远期日元，汇率应当为多少？（　　）

　　A. 103.28　　　B. 101.88　　　C. 102.88　　　D. 103.30

17. 根据上题，试以利息差的原理（利率平价），计算以美元购买 3 个月远期日元的汇率。（　　）

　　A. 103.28　　　B. 102.88　　　C. 103.02　　　D. 103.30

18. 银行报出的美元兑港币即期汇率为 7.7910/20，假设港币半年期同业拆息高于美元半年期同业拆息。若银行报出的 6 月期美元/港币调期率为 415/435，

请问银行报出的美元兑港币 6 月远期汇率的买入价和卖出价各为多少？（　　）

　　　　A. 7.8325/7.8355　　　　　　　　B. 7.8355/7.8325

　　　　C. 7.7910/7.7920　　　　　　　　D. 7.9010/7.9020

19. 根据上题，客户以港币买入 6 月期的美元汇价是多少？（　　）

　　　　A. 7.8325　　　B. 7.8355　　　C. 7.8345　　　　D. 7.8225

20. 根据上题，以美元买入 6 个月远期港币的汇率是多少？（　　）

　　　　A. 7.8325　　　B. 7.8355　　　C. 7.8335　　　　D. 7.8225

二、判断题

1. 在直接标价法中，银行报出的买入价和卖出价，买入价是客户可以从银行买进美元的汇价。　　　　　　　　　　　　　　　　　　　　　　　（　　）

2. 在银行报价中，买入价总是小于卖出价。　　　　　　　　　　（　　）

3. 银行吃点差的方式，在买入价上减点数，在卖出价上加点数。　（　　）

4. 止损点是指衍生金融交易中为了防止利率或汇率等向自己预期相反的方向发展而设置的亏损限额。　　　　　　　　　　　　　　　　　　　　（　　）

第八章 商业银行的风险及其管理

商业银行作为经营风险的金融机构，每天都要面对不同性质的风险。而所有风险中，信贷风险又是其核心风险。如何管理和控制各类风险，建立有效的内部风险监控体系是商业银行资产负债管理部门与风险管理委员会的重要任务。

本章主要介绍以下八个方面的内容：一是商业银行风险管理概述；二是商业银行的风险分类标准与种类；三是风险管理流程与监控措施；四是市场风险的管理策略；五是操作风险监控方法；六是银行资产与表外业务的风险点；七是信贷风险防范对策；八是我国银行业的风险监控措施。

第一节 商业银行风险管理概述

一、商业银行的风险

（一）银行风险的定义

银行风险是指银行在经营过程中，由于各种不确定因素的影响，而使其资产和预期收益蒙受损失的可能性。

（二）商业银行风险的特征

第一，银行主要业务是货币信贷业务，其经营对象是货币资金，因此，商业银行的风险主要体现在货币资金方面。第二，作为金融中介企业，商业银行吸收存款、融资以用来发放贷款和投资赚取利润，这种经营特点决定了商业银行风险主要来自于商业银行外部，而不是像其他行业的企业那样来源于企业内部。第三，商业银行风险涉及面广，具有连锁反应，一旦发生，严重的时候可能波及整个经济体系。

（三）银行风险的独特性

银行风险的独特性突出表现在三方面：一是银行的自有资本金在其全部资金来源中所占比重很低，属于高负债经营；二是银行的经营对象是货币资金，具有特殊的信用创造功能；三是银行是市场经济的中枢，其风险的外部负效应巨大。

二、风险管理的发展阶段

（一）资产管理阶段

20 世纪 60 年代之前，银行经营管理处于资产管理阶段。在这一阶段银行只重视资产业务的管理。其特色有两点：一是注重储备资产管理。银行的储备资产包括一线储备和二线储备。一线储备是指无收益或低收益的现金资产，包括库存现金、在中央银行的准备金存款、存放在同业的活期存款等，这是商业银行为应付客户提现的第一道防线。二线储备是指短期有价证券，主要是国库券，它具有很强的变现能力，但收益较低。一线储备和二线储备各自的构成及其在储备资产中应占的比例是储备资产管理的中心。二是注重贷款管理。包括贷款的期限结构管理和贷款质量管理。

（二）负债管理阶段

20 世纪 60 年代之后，商业银行经营管理由资产管理向负债管理转变。首先，改变经营方针，调整负债结构，如发行可转让大额定期存单；其次，规避金融监管，创新金融工具，如提供"自动转账服务"、开设"货币市场账户"和"NOW账户"等；第三，到国际金融市场筹措资金，如借入欧洲美元市场资金；第四，在同业拆借市场拆入资金后向客户放款。

（三）资产负债综合管理阶段

从 20 世纪 70 年代中期开始，受两次石油危机的冲击，在世界范围内出现经济停滞、通货膨胀的局面，银行利率也波动不定，迫使银行不得不同时注意负债与资产两个方面的管理。由此开始了资产负债综合管理的新阶段。资产负债综合管理的基本思想是将资产和负债两个方面加以对照并作对应分析，通过调整资产负债双方达到合理搭配。例如，针对解决银行流动性风险这一核心问题，既可从资产和负债两方面去预测银行流动性的需要，同时又可从这两方面去寻找满足流动性需要的途径。

（四）全面风险管理阶段

20 世纪 80 年代之后，商业银行经营管理从资产负债综合管理向全面风险管理转换。全面风险管理包括全球的风险管理体系、全面的风险管理范围、全程的风险管理过程、全新的风险管理方法以及全员的风险管理文化等先进的风险管理理念和方法。

首先，全球的风险管理体系。根据业务中心和利润中心建立相适应的区域风险管理中心，与国内的风险管理体系相互衔接和配合，对各国、各地区的风险进行识别，对风险在国别、地域之间的转化和转移进行评估和风险预警。其次，全面的风险管理范围。对整个银行内各个层次的业务单位、各种风险进行通盘管理。第三，全程的风险管理过程。银行每个业务环节都存在潜在风险，银行的风险管理也应贯穿于业务发展的每个过程。第四，全新的风险管理方法。通过内部模型来识别、计量和监控风险，使得风险管理越来越多地体现出客观性和科学性的特征。第五，全员的风险管理文化。银行每个人在从事岗位工作时都必须深刻了解可能存在的潜在风险因素，并主动地加以预防。

第二节 商业银行风险分类标准与种类

一、分类标准

银行业风险分类标准主要有六大类：根据商业银行风险存在的业务范围分类、根据影响商业银行风险的因素分类、根据商业银行面临的风险的本身性质分类、根据商业银行风险来源分类、瑞典皇家银行的分类方法、巴塞尔委员会的分类方式。

（一）根据商业银行风险存在的业务范围划分

根据商业银行风险存在的业务范围，分为资产业务风险、负债业务风险、表外业务风险。资产业务风险是指商业银行在资产业务方面存在的风险，例如到期不能收回贷款的风险。负债业务风险是指商业银行在负债业务方面存在的风险，例如无法满足存款人正常的提款要求的风险。表外业务风险是指商业银行在表外业务方面存在的风险，例如买卖期权、期货可能给商业银行带来损失或获取超额收益的可能性。

（二） 根据影响商业银行风险的因素划分

根据影响商业银行风险的因素，分为单一风险与综合风险。单一风险是指由单一的某一种因素影响的商业银行风险。综合风险是指由多种因素共同影响的商业银行风险。

（三） 根据商业银行面临的风险的本身性质划分

根据商业银行面临的风险的本身性质，分为纯粹风险与投机风险。纯粹风险是指商业银行只有损失的可能性而不可能获利的风险，例如贷款人违约不能按期归还贷款的风险。投机风险则是指商业银行既有可能遭受损失也有可能获取收益的风险，例如银行进行外汇、股票买卖的风险。

（四） 根据商业银行风险来源划分

根据商业银行风险来源，分为内部风险和外部风险。外部风险是指来自于商业银行外部的各种因素对商业银行的经营所带来的风险。主要有国内宏观经济运行情况、国家宏观经济政策的变动、国际经济环境的变化、银行客户违约失信行为等，如信用风险、汇率风险、利率风险、通货膨胀风险等。

内部风险是指来自于商业银行内部的各种因素对商业银行的经营所带来的风险。内部人员的经营管理素质的高低、银行经营管理方针的对错、银行业务结构比例是否合理。具体分为资本风险、流动性风险、操作风险和结构风险。

（五） 瑞典皇家银行分类法

瑞典皇家银行将银行的风险分为三个层次：

第一层次的风险为系统风险，是指国际国内政治、经济、社会、法律和金融环境对银行系统产生的明显的不利影响和风险，这些风险是银行无法控制的。其中国家风险又包括政治风险、经济风险。

第二层次的风险包括竞争风险，信誉风险和监管风险。竞争风险是银行所在市场上面临诸多同业竞争而产生的风险。信誉风险是指一家银行在市场中的地位和形象或它采取的行动，发生的事件在市场和公众中产生的影响而出现的风险。监管风险是指国际和国内监管环境的变化对银行产生的影响和风险。监管风险产生原因，监管部门所做出的决定会影响公司的利润，如股票交易所的上市公司和新股发行、收购或合并、会计制度与税收政策、公司法、对金融机构特别是银行监管影响。虽然银行可以对第二层次风险施加一些影响，但基本上仍不可控。

第三层次风险包括信用风险、市场风险、流动性风险、技术风险、人才风险和经营风险。

信用风险是指银行的交易对方不履行其约定义务或其经营状况恶化使银行产生的风险和损失。市场风险是指由于市场变化，如利率、汇率、证券价格、资产价值发生变动使银行产生的风险和损失。流动性风险是指银行不能在成本效益的基础上产生或获得足够的现金来保证支付到期债务而发生的风险。技术风险是指银行采取过时技术造成效率损失或市场占有率损失的风险，也指银行依赖现有技术或错选了技术不能获得正确的或最新的信息而使银行产生的风险。人才风险是指人力资本的不足，或不能合理配置人力资源抑或缺少有效的激励机制调动人的积极性而使银行产生的风险和损失。经营风险是指银行经营和业务操作中的疏忽和错误对银行产生的风险和损失。规章制度风险是指银行规章制度制定不当，不具有可操作性造成银行业务、资产和信誉的损失。

（六）按照巴塞尔委员会分类

1997 年 9 月巴塞尔委员会颁布了《有效银行监管的核心原则》，将银行业面临的主要风险划分为八大类：信用风险、市场风险、利率风险、操作风险、流动性风险、国家风险、声誉风险、法律风险。

二、各类银行风险的内涵与产生原因

巴塞尔委员会关于《有效银行监管的核心原则》中，把银行面临的风险分为八大类，该分类原则被各国监管当局所接受，当时我国人民银行也直接参与了《有效银行监管的核心原则》的起草和修改。在完全接受《巴塞尔新资本协议》和《有效银行监管的核心原则》基础上，2004 年以后我国银监会做出了具体的管理规定，将银行业风险分为九大类：信用风险、市场风险、操作风险、流动性风险、国家风险、声誉风险、法律风险、合规风险、战略风险。

（一）信用风险

信用风险又称违约风险，指债务人或交易对手未能履行合同所规定的义务或信用质量发生变化，从而给银行带来损失的可能性。

商业银行的信用风险主要产生于信贷过程，由于各种不确定性，使借款人不能按时偿还贷款，造成银行贷款本金、利息损失的可能性。信贷风险又是由银行经营的外在、内在不确定性导致的。如提供信用的银行会面临收不回付款或延迟获得付款风险，从而引起坏账损失；利息成本增加；对延期付款管理成本加重等。合同另一方不能履行其合同上所规定的义务，如不支付欠款，是交易对手风险的一种普遍形式。银行最大的风险是信贷风险，因而信贷风险管理是商业银行管理的核心。

信用风险不仅存在于信贷业务中，而且存在于中间与表外业务中。如担保、承兑、信用证、信用卡、证券投资、衍生产品交易以及其他形式的股权投资等等。信用风险是银行最为复杂的风险种类，也是银行面临的最主要的风险。

（二）市场风险

市场风险是指因市场价格（包括利率、汇率、股票价格、资产价值、商品价格）的不利变动而使银行表内和表外业务发生损失的可能性。市场风险包括利率风险、汇率风险、价格风险三大类：

1. 利率风险

利率风险是市场风险的一种重要表现，指银行的资产、负债、收益在利率波动时发生损失的可能性。

【案例 8.1】

20 世纪 70 年代，美国许多地方储蓄信贷协会通过吸收短期储蓄存款、发放长期固定利率抵押贷款而获得稳定的收益。虽然储蓄信贷协会的收入对利率变动不敏感，但是其已经面临了很大的利率风险敞口。到了 80 年代，美国实行"双高政策"，即高利率和高汇率政策，因此短期市场利率大幅上扬，储蓄信贷协会的利息支出远远高于其抵押贷款获得的固定利息收入，最终导致上千家金融机构破产倒闭。这是典型的收益率曲线风险，即利率风险的典型案例。

2. 汇率风险

汇率风险又称为货币风险或外汇风险，是指因汇率变动而使企业遭受的损失和收益变化。外汇风险又分为三种类型：一是会计风险，又称折算风险或转换风险；二是交易风险，又分为买卖风险和交易结算风险；三是经济风险，又称为经营风险。

【案例 8.2】

日本一家跨国公司生产汽车，一家子公司在欧洲，一家子公司在新加坡。欧洲子公司单位生产成本为 10 万欧元，新加坡公司的单位生产成本为 20 万新加坡元。该产品的售价为 15 万美元。此时汇率为 1 美元 = 1 欧元；1 美元 = 2 新加坡元，这时两家公司该产品的成本和收益分别为 10 万美元和 5 万美元。当汇率变化为 1 欧元 = 1.25 美元、1 美元 = 2 新加坡元时，欧洲子公司单位生产成本为 10 万

金融学科核心课程系列教材

欧元相当于 12.5 万美元，即收益只有 2.5 万美元，利润从原来的 5 万美元下降到 2.5 万美元，而新加坡子公司收益未变。

【案例8.3】

汇率风险中的经营风险

一家英国公司的香港子公司利润为 2 400 万港币，如果汇率是 1 英镑 = 10 港币，则集团公司财务报告上的账面利润将为 240 万英镑，但是一个星期后汇率 1 英镑 = 12 港币，则利润仅为 200 万英镑。

【案例8.4】

汇率风险中的会计风险

一家英国公司的美国子公司在 2003 年 12 月 31 日，拥有 783 万美元的资产和 348 万美元的负债。到 2004 年 12 月 31 日，公司盈利 84 万美元，没有支付股利。汇率状况如下：

2003 年 12 月 31 日	1 英镑 = 1.45 美元
2003 年平均	1 英镑 = 1.60 美元
2004 年 12 月 31 日	1 英镑 = 1.75 美元

对于 2004 年的 84 万美元盈利换算成英镑：

按照 2003 年平均汇率换算为 52.5 万英镑；按照年底汇率换算为 48 万英镑。

2004 年年初净资产：

年初资产	783 万美元
减负债	348 万美元
年初净资产	435 万美元

以上净资产进行折算：

按年初汇率折算的净资产	$435 \div 1.45 = 300$（万英镑）
按年末汇率折算的净资产	$435 \div 1.75 = 248.57$（万英镑）

折算损失：51.43 万英镑

如果子公司利润按年度平均汇率折算，会产生新的收益和损失：

按平均汇率，美元利润的英镑价值 $84 \div 1.65 = 2.5$ 万英镑；

按年末汇率 $84 \div 1.75 = 48$（万英镑），新的折算损失为 4.5 万英镑

对资产负债表最终影响：

折算利润的汇率	按平均汇率计算	按年末汇率计算

年利润（增加留存收益）	52.5 万英镑	48 万英镑
折算年初净资产	51.43 万英镑	51.43 万英镑
折算年利润	4.5 万英镑	
资产负债表的净差额	−3.429 万英镑	−3.42 万英镑
	万美元	万英镑
年初净资产	435（÷1.45）	300
增加利润（分配股利后）	84	
年末净资产	51.9（÷1.75）	29.65
净资产变化额		−3.429

【案例 8.5】

汇率风险中典型的折算风险

某银行交易员在预期欧洲央行可能提高再贴现率的情况下，于该日上午买入500 万欧元 SPOT，此时汇率为 1 欧元 = 1.2350 美元。但是买入后并未见利率上升，于是便持盘等待。由于市场上不少投机者也同样相继买入即期欧元，使欧元兑美元汇率升至 1 欧元 = 1.2450 美元，此时该交易员浮动盈亏为净赚 5 万美元，然而其并未平盘。不料中午时分，欧洲央行表示不上调再贴现利率，故而欧元汇率在几秒钟内，迅速回落到 1 欧元 = 1.2150 美元，该交易员迅速斩仓，才使损失控制在 10 万美元。此案例是汇率风险中的交易风险。

3. 价格风险

价格风险是指由于商品价值或金融工具价值变化所带来的风险。当商品或金融工具在有组织的市场上进行交易时，价格风险也被称为市场风险。如一上市公司股票持有者对股票价格上升或下降预测取决于对未来利润和红利预期及利率升降。1987 年股灾时，美国道琼斯股票指数一天内下降 500 多点，就是典型的股票价格风险。

【案例 8.6】

1987 年 10 月 19 日，星期一，华尔街上的纽约股票市场刮起了股票暴跌的风潮，爆发了历史上最大的一次崩盘事件。道琼斯指数一天之内重挫了 508.32 点，跌幅达 22.6%，创下自 1941 年以来单日跌幅最高纪录。6.5 小时之内，纽约股指损失 5 000 亿美元，其价值相当于美国全年国民生产总值的八分之一。这次股市暴跌震惊了整个金融世界，并在全世界股票市场产生多米诺骨牌效应，伦敦、法兰克福、东京、悉尼、香港、新加坡等地股市均受到强烈冲击，股票跌幅多达

10%以上。股市暴跌狂潮在西方各国股民中引起巨大恐慌，许多百万富翁一夜之间沦为贫民，数以千计的人精神崩溃，跳楼自杀。这一天被金融界称为"黑色星期一"，《纽约时报》称其为"华尔街历史上最坏的日子"。

通常情况，由于市场风险中的各种价格，如汇率是两国货币兑换的价格，利率是资金借贷的价格，因而有把市场风险笼统地称为价格风险。事实上，市场风险的三种形式：相互作用、相互影响、相互转换。比如有时利率风险、汇率风险，最终都转化为价格风险或者企业成本上升的风险。

【案例8.7】

美国一家公司向日本一家公司出口一批货物，价值1 000万美元，3个月后货款到账。目前汇率1美元=120日元，但是3个月后若汇率变为1美元=110日元，美国公司将损失100万日元。汇率长期走势可以通过价格影响世界市场内公司的战略地位。本案例中对于一个在世界市场上和美国公司竞争的日本公司，任何趋向美元贬值和日元升值的长期走势将会使这家公司处于成本劣势，也就是价格劣势，从而使美国公司取得竞争优势并赢得市场份额。此案例就是汇率风险导致的价格风险。

【案例8.8】

假设，英国某企业在美国建立了一家子公司，用美元记账。由于国际金融市场上英镑兑美元汇率发生了变化，由原来的1英镑=1.5600美元变为1英镑=1.5000美元，厂房、机器设备等固定资产的价值如按新的汇率调整转换成英镑的资产价值就增加，美国政府也会对增值部分予以课税，但企业的资产并没有扩大。同时企业以美元记账的长期负债也会增加，使企业的账面利润减少，但企业并没有发生真正的亏损，同时英国的税务部分也不会同意这种亏损，因为它减少了企业的应纳所得税额。这就是汇率风险转换为价格风险中的资产价值缩水风险的典型案例。

（三）操作风险

操作风险是指由于不完善或有问题的内部程序、人员及系统或外部事件所造成损失的风险。操作风险可分为由人员、系统、流程和外部事件所引发的四类风险。操作风险存在于银行业务和管理的各个方面，而且具有可转化性，即可以转化为市场风险、信用风险等其他风险，受到越来越多的重视。

【案例8.9】

2003年11月19日（星期三），国内某银行总行为将在11月22日（星期六）进行的全行计算机系统升级做准备，调整了系统参数表，使得该行全国范围内的数十个营业网点出现系统故障，业务停办长达三个半小时，给客户和银行造成较大损失。这就是典型的操作系统缺陷造成的损失。

【案例 8.10】

美股周四（2010 年 5 月 6 日）遭遇史上单日最大下挫点数的一天，道琼斯指数一度下挫近千点，据传操作失误是酿成本次震荡主因。消息人士指出，道琼斯暴跌走势与宝硷有关，可能是一名花旗交易员在出售宝硷（P&G）股票时，将百万（M——million）误敲为十亿（B——billion），使原本要出售的 1 600 万股倍增成了 160 亿股。宝硷股价一度狂跌 37%，股价跌至 39.37 美元，终场则拉升到 60.75 美元作收。

【案例 8.11】

2005 年 12 月 8 日，日本瑞穗证券公司一名交易员接到一位客户的委托，要求以 61 万日元价格卖出 1 股 J-Com 公司的股票。而这名交易员却把指令输成了以每股 1 日元的价格卖出 61 万股。这时操作屏幕上出现了输入有误的警告，但是由于这一警告经常出现，很可惜这位交易员忽视警告继续操作。随后，东京证券交易所发现错误，电话通知瑞穗证券公司交易员立即取消交易，然而已经为迟晚矣，取消交易操作未能成功。最终瑞穗必须赔偿客户损失。

（四）流动性风险

流动性风险是指无法在不增加成本额或资产价值不发生损失的条件下及时满足客户流动性需求，从而使银行遭受损失的可能性。

流动性风险包括资产流动性风险和负债流动性风险。资产流动性风险是指资产到期不能如期足额收回，不能满足到期负债的偿还和新的合理贷款及其他融资需要，从而给银行带来损失的可能性。负债流动性风险是指银行过去筹集的资金特别是存款资金由于内外因素的变化使其发生不规则波动，对其产生冲击并引发相关损失的可能性。负债流动性风险最突出的表现就是"挤提"或称为"挤兑"现象出现。

（五）国家风险

国家风险是指经济主体在与非本国居民进行国际经贸与金融往来中，由于他国经济政治和社会等方面的变化而遭受损失的可能性。

国家风险通常是由债务人所在的国家的行为引起的，超出了债权人的控制范围。国家风险可分为政治风险、社会风险及经济风险等。

国家风险有两个特点：一是国家风险发生在国际经济金融活动中，在同一国

金融学科核心课程系列教材

家范围内的经济金融活动不存在国家风险；二是在国际经济金融活动中，不论是政府、银行、企业，还是个人，都可能遭受国家风险所带来的损失。

国家风险源于跨国交易。首先，政治风险源于战争或类似动乱等。如 1990 年伊拉克入侵科威特，1991 年海湾战争，政变如苏联的解体，某一公司资产的国有化，选举及政府更迭的预期，限制或禁止进口政策（如美日欧盟贸易争端）。其次，经济风险源于一个国家经济环境波动（工资水平，通货膨胀率，增长率）会影响在该国运营的公司成本和收益，从而间接给银行业带来风险。如美国一公司向境外出口货物与德国制造商争夺世界市场。而美国公司由于工资水平高于或劳动生产率低于德国，在汇率保持不变的情况下，由于美德两国的经济状况不同，致使美国公司竞争力下降，不利于美国公司抢占世界市场份额。第三，社会风险，通常表现为监管风险。而监管风险源于监管部门所做出的决定会影响公司的利润。如股票交易所的上市公司和新股发行，收购或合并，会计制度与税收政策，公司法，对金融机构特别是银行监管影响。

经济、政治和监管风险不仅共同构成了国家风险，而且三者同时存在，使国际贸易、国际商务活动具有更高风险。如苏联解体后，与俄罗斯客户做生意的外国公司，资金供应及合资企业的合作者不得不面临较高的通胀率，疲弱市场经济不发达的银行体制，外汇管制和政治波动等不利影响。

（六）声誉风险

声誉风险是由于违约、违法、违规、操作失误或其他问题对银行的声誉产生负面影响，使存款人、贷款人或整个市场对银行的信心产生动摇，从而使银行处于困境或有发生损失的可能性。

银行通常将声誉风险看做是对其市场价值最大的威胁，因为银行的业务性质要求它能够维持存款人、贷款人和整个市场的信心。

【案例 8.12】

进入 2008 年 1 月，世界金融市场接连传来坏消息。由美国次级贷款危机所引发的全球性股灾余波未了，法国兴业银行又爆出丑闻：因其精通电脑的一位名杰罗姆·克尔维尔交易员冲破银行内部层层监控进行非法交易，致该银行出现 71 亿美元巨亏。成为迄今为止史上由单个交易员所为的最大一桩案子。法兴银行此次亏损金额超过了美国商品期货对冲基金 Amaranth Advisors LLC 在 2006 年亏损的 66 亿美元，同时也是巴林银行 1995 年（因外汇交易员里森违规操作）14 亿美元亏损的 5 倍多。

法国兴业银行是世界上最大的银行集团之一，是法国第二大银行，市值仅次于法国巴黎银行。其总部设在巴黎，上市企业分别在巴黎、东京、纽约证券市场挂牌，2000 年 12 月 31 日它在巴黎股票交易所的市值已达 300 亿欧元，2000 年 12 月的长期债务评级为"Aa3"（穆迪公司）和"AA－"（标准普尔公司）。在全世界拥有 500 万私人和企业客户，在全世界 80 个国家拥有 500 家分支机构，大约有 50% 的股东和 40% 的业务来自海外。

自 2007 年年初开始法兴银行的交易员杰罗姆·克尔维尔在股指期货操作对欧洲股市未来的走向投下巨注，"悄然"建立起预计高达 500 亿欧元至 700 亿欧元的多头仓位。杰罗姆·克尔维尔开始在欧洲股票指数上使用期货，豪赌欧洲市场将出现持续上升。直到 2007 年的年末，杰罗姆·克尔维尔的交易还处于盈利水平。但在 2007 年圣诞节及 2008 年新年假期后，市场开始走向了他的对立面。他所交易的巴黎 CAC－40 指数开始大幅下挫。这意味着他所持的头寸出现了较大损失。2008 年 1 月 18 日，德国 DAX 指数下跌超过 600 点的时候，盖维耶尔可能已经损失了 20 亿欧元。法兴银行在此方面的损失曾受到了德国方面的警示。同天，法兴银行的一位法务官员发现一笔超过该行风险限制的交易。法兴银行立刻打电话给这笔交易的交易对手进行核实，而接到电话的一方声称他们从来没有进行过这笔交易。2008 年 1 月 21 日，法兴银行开始动手平仓。法兴银行 21 日起的平仓举动引发市场猜测，该行低价贱卖这些仓位也许就是导致全球股市本周一大幅下跌的原因。当天，法国、德国和英国的股市全线下跌 5% 以上。2008 年 1 月 24 日，位于香港的法兴亚太总部向国内媒体公告，由于该行的杰罗姆·克尔维尔交易员在股指期货操作上的欺诈行为，该行产生了 49 亿欧元（约合 71.4 亿美元）的损失。随后法兴银行通过对杰罗姆·克尔维尔负责仓位的审查和对他所在部门负责的全部持仓的彻底分析，并确认该欺诈交易事件为独立事件。

巴林与兴业银行事件是银行交易人员违规操作，致使操作风险迅速转化为流动性风险、信用风险和信誉风险，虽然兴业银行在欧洲市场上快速融资约 50 亿欧元，没有招致像巴林银行一样的倒闭命运，但是其声誉在国际上影响极坏，令投资人失去对其信任，同样也没有逃脱国际信用评级机构对其信用评级大幅调低的厄运。

（七）法律风险

法律风险是指银行在日常经营活动或各类交易过程中，因为无法满足或违反相关的商业准则和法律要求，导致不能履行合同、发生争议/诉讼或其他法律纠纷，而可能给银行造成经济损失的风险。法律风险是指银行未能充分了解法律规定，或由于不完善、不正确的法律规定、法律意见、法律文件，造成同预计情况相比资产价值下降或负债加大的风险，并形成损失的可能性。

（八）合规风险

合规风险是指商业银行因没有遵循法律、规则和准则而可能遭受法律制裁、监管处罚、重大财务损失和声誉损失的风险。严格说来，合规风险是法律风险的一部分，但由于其重要性和特殊性，一般单独加以讨论。[①]

（九）战略风险

战略风险是指银行在追求短期商业目的和长期发展目标的系统化管理过程中，不适当的未来发展规划和战略决策可能会威胁到银行未来发展的潜在风险。

战略风险主要来自四个方面：银行战略目标的整体兼容性、为实现这些目标而制定的经营战略、为这些目标而动用的资源、战略实施过程的质量。

【案例 8.13】

有着 158 年历史的美国第四大投资银行雷曼兄弟公司于 2008 年 9 月 15 日破产。流动性风险、声誉风险、战略危机共同促使雷曼的倒闭。

由于雷曼长期以来坚持高风险的次级金融产品的投资战略，在 2007 年 7 月后，次贷危机发生，使其在市场上损失巨大，资产从 6 000 多亿美元，大幅缩水到 29 亿美元，雷曼的客户不再信任它的任何交易和投资活动，雷曼信誉扫地，交易对手纷纷放弃与其进行交易，流动性岌岌可危，在得不到任何流动性资金补充的情况下，最终无奈被迫倒闭。

第三节　风险管理流程与监控措施

一、风险管理流程

银行风险管理流程主要包括风险识别、风险计量、风险监测、风险控制四个步骤。

（一）风险识别

有效识别风险是风险管理的基本要求，它关注风险因素、风险性质及后果，

---

① 中国银行业监督管理委员会：《商业银行合规风险管理指引》，自 2006 年 10 月 25 日起施行。

金融学科核心课程系列教材

识别的方法与效果。风险识别包括感知风险和分析风险两个环节，即了解各种潜在的风险和分析引起风险事件的原因。风险识别的方法包括风险专家调查列举法、资产财务状况分析法、情景分析法、分解分析法、失误树分析法等。其中失误树分析法是通过图解法来识别和分析损失发生前各种失误的情况以及引起事故的原因，由此判断和总结哪些失误最可能导致风险损失。

（二）风险计量

风险计量是全面风险管理、资本监管和经济资本配置得以有效实施的基础。为加强内部风险管理和提高市场竞争力，发达国家的银行在不断地开发，针对不同风险种类的量化方法，成为现代金融风险管理的重要标志。《巴塞尔新资本协议》对于三大风险（信用风险、市场风险、操作风险）均提供了两种以上的风险资产计算方法，允许银行根据自身管理水平选择适宜的风险计量方法，鼓励银行采用高级风险量化技术。

（三）风险监测

风险监测包括两层含义：一是监测各种可量化的关键风险指标，以及不可量化的风险因素的变化和发展趋势，确保可以将风险在进一步加大之前识别出来。二是报告银行所有风险的定性、定量评估结果，以及所采取的风险管理和控制措施的质量和效果。

（四）风险控制

风险控制是对经过识别和计量的风险采取分散、对冲、转移、规避和补偿的措施，进行有效管理和控制的过程。风险控制措施应当实现三个目标：一是风险管理战略和策略符合经营目标的要求；二是所采取的具体措施符合风险管理战略和策略的要求，并在成本/收益的基础上保持有效性；三是通过对风险诱因的分析，发现管理中存在的问题，完善风险管理程序。

二、风险监控措施

（一）建立有效的审批流程

风险识别主要受制于审查部门对每个风险资产关键性潜在风险的预测、监视、识别的能力。现代商业银行信贷风险防范必须建立一套合理标准的审批流程以提高风险的识别。针对目前我国商业银行大部分信贷人员（客户经理）的风险识别、测量的一般技能办法是建立一套标准化的贷款审批的流程体系，实现信贷审批过程在一定程度上的硬控制。

这个标准化的审批流程由定量和定性两部分组成：一是定量分析通过对客户财务资源的评估得出风险评分结果；二是定性部分以银行内部最好的客户经理根据个人经验进行贷款风险决策的方法为基础。

系统通过进一步研究客户经理的判断以及判断得出的过程归纳整理制定出可供其他客户经理效仿的确切定性标准。

（二）　优化风险管理岗位设置

没有优良的人才配备和科学的激励机制，再完美的管理框架也是无法运作的。在风险管理体系内建立"风险经理制"，其职能确定为：以效益为中心，以风险控制和防范为责任，在贷款审查、检查和不良贷款的管理中将风险控制在更低点。

借鉴国际化质量标准体系，进行岗位定位，层层制作场所文件；在各操作层面按部门、分支机构设立风险经理，前移风险管理关口。但操作风险与其他风险不同，其中掺杂道德风险和机会性风险，极易因人为因素酿成，其控制难度较大，但短期内不能达到准确量化信用风险和市场风险的程度控制操作风险，仅有按产品分类的内部控制风险还不够，必须辅之以在线控制技术。

（三）　建立健全商业银行内控制度

国内银行正积极铺设风险管理平台，该平台是对银行现有风险管理模式的系统整合和再造，能够从系统性角度为风险管理提供框架，确保银行持续、有效地开展风险控制活动，并满足人民银行《商业银行内部控制指引》要求。

在《控制指引》中，将商业银行内部控制细分为五大要素，采用了目前关于内部控制最具权威的美国 COSO 委员会 1992 年所发布《内部控制——整体框架》报告中提出的内部控制，包括控制环境、风险评估、控制活动、信息与沟通、监控等五个相互联系要素的概念。2003 年部分国内银行如建设银行实施的一级分行及二级分行内部控制评价审计方案，也是依《控制指引》五大要素来列示审计分项。

《巴塞尔新资本协议》要求金融机构将市场风险和操作风险纳入整体风险管理，而 COSO 委员会《内部控制——整体框架》报告则揭示了市场风险和操作风险控制原理。无论从国际惯例来讲，抑或从中国银行业公认准则来讲，依五项要素进行内部控制，是全面风险管理的一个立足点。

（四）制定全面的风险识别、计量、报告程序

银行风险管理委员会应整合现有内部控制资源，统筹制定信贷风险、市场风险、流动性风险、操作风险、法律风险、道德风险等风险的识别、计量、监测、报告制度、程序和方法，实施银行全面风险控制技术，对各类风险进行持续监控。除信用风险评级预警系统外，运用先进风险管理工具，对市场风险、流动性风险进行模型分析和控制。对市场风险，即市场利率、汇率变化而使资产收益减少或负债成本增加的风险应遵循《巴塞尔资本协议市场风险修正案》及《控制指引》有关资金业务内部控制要求，制定适合本行控制需求的控制程序；对流动性风险，即银行因资金结构不合理，超负荷经营，没有足够现金清偿债务和保证客户提取存款而给银行带来损失的可能性，应当克服国有银行以国家为后盾的风险麻痹意识，研究包括匹配资产负债比率、监测资产实际变现能力，监测资本充足率等重要流动性指标的控制程序。

第四节　市场风险的管理策略

一、利率风险

（一）利率风险表现形式

利率是资金的价格，利率水平是由货币市场资金的供求状况所决定的。利率风险主要表现为再定价风险、收益曲线风险、基准利率风险和选择权风险。

（二）利率风险管理

利率风险管理又称为利率风险免疫（immunization），是指构建或重组商业银行所持有的资产负债组合方式，当利率发生了变化的时候，银行的收益不少于利率未发生变化时的收益，它是银行为了控制利率风险维持其净利息收入的稳定增长采取的一种积极的策略方式。

（三）利率风险管理方法

利率风险管理方法有利率敏感性缺口模型、持续期缺口模型、利用金融衍生

品规避利率风险等的技术手段。

1. 利用金融衍生品规避利率风险

利用金融衍生品规避利率风险，主要是与使用利率相关的衍生金融产品来对冲和转移风险。如利率调期、利率期权（封顶、封底、两头封）三种类型、利率期货、远期利率协议（FRA）及利率与货币交叉互换等业务品种，这部分内容在前面的第六章和第七章都有详细介绍，这里不再赘述。

2. 利率敏感性缺口管理技术

由于银行既有固定利率的资产和负债，又有浮动利率的资产和负债。固定利率的资产和负债，在期限内将不会影响银行的收益和利息支出，而浮动利率的资产和负债，将在未来市场利率变动的情况下，影响银行的净收益（见表8.1）。

表 8.1　　　　　　　　　　　不同利率形式的银行资产负债

固定利率资产	浮动利率的负债
浮动利率资产	固定利率的负债

浮动利率的资产和负债，即是利率敏感性的资产或利率敏感性的负债，利率敏感性资产减去利率敏感性负债，称为利率敏感性缺口。利率敏感性缺口 Gap 由利率敏感性资产 RSA 和利率敏感性负债 RSL 的差额来表示。即 Gap = RSA − RSL。如果利率敏感性资产和利率敏感性负债不相等，就一定会存在缺口。

在计划期内，若利率敏感性资产大于利率敏感性负债，那么银行存在正缺口和资产敏感。反之，若利率敏感性资产小于利率敏感性负债，那么银行存在负缺口和负债敏感。

当银行存在正缺口和资产敏感的情况下，即 Gap > 0，如果利率上升，由于资产收入的增加多于借入资金成本的上升，银行的净利息差扩大，其他条件不变，则银行净利息收入增加；如果利率下降，由于银行资产收入的下降多于负债利息支出下降，净利息差减少，银行净利息收入减少。

当银行存在负缺口和负债敏感的情况下，即 Gap < 0，如果利率上升，利率敏感性负债的成本上升会超过利率敏感性资产的收入增加，净息差缩减，银行净利息收入减少；如果利率下降，利率敏感性负债成本的下降多于利率敏感性资产收入的下降，净息差扩大，银行净利息收入增加。

3. 持久期缺口管理技术

持久期指的是一种把到期日按时间和价值进行加权的衡量方式，它考虑了所有营利性资产的现金流入和所有负债现金流出的时间控制。它衡量了银行未来现金流量的平均期限，实际上，持久期衡量的是用来补偿投资所需资金的平均时间。在计算中，某一金融工具的持久期等于金融工具各期现金流发生的相应时间乘以各期现值与金融工具现值的商。

由于目前我国商业银行几乎没有使用该模型，因而在此不介绍该利率管理技术。

二、汇率风险

（一）汇率风险来源

汇率风险产生于跨国交易和国际贸易与商务活动。其主要来源于交易风险、会计（折算）风险、经济（经营）风险三个方面。汇率风险产生如图 8.1 和图 8.2 所示。

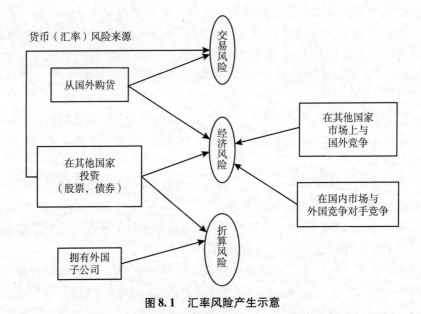

图 8.1　汇率风险产生示意

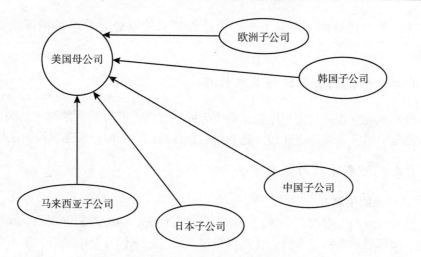

图8.2　跨国公司各子公司利润汇回母公司示意

（二）利用风险对冲来规避汇率风险

利用风险对冲市场上的汇率风险是应对市场风险的有效并且常用的措施。

【案例8.14】

假如某银行向其客户发放了1 000万英镑，3个月到期的短期贷款，当日汇率为1英镑＝2.00美元，该行预测3个月后美元可能升值到1英镑＝1.80美元。因此，该行在贷款发放同时在外汇期货市场上卖出价值1 000万英镑的期货合约，汇率为1英镑＝1.90美元。

当该行到期收回贷款时，如果美元汇率上升到1英镑＝1.90美元或者更高，那么该行通过期货交易可以对冲现货市场（当时贷款时汇率市场）的风险，至少可以降低汇率风险造成的损失；如果到期美元汇率不升反降，则可以利用因英镑升值而获得美元账面收益抵补卖出美元期货合约造成的损失，将汇率风险控制在一定的范围内。

（三）外汇风险管理

汇率管理是外汇管理的主要内容和重要形式。外汇风险管理是对外汇风险的特征与产生的因素进行识别与测定，设计和选择防止或减少损失发生的处理方案，以最小成本达到风险处理的最佳效能。一般来说，外汇风险具有或然性、不定性和相对性三大特征。或然性指外汇风险有发生与不发生两种可能。不定性则是指风险大小不确定。相对性指损失是相对某一特定时刻而言。外汇风险的或然性、不定性和相对性，决定了外汇风险管理只能以稳定并尽可能降低成本为目标。

（四）外汇风险管理的基本程序

外汇风险管理的基本程序包括四个方面：首先，进行汇率预测。其次，进行风险测定。第三，设计、比较、选择风险防范措施。第四，实施风险防范措施。

（五）汇率管理的基本方法

1. 汇率的预测

首先，掌握汇率的有关理论，如国际收支理论、购买力平价理论、利率平价理论、国际费雪效应、多恩布什超调模型。第二，掌握外汇市场上，汇率的直接标价与间接标价方法、外汇买卖的各种类型、外汇报价方式及影响汇率波动的各类因素等。

2. 敞口头寸与交易限额管理

汇率风险管理中最为重要的是敞口头寸与交易限额的管理。其中银行一般都会规定即期外汇买卖头寸限额、调期外汇买卖头寸限额、敞口头寸限额、止损限额。

在浮动汇率制下，任何重大的政治、经济事件的发生都会引起外汇市场内汇率的剧烈波动。如果银行在做外汇业务时，对某种货币没有及时抛出或补进，留下风险敞口，极容易遭受汇率风险造成的损失。为此，银行外汇业务中的头寸管理是非常重要的。通常情况下，银行对不同的外汇头寸如净外汇头寸、现汇或期汇头寸分别制定不同的持有限额。对不同层次的外汇交易员所持有头寸也有一定的限制。并且要求在每个营业日结束时，要轧平头寸，不留敞口，即不留多头或空头过夜。对于无法轧平的敞口必须隔夜的外汇头寸，为了防止隔夜风险，要制定隔夜限制额，即敞口头寸限额。必要时要有人值夜班监测外汇市场的行情变化，或给正在开市的外汇交易员留下指令，隔夜限额与日间限额的高低要视货币的汇率行情和交易量而定。一般来说，像美元这样大量使用的货币限额就高一些；又如对有贬值趋势的货币，净超买限额则应高于净超卖限额。

另外，为管理外汇头寸的汇率风险，一般银行的外汇交易室均设置头寸记录人员，编制每日头寸表，使交易员随时了解各种货币的头寸情况。

3. 贸易企业或跨国公司的汇率风险管理技术

贸易企业的汇率风险管理技术，首先，可通过金融市场以外的措施对风险予以管理。特别是对于交易风险，贸易企业可以采用选择计价货币、在合同中加列保值条款、提前与滞后应收应付账款、配合管理、国际信贷法、投保货币风险等

金融学科核心课程系列教材

方法避免或转移外汇风险头寸。其次，大型跨国公司不可能规避所有风险，母公司的金融或财务部门应努力做到管理信用部门和盈余现金投资部门的现金流量，规避资产和利润遭受风险。具体的控制风险方法有限制在高风险国家投资，把投资转移到低风险国家；通过把货币收入和货币支出，资产负债相匹配来控制风险。第三，企业还可以利用与银行叙做远期外汇买卖、外汇期货、外汇期权、外汇调期、外汇与利率交叉互换等形式，规避风险。

4. 可供企业选择的会计风险方法

可供企业选择的会计风险控制方法有两种：资产负债表中性化和风险对冲。第一种风险控制方法是通过资产负债表中性化方式来避险，要求企业调整资产和负债，使得以各种功能货币表示的资产和负债的数额相等，折算风险头寸（即会计报表折算差额，等于受险资产与受险负债之差）为零。第二种是企业利用在外汇现货市场与期货市场反向操作的方式，对冲风险，利用外汇合约的盈亏来冲销折算盈亏，从而达到套期保值的目的。

第五节　操作风险监控方法

对操作风险，即由不完善或有问题的内部程序、人员及系统或外部事件所造成损失的风险，要针对银行需求进行控制程序开发。虽然操作风险是银行自身违规操作导致的，但却不可以简单地通过加强银行内部管理和制度建设来有效地降低。要想真正降低操作风险需要建立一套完善的能对操作风险进行识别、评估、监测和控制或者缓释的制度。另外，银行间的并购会加大银行内部操作风险。操作风险不仅适用于商业银行，而且也同样适用于政策性与其他性质的银行。

【案例 8. 15】

在华经营有着144年历史的英国渣打银行，对操作风险实行矩阵式控制。除集团总部设审计和风险管理委员会外，集团主要业务部门均有独立的风险控制部门对本部门所有业务进行风险评估和监控。每一项业务进展相应产生一项风险评估报告、对所有可能出现的风险进行预估并标出风险等级。操作系统中，数据录入与授权严格分离，一项交易终了系统会自动产生一个报告，用以监控系统中发生的所有行为。各操作部门对重大和例外事件必须报告给操作风险控制委员会（CORG），如果需要，还必须同样报告给业务部门风险管理委员会和集团风险管理委员会，而这样的报告，在正常情况下每月都必须例行。

作为一个成熟的跨国商业银行，渣打银行操作风险控制经验，至少有三点值得借鉴：一是通过矩阵设置，使操作风险控制成为一种环境控制，而不仅仅是操作部门自我控制，是各级风险控制部门控制，而不仅仅是风险经理控制；二是风险报告成为惯例，信息交流搭乘直通车；三是由于系统自动产生一个追踪报告用以监控系统中发生的所有行为，使系统实时监控得到较好解决。

第六节　银行资产与表外业务的风险点

掌握了银行各项业务的风险点，实际上就是把握了风险管理的第一关及重要环节，同时也完成了风险识别和风险度量前两个步骤，接着需要根据各业务风险点进行风险的监测和实施风险控制的手段和方法。

一、信贷业务的风险点

银行最大的风险是信贷风险，因此信贷风险管理是商业银行管理的核心。信贷风险在银行业务中的表现：（1）缺少完整的信贷政策；（2）缺少对信贷集中度的控制；（3）信贷决策过度分权；（4）产业分析落实；（5）对借款人财务状况分析粗糙缺少对客户全面的了解，与客户缺少联系；对信贷业务全过程缺少协调与沟通；（6）对已放贷款缺少跟踪检查与监督；（7）贷款发生问题后无法执行担保；（8）贷款合同文本不严密，银行的权益得不到有效保护；（9）信贷档案不全；（10）缺少对贷款全过程有效地风险控制。

二、信用证业务的风险点

（一）出口信用证主要风险点

（1）信用证未审核其真实性就通知客户；（2）信用证中存在的一些对出口方银行不利的条款未能及时审核、通知客户联系开证行修改；（3）单证审核不严；（4）开证行非银行代理行，处于收汇高风险地区或开证行资信不良；（5）未能按信用证要求寄单索汇；（6）单据有不符点未能及时通知客户改单。

（二）进口信用证主要风险点

（1）信用证贸易背景审查不严，信用证被用以作为套取银行资金的工具；（2）信用证条款与有关政策相抵触或冲突，违反国家外汇管理规定或开证资料不齐；（3）越权开出大额信用证或特殊形式信用证；（4）保证金未到位或保证金达不到规定条件时就开出信用证；（5）信用证到期客户不能如期付款。

三、同业拆借的风险点

同业拆借风险是指当借入或拆出资金时，利率变动带来的风险。风险点表现在期限方面、利率方面、权限方面、资金使用方面。如预期市场利率走高时，拆短借长（借入长期资金，拆放短期资金）；当预计市场利率走低时，拆长借短（借入短期资金，拆放长期资金）。

【案例 8.16】

2004 年 6 月，湖南省高级人民法院（2003）湘法民再字第 66 号判决书送达建行长沙市河西支行，至此，一场历时 7 年、经过三级法院、四次审理的艰难贷款担保诉讼终于以建行长沙市河西支行的胜诉而告终。

1. 复杂案情埋下诉讼的导火索

1993 年 4 月，原建行电力专业支行（以下简称建行电力支行，后并入河西支行）向农行湖南省信托投资公司（后该公司并入农行长沙开发区支行，以下均简称农行）拆出资金 1 000 万元。农行在归还拆借资金 600 万元及部分利息后，要求建行电力支行将剩余的 400 万元资金转贷给农行开办的湖南华邦物业发展有限公司（以下简称华邦公司）。

1994 年 1 月 4 日，农行与原建行电力支行开办的长沙市华开工贸公司（以下简称华开公司）、华开公司与华邦公司签订了两份连环借款协议，即农行借款 400 万元给华开公司，华开公司又将此款转借给华邦公司。当日农行将 400 万元付至华开公司银行账户。次日，原建行电力支行又与华邦公司直接签订了金额 400 万元的借款合同，并由农行提供担保。但华邦公司收到的 400 万元是从华开公司的账上转账支付的，建行确实无法提供贷转存凭证等正常手续。后华邦公司仅归还本金 130 万元，尚欠本金 270 万元及部分利息一直无力偿还，此后该公司名存实亡直至被吊销了营业执照。农行则采取拖延战术对此笔担保贷款避而不还。

2. 诉讼一波三折，建行屡次受创

1997 年 8 月，在催收无望的情况下，建行电力支行将华邦公司农行起诉到岳麓区法院，尽管法院审理后作出了华邦公司还款农行承担连带责任的判决，但不久，由于种种原因，长沙市中级人民法院却以标的过大、违反级别管辖为由，撤销了岳麓区人民法院的判决。

无奈之下，建行电力支行只能于 1998 年重新向中级人民法院起诉，但事与愿违，尽管建行代理律师和工作人员据理力争，中院仍以建行与华邦公司的借款合同没有实际履行为由，驳回了建行的诉讼请求，农行再一次逃脱了法律责任。一审判决后，建行电力支行立即向湖南省高级人民法院提起上诉，不料，同年12月底，省高院作出了驳回上诉，维持原判的终审判决。就这样，眼睁睁看着建行不仅270万元贷款无法回收而即将丢掉，却还要为追讨欠款支付大笔诉讼费和其他费用。支行党委在充分听取法律人员和保全人员的意见后，誓言要以法律武器彻底解决问题，于是支行决定向省高院提出申诉，同时考虑到案件的复杂性，采取外聘律师参与的形式加强申诉力量。

3. 攻坚痴心不改，贷款起死回生

尽管困难重重，但正是支行党委的坚强决心，激发了办理该诉讼案件人员的积极性和责任心，激发了他们的斗志。办案人员认真分析了该案的法律关系，在复杂的案情中进行了准确的定性，即尽管案件包含有银行之间的资金拆借关系、银企之间的贷款合同关系和银行之间的担保法律关系以及企业相互之间的借款关系等。但农行所欠建行的拆借款已经归还完毕，华邦公司取得的贷款实际上应是建行发放的，银行借款合同已实际履行，企业之间的借款合同没有履行，因此农行应承担保证责任。在准确定性基础上，支行确定以原判认定事实错误作为申请再审的突破口。经过不懈努力，高院终于同意对支行申诉进行立案审查。此后，办案人员在近两年的时间曾十多次不厌其烦地到原电力分行和人民银行长沙市中心支行档案室寻找原始材料，无数次通过建行经办人员和当时的领导了解情况，不放过任何一点对建行有利的蛛丝马迹。同时，多方面、多渠道收集和补充证据，比如，为解决诉讼时效问题，办案人员想尽办法，通过层层关系，找到借款单位华邦公司的原经办人员及该公司的总经理进行调查取证，在省高院历年的相关诉讼案件中调查取证，终于获得主债务诉讼时效连续中断的有利证据。

至此，办案人员的希望顿时大增，信心倍涨。解决了认定事实的证据问题，办案人员又积极、主动、及时与法院有关人员进行沟通，以事实说话，以法律说话，表达建行维护合法权益的决心和信心。同时经过多次庭审、质证、辩护，办案人员在法庭上揭露了农行欺骗法院、掩盖事实真相的种种做法，法官逐步接受了支行代理人员的观点，支持支行的主张。尽管申诉过程中，办案人员遇到了很大的阻力，面临很大的困难，然而功夫不负有心人，农行在事实和法律面前不得不赔付建行300万元，并承担部分诉讼费用。

2004年6月，农行300万元赔款到账，终于，一个对建行来说几乎是"死"了的案件又"活"了过来，"丢掉的银行贷款"又追了回来！河西支行的领导和员工最终以实际行动和法律武器最大限度地维护了建行的合法权益。

四、外汇买卖风险点

第一，交易员没有严格执行交易权限；第二，越权持有敞口头寸；第三，资金交割不及时，交易与清算不分开，即前台交易与后台清算没有分开。

五、进口押汇主要风险点

第一，非全套物权凭证的信用证开立必须落实足额的保证金或有效的担保、抵押以保证垫款的回收；第二，叙做进口押汇必须要求申请人提交信托收据并签署有关协议，确保银行利益；第三，对有严重不符点或不符合信用证要求的交单不予办理进口信用证；第四，严格执行业务审批程序及贸易融资授权有关规定。

六、授信额度主要风险点

第一，授信企业的授信额度超过其负债能力。第二，被授信人资信已变化，经营已恶化，银行未及时中止或停止授信额度使用；第三，银行额度使用监管不严，被授信人超额使用授信额度的风险；第四，被授信人使用保证性的额度时，由于银行审查不严或被授信人缺乏现金流，导致银行垫款损失；第五，授信额度合同签署后，被授信人长期不使用。

七、证券回购的主要风险点

第一，无券交易；第二，场外经营；第三，回购资金用于投资固定资产、期货、股市或转借给企业，一旦投资失利，给银行带来极大风险。

八、减免开证主要风险点

第一，开证申请人是新客户，银行对其资信、经营情况不了解；第二，开证申请人资信、经营情况不佳，届时无法支付信用证款项；第三，信用证减免部分未能提供足额有效的担保或抵押，银行一旦垫付，款项难以回收；第四，信用证要求出具非全套或非物权凭证的运输单据，银行无法控制物权。

九、出口押汇主要风险点

第一，信用证开证行所在国家政局不稳，经济状况异常或外汇管制较严；第二，开证行及进口商的资信、经营作风不佳，导致无理拒付；第三，单据中没有代表物权的货运单据，或非全套运输单据，出口商及本行无法控制物权；第四，信用证索汇条款复杂，影响及时安全收汇；第五，单据不符点，导致拒付。

十、打包放款主要风险点

第一，出口商以无贸易背景的信用证骗取银行资金，叙做了打包放款后不出货，挪作他用；第二，借款人经营或资信状况不佳，货款回笼不归还银行贷款；第三，信用证条款审核不严，信用证有不利于银行或出口商的条款，信用证条件复杂，不利于出口商制单，易造成不符点导致开证行拒付；第四，开证行所在国政局不稳，经济状况异常，难以保证安全收汇。

十一、个人住房按揭贷款的风险点

第一，冒名贷款的风险；第二，开发商利用自己的员工和其他人员搞假按揭，套取银行资金的风险；第三，借款人缺乏长期稳定收入保证还款付息的风险；第四，开发商和借款人串通，提高楼价，变相减少首期付款额，将风险转嫁于银行的风险；第五，借款人拖延贷款本息，碍于社会稳定和人道主义，银行不能出售按揭房地产的风险。

十二、房地产开发贷款的风险点

第一，开发商的资质和资信风险；第二，开发商房地产面临的市场风险；第三，全部开发资金不到位风险，"烂危楼"风险；第四，"滚动开发"造成银行资金长期占用风险；第五，信用集中风险。

第七节　信贷风险防范对策

一、信贷风险管理的主要策略

（一）风险分散

风险分散是指银行通过多样化的投资来分散、化解、降低风险的策略性选择。即通常所说的"不要把所有鸡蛋放在一个篮子里"。

根据马克维茨的投资组合理论，只要两种资产收益率的相关系数不为 1，即不完全相关，分散地投资于两种资产就有降低风险的作用。而相互独立的多种资产组成的投资组合，只要组合的资产个数足够多，该投资组合的非系统风险就可通过分散策略完全消除。

因此，根据多样化投资分散风险的原理，商业银行的信贷业务应该是全面的，多样化的，不应集中于单一业务、同一性质的借款人，这样才能真正使信贷风险得以消除和降低。

（二）风险对冲

风险对冲是指银行通过投资或购买与标的资产收益波动负相关的某种资产或衍生金融产品，来冲销标的资产潜在损失的一种策略选择。

风险对冲在管理市场风险（利率风险、汇率风险、股票和商品价格风险）方面非常有效。随着金融衍生产品的不断创新和发展，风险对冲策略也越来越广泛地被商业银行用于信用风险管理领域。

（三）风险转移

风险转移是指银行通过购买某种金融产品或采取其他合法的经济措施将风险转移给其他经济主体的一种选择策略。

在金融市场中，某些金融衍生产品（如期权合约）可以看做是特殊形式的保单，为投资者提供转移利率、汇率、股票和商品价格风险的工具。

（四）风险规避

风险规避是指商业银行拒绝或退出某一业务或市场，以避免承担该业务或市场风险的选择策略。

由于风险规避策略具有较大的局限性，即它是一种消极的风险管理策略，故而不能成为银行风险管理的主导策略。

（五）风险补偿

风险补偿是指银行在所从事的业务活动造成实质性损失之前，对所承担的风险进行价格补偿的一种策略选择。

商业银行在对那些无法通过风险分散、风险对冲、风险转移或风险规避进行有效监管的风险，采取在交易价格上附加更高的风险溢价，即通过提高风险回报的方式，获得承担风险的价格补偿。

对于商业银行来说，风险管理的一项重要内容就是对所承担的风险进行合理定价。定价过低，将不利于自身所承担的风险得到有效地补偿；定价过高又会使银行自身的竞争力一定程度的降低，从而使银行的业务陷入萎缩的困境。

二、信贷风险的监控方法

（一）授信营销阶段

银行要有的放矢地进行营销，事先通过客户的账户信息，偿债记录和公开媒体披露的信息选择营销对象，制订详细的营销计划和策略。营销前要调查清楚企业的总负债情况和规划，注意企业的偿债能力和银行的授信集中。在这一阶段重要的事情是做好贷前调查工作。主要调查内容有：借款客户的经济实力、资金结构、履约情况与以往贷款是否有不良记录、借款企业的经济效益与未来发展前景等。

（二）客户评价与分析阶段

在对借款客户进行充分的贷前调查后，给予借款客户评定信用等级。银行原则上禁止向信用等级 A 级以下企业发放贷款；所有新发放贷款项目必须按规定进行调查、评价、评估，流动资金贷款项目评估侧重对企业资信的评价，固定资产贷款项目侧重对建设项目可行性的评估，同时也必须对企业资信进行评价。注意客户第一还款来源分析。评判客户授信等级有两个方面因素：一是客户信用等级；二是客户对银行的贡献等级。客户对贷款风险的影响表现为三个方面：一是客户的财务风险；二是客户的经营风险；三是客户的道德风险。客户信用等级，

金融学科核心课程系列教材

在评判上应当综合考虑客户守信程度、客户财务风险程度、客户经营风险程度三个层次因素，最大限度地揭示出信贷客户的财务风险程度、经营风险程度和道德风险程度，并综合反映出信贷客户的贷款安全形态类别。信贷客户对商业银行的贡献等级，应当从信贷资源回报率、经营成果依存度两个方面进行综合考察、分析和评判。重视信贷客户为商业银行的盈利额（营业收入额）占该行盈利总额（营业收入总额）的比重大小；注重商业银行所取得的信贷客户营业收入（盈利）与投入该信贷客户的信贷资源、成本资源之间的比率；对经过综合评价确定的客户信用等级、客户对银行的贡献等级分别确定系数；运用加权平均法对客户的授信等级进行定量综合评估；根据定量综合评估结果和有关评判标准，做出客户授信等级判断。

例如，可以把客户授信等级划分成甲、乙、丙、丁四大类，甲、乙、丙三大类又可分为 A、B、C、D、E 级，总共划分为 16 个等级。

（三）审查、审批阶段

1. 审查阶段

审查人员必须对客户经理提出的客户评价报告和授信调查报告进行认真审查，必要时重新调查。这时已经进入贷时审查阶段。

2. 审批阶段

坚持按审批制度和审批程序及审批原则审批贷款；任何人不得违反程序审批贷款，不得一个人决策审批贷款。同时配备专职审批人员，坚持"四只眼睛"办事的原则，即一笔贷款保证有两人以上审批。同时银行必须建立审贷分类、分级审批的贷款管理制度。对有条件审批通过的贷款要注意条件的可实施性。

（四）合规合法审查与管理阶段

审查授信资料的合法合规性，审批程序的合规性，借款合同、担保文件等的填写正确性。借款人、担保人的签字人必须是法人代表或其授权委托人，银行签署人也必须是有权签字人。核实抵押物、质押物、保证人情况，测定贷款的风险。根据贷款种类、借款人的信用等级和抵押物、质押物、保证人等情况，确定每笔贷款的风险度。

（五）贷后管理阶段

在贷款发放后，就需要进行贷后管理。贷后管理实际上就是贷后风险管理，主要包括贷款的基础与监督、贷款的复审、有问题贷款的发现与处理、坏账的核销等。

（六）先决条件落实阶段

一定要坚持先决条件落实后才能允许借款人提款或使用各项授信额度的原则。办妥抵押物和质押物手续和保险后，在其他先决条件落实完备的条件下，方可提款或使用授信。

信贷风险监控方法，详见图 8.3 中所示的 6 个阶段。

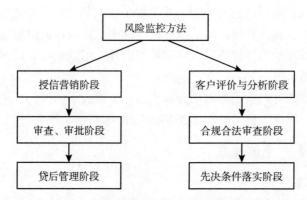

图 8.3　风险监控的 6 个阶段

第八节　我国银行业的风险监控措施

一、我国银行业的主要风险

我国银行业面临的主要风险是信用风险、市场风险以及操作风险。信用风险仍然是我国银行风险的主要表现形式，我国商业银行的不良资产率普遍高于国际同业水平。市场风险是银行新的风险点，利率放开后的利率风险、人民币升值带来的汇率风险以及进行市场操作会带来的价格风险，都可能形成真实的风险损失。操作风险是我国商业银行经营管理和业务操作过程中急需控制的一类风险，是银行风险的重要根源。

二、我国商业银行风险的表现形式

第一，不良贷款比例仍然居高不下。我国商业银行不良资产率普遍高于国外银行水平，这一方面是因为我国直接投资比例低，间接融资的比重过大，另一方面也与我国商业银行内部控制严重不足有关。第二，我国银行业的资本充足率普遍偏低。第三，部分国有商业银行资产结构和营业收入结构仍较为单一，分散。第四，负债结构也较为单一，这一切都孕育着潜在的风险。第五，国有商业银行机构庞大，人员众多，但整体素质差，经营效率低，四大国有商业银行盈利水平也不容乐观。

三、我国银行业风险监控方法

规避银行风险的方法，首先应该识别银行风险，找出规避风险的不同方法；其后应在多种防范风险的措施和手段中，寻找最恰当的方法。具体应做到以下四点：

第一，抓住风险的源头。对于贷款发放，应坚持"三查"原则，贷前调查、贷时审查、贷后检查。第二，加强有效的内控制度建设，提高资本充足率。第三，在较好地控制风险点的情况下，寻找新的利润增长点，不断提高银行业的盈利能力。第四，根据本章第六节银行各业务风险点，抓住风险源头，依据不同风险类别和特征，采取适当地分散、对冲、转移、规避和补偿措施，把风险发生的可能性降到最低，从而达到有效地控制风险的目的。

思 考 题

1. 在信用证业务下，商业银行会承担哪些风险？
2. 商业银行信贷风险的成因是什么？
3. 什么是利率风险？利率风险的表现形式有哪些？
4. 什么是外汇风险，外汇风险有哪些类型？
5. 进出口押汇的风险点有哪些？
6. 从不同的角度来看，商业银行的风险可以分为哪些？
7. 商业银行信贷风险的成因是什么？
8. 商业银行操作风险是什么？
9. 商业银行操作风险的特点是什么？
10. 使用国际信贷法管理交易风险有哪些可利用的工具？

练 习 题

一、单项选择题

1. 商业银行利率决策机构一般为（　　）。
    A. 资产负债管理委员会　　　　B. 董事会

　　C. 股东大会　　　　　　　　　D. 监事会

2. 一家银行购买了刚发行的票面利率为 10%、票面金额为 100 美元的 3 年期债券，若市场利率为 12%，那么此债券的市场价值为（　　）美元。

　　A. 100　　　　B. 95.2　　　　C. 105.2　　　　D. 98.2

3. 一家银行 1 年期的浮动利率贷款与 1 年期的浮动利率存款同时发生，均按月浮动，贷款按月根据美国联邦债券利率浮动，存款按月根据 LIBOR 浮动，当联邦债券利率和 LIBOR 波动不一致的时候，利率风险表现出（　　）。

　　A. 再定价风险　　　　　　　　B. 收益曲线风险

　　C. 基准利率风险　　　　　　　D. 选择权风险

4.（　　）规定利率只能在一定的上限内波动，导致利率与市场资金供求关系存在相当的脱节，并造成所谓的脱媒现象。

　　A.《格拉斯 - 斯蒂格尔法》　　　B.《证券交易法》

　　C.《金融服务现代化法》　　　　D.《Q 条例》

5. 假设一远期利率协议的报价为（3 × 6，8%），3 表示（　　），6 表示（　　），8% 表示（　　）。

　　A. 递延期限　　　协议期限　　　参照利率

　　B. 协议期限　　　递延期限　　　参照利率

　　C. 递延期限　　　协议期限　　　协议利率

　　D. 协议期限　　　递延期限　　　协议利率

6. 经济风险又称为（　　）。

　　A. 经营风险　　　　　　　　　　B. 折算风险

　　C. 结算风险　　　　　　　　　　D. 信用风险

7. 银行承担的主要外汇风险是（　　）。

　　A. 信用风险　　　　　　　　　　B. 外汇买卖风险

　　C. 折算风险　　　　　　　　　　D. 转换风险

8. 企业在开展出口、借贷资本输出工作中，应选择（　　）作为计价、结算货币。

　　A. 硬货币　　　B. 软货币　　　C. 美元　　　　D. 日元

9. 国际收支赤字，使外汇市场出现超额需求，本国货币趋于（　　）。

　　A. 升值　　　B. 不变　　　　C. 贬值　　　　D. 不确定

10. 扩张性财政政策产生本币（　　）的压力。

　　A. 贬值　　　B. 升值　　　C. 不变　　　　D. 不确定

11. 在出口收汇交易中，对于预计将贬值的货币应该（　　）收取资金。

A. 推迟　　　B. 按期　　　　C. 提前　　　　D. 不确定

12. 汇率变动与本国货币供给变化成（　　）。

A. 反比　　　B. 不确定　　　C. 无关　　　　D. 正比

13. 20 世纪 70 年代以来，（　　）取代了国际收支的流量分析，成为汇率理论的主流。

A. 汇兑心理说　　　　　　　B. 购买力平价

C. 资产市场论　　　　　　　D. 利率平价

14. 购买力平价理论的基础假设条件是（　　）。

A. 一价定律　　　B. 小国经济　　　C. 开放经济　　　D. 无套利均衡

15. 利率平价理论证明利率低的国家的货币远期（　　）。

A. 不变　　　B. 升水　　　　C. 贴水　　　　D. 不确定

16. 国际收支学说认为，外汇汇率是由（　　）决定的。

A. 商品市场供求　　　　　　B. 外汇储备数量

C. 资产市场均衡　　　　　　D. 外汇供求

17. 操作风险与信用风险和市场风险存在显著的特点，下列表述不正确的是（　　）。

A. 操作风险表现形式变化迅速　B. 业务规模大

C. 风险巨大　　　　　　　　D. 覆盖范围广

18. 下列不属于操作风险定性评估方法的有（　　）。

A. 外界评估法　　　　　　　B. 风险图

C. 情景分析　　　　　　　　D. 自我评估

19. 市盈率（P/E）为（　　）的比率。

A. 股票价格与每股收益　　　B. 每股收益与股票价格

C. 股票账面价值与每股收益　D. 股票价格与每股税前利润

20. 市盈率反映了银行收益的（　　）。

A. 账面价值　　　　　　　　B. 市场价值

C. 账面净值　　　　　　　　D. 市场价值的现值

二、多项选择题

1. 利率风险的表现形式有（　　）。

A. 再定价风险　　　　　B. 收益曲线风险

C. 基准利率风险　　　　D. 选择权风险

2. 利率风险管理委员一般来自（　　）。

A. 研究部　　　　　　　　B. 发展规划部

C. 资产负债管理部　　　　D. 综合计划部

3. 在银行存在正缺口和资产敏感的情况下，其他条件不变，有（　　　）。

A. 利率上升，净利息收入增加

B. 利率上升，净利息收入减少

C. 利率下降，净利息收入上升

D. 利率下降，净利息收入下降

4. 以下属于十国集团成员国的是（　　　）。

A. 美国　　　B. 英国　　　　C. 瑞士　　　D. 荷兰

5. 利率敏感性资金的定价基础是可选择的货币市场基准利率，包括（　　　）。

A. 优惠利率　　　　　　　B. 长期国债利率

C. 同业拆借利率　　　　　D. 国库券利率

6. 运用缺口分析报告是银行消除利率风险的对策之一，下列正确的方法是（　　　）。

A. 预期利率上升，营造正缺口

B. 预期利率上升，营造负缺口

C. 预期利率下降，营造负缺口

D. 预期利率下降，营造正缺口

7. 运用利率敏感性缺口模型的时候，包括的步骤有（　　　）。

A. 选择划分银行的净利息差的计划期

B. 决定选择净利息差的目标水平

C. 对利率的走势进行预期

D. 合理调配资产和负债，决定持有敏感性资产和敏感性负债的总额，以扩大净利息差

8. 利率敏感性缺口模型的缺陷有（　　　）。

A. 如果实际利率的走势与银行的预期相反，银行会发生更大的损失

B. 银行对敏感性缺口的控制欠缺灵活性

C. 未考虑银行资产的市场价值变动情况

D. 资产利率收入的变化一般快于负债利率支出的变化

9. 利用金融衍生品规避利率风险的金融工具有（　　　）。

A. 远期利率协议　　　　　B. 利率期货

C. 利率互换　　　　　　　D. 利率两头封

10. 利率期货的特征有（　　　）。

A. 合约的到期日是固定的

B. 合约价格的单位变动价值是固定的

C. 合约规模是固定的

D. 需要保证金

11. 外汇风险的主要类型包括（　　　）。

    A. 交易风险　　　　　　　　B. 会计风险

    C. 利率风险　　　　　　　　D. 经济风险

12. 交易风险又分为（　　　）。

    A. 买卖风险　　　　　　　　B. 信用风险

    C. 交易结算风险　　　　　　D. 道德风险

13. 银行常用的外汇风险限额管理主要包括（　　　）。

    A. 交易审批制度　　　　　　B. 缺口头寸限额

    C. 交易时限管理　　　　　　D. 盈亏限额

14. 外币会计报表折算方法中多种汇率法包括（　　　）。

    A. 流动与非流动项目法　　B. 货币与非货币项目法

    C. 现行汇率法　　　　　　　D. 时态法

15. 银行的外汇买卖风险管理通常采取的各种限额控制方法包括（　　　）。

    A. 即期外汇头寸限额　　　　B. 调期外汇买卖限额

    C. 敞口头寸限额　　　　　　D. 止损点限额

16. 国际信贷法是指在中长期国际支付中，企业利用（　　　）等形式，在获得资金融通的同时冲销或转嫁外汇风险的方法。

    A. 金融租赁　　　　　　　　B. 福费廷

    C. 出口信贷　　　　　　　　D. 保付代理

17. 出口信贷是国际贸易中最常用的一种资金融通形式，它包括（　　　）。

    A. 卖方信贷　　　　　　　　B. 保付代理

    C. 福费廷　　　　　　　　　D. 买方信贷

18. 汇率风险防范借款法中出口商在签订合同之后，可向银行借入一笔与未来外汇收入相同（　　　）的款项。

    A. 币种　　　B. 方向　　　C. 金额　　　　D. 期限

19. 除了通货膨胀、利率之外，（　　　）都是影响汇率长期和短期变动的基本因素。

    A. 经济增长率　　　　　　　B. 中央银行的干预

    C. 市场预期　　　　　　　　D. 投机力量

20. 基于对国内外资产的替代程度以及商品市场和金融市场调整速度的不同假设，资产市场说分为（　　）。

　　A. 汇率弹性模型　　　　　B. 国际货币主义模型

　　C. 汇率超调模型　　　　　D. 资产组合平衡模型

21. 表外业务风险识别包括（　　）。

　　A. 判断表外业务的运用会在银行经营中产生什么风险

　　B. 找出引起这些风险的原因

　　C. 判明自己所承受的表外业务风险属于何种具体形态

　　D. 对表外业务风险进行有效管理

22. 表外业务在银行经营中的运用会产生的宏观风险有（　　）。

　　A. 全系统风险　　　　　　B. 银行资产质量下降

　　C. 银行承担风险过多　　　D. 市场风险

23. 表外业务在银行经营中的运用会产生的微观风险有（　　）。

　　A. 流动性风险　　　　　　B. 信用风险

　　C. 市场风险　　　　　　　D. 基差风险

24. 会给银行带来市场风险的表外业务根据主要包括（　　）。

　　A. 期权　　　　　　　　　B. 期货

　　C. 远期利率协议　　　　　D. 互换

25. 《巴塞尔新资本协议》的三大支柱是（　　）。

　　A. 最低资本充足率　　　　B. 监管部门监督检查

　　C. 市场纪律　　　　　　　D. 计算信用风险的标准法

26. 商业银行进行贷款销售及资产证券化时，面临的风险主要包括（　　）。

　　A. 利率风险　　　　　　　B. 流动性风险

　　C. 信用风险　　　　　　　D. 汇率风险

27. 为了防范担保和类似的或有负债的风险，银行可以采取的措施主要包括（　　）。

　　A. 在签发信用证或提供担保之前要加强对被担保客户的信用分析，详细调查客户的基本情况

　　B. 银行应该按照被担保客户的信用等级与业务风险大小有差别地收取佣金

　　C. 备用信用证业务涉及的信用风险比较大，可以要求开证申请人提供一定量的抵押品

　　D. 借鉴保险业的"再保险"业务，备用信用证的开立银行可以出售

"备用信用证参与证"给其他银行，把一部分风险转移出去

28. 《巴塞尔新资本协议》与以前相比，主要创新是（　　）。

    A. 把操作风险纳入资本监管

    B. 提出了监管部门监督检查和市场纪律性两方面的要求

    C. 允许风险管理水平较高的银行使用自己的内部评级体系计算资本充足率

    D. 计算信用风险的标准法中，采用评级公司的评级结果确定风险权重

29. 国际银团贷款的参与银行主要包括（　　）。

    A. 借款人　　B. 代理行　　　C. 参加行　　　D. 牵头行

30. 外国出口信贷项下，借款人所需支付的成本包括（　　）。

    A. 利率　　B. 代理费　　　C. 管理费　　　D. 杂费

31. 国际结算业务的风险管理主要包括对（　　）的管理。

    A. 决策风险　　　　　　B. 市场风险

    C. 政策风险　　　　　　D. 汇率和利率风险

32. 外汇交易的形式主要包括（　　）。

    A. 远期买卖　　　　　　B. 即期买卖

    C. 期权交易　　　　　　D. 期货交易

33. 远期外汇交易的报价有（　　）。

    A. 电子报价　　　　　　B. 口头报价

    C. 直接远期报价　　　　D. 调期报价

34. 在行市有利于买方时，买方将买入（　　）期权，可以获得在期权合约有效期内按某一具体履约价格购入一定数量某种外汇的权利。

    A. 看跌　　　B. 看涨　　　C. 买入　　　D. 卖出

35. 信用证结算方式的特点是（　　）。

    A. 开证行负第一性付款责任

    B. 信用证是一项独立文件

    C. 银行不垫付款项

    D. 信用证业务的处理以单据为准

三、判断题

1. 如果市场利率上升，银行资产的平均到期日长于负债的平均到期日的话，对银行有利。　　　　　　　　　　　　　　　　　　　　　　　（　　）

2. 当市场利率上升的时候，债券的市场价值会下跌；市场利率下降的时候，

债券的市场价值会上涨。 （　　）

3. 敏感性缺口分析的精确性取决于计划期划分的长短，计划期越短结果越精确。 （　　）

4. 当银行存在负缺口和负债敏感的情况下，如果利率上升，其他条件不变，则银行净利息收入增加。 （　　）

5. 假如一远期利率协议的参照利率为 LIBOR，若 LIBOR 高于协议利率，则卖方将支付利差给买方。 （　　）

6. 对固定收入的金融工具而言，市场利率与金融工具的现值呈反方向变动关系。 （　　）

7. 远期利率协议一般在交易所交易，在交割日时，双方只是进行差额交割。 （　　）

8. 远期利率协议的名义买方是防止利率下降的一方，名义卖方是防止利率上升的一方。 （　　）

9. 远期利率协议中，差额的支付是在协议期限的期初即交割日，而不是到期日。 （　　）

10. 由于信息是公开的，理性的客户对利率走势的预测会与银行一致，当银行调整利率敏感性缺口的措施将直接损害客户利益的时候，就会招致他们的抵制。 （　　）

11. 信贷风险的成因是信贷活动中的不确定性，企业可以通过适当的规则降低这种不确定性所产生的风险。 （　　）

12. 巴塞尔委员会认为操作风险应当包括法律风险和声誉风险。 （　　）

13. 长期贷款的信贷风险比短期贷款的信贷风险大。 （　　）

14. 操作风险是银行自身导致的，它可以通过加强银行内部管理和制度建设来有效降低。 （　　）

15. 银行间的并购会加大银行内部操作风险。 （　　）

16. 操作风险更适用于商业银行，而不太适用于政策性银行。 （　　）

17. 保单只能在一定程度上降低操作风险的损失，要想真正降低操作风险需要建立一套完善的能对操作风险进行识别、评估、监测和控制/缓释的制度。 （　　）

18. 由下至上法比由上至下法更容易区分操作风险的来源，也更有利于为降低操作风险提供依据。 （　　）

19. 金融产品不断创新增加了操作风险。 （　　）

20. 表外业务的全系统风险是指由于表外业务的大量运用给整个金融系统带来危害进而影响整个金融系统稳定性的可能性。 （　　）

21. 贷款证券化是指银行将那些流动性较高或可靠性较高的贷款，按照一定的折扣率出售给专门的中介机构，中介机构再把购来的贷款组合起来，以此为担保发行证券，然后再利用发行证券的收入购入新的贷款。　　　　　　（　　）

22. 对商业银行表外业务风险进行研究，其根本目的在于进行表外业务风险管理，以有效防范并化解银行在经营表外业务时所面临的种种宏观风险和微观风险。　　　　　　　　　　　　　　　　　　　　　　　　　　（　　）

23. 表外业务风险管理就是商业银行通过风险识别、风险度量、风险处理等方法，预防、回避和转移表外业务经营中的风险，从而减少或避免经济损失，保证银行安全的行为。　　　　　　　　　　　　　　　　　　　　（　　）

24. 经济风险又称为经营风险。　　　　　　　　　　　　　　（　　）

25. 外汇风险仅指因汇率波动带来损失的可能性。　　　　　　（　　）

26. 会计风险不涉及实际的现金流量，但却会影响到企业向股东和社会公开营业报告的结果。　　　　　　　　　　　　　　　　　　　　　　　（　　）

27. 货币期货交易是一种标准化的货币远期交易。　　　　　　（　　）

28. 货币期权交易是一种交易双方权利与义务不对等的交易方式。（　　）

29. 在进口付汇交易中，对于预计将贬值的货币应该提前支付资金。（　　）

30. 福费廷是指出口企业把经进口商承兑的远期汇票买断给出口商所在地银行，提前取得现款的资金融通形式。　　　　　　　　　　　　　　　（　　）

31. 风险价值是指在一定时段内，按照一定的概率进行计算，银行的资产组合头寸可能出现的最大损失量。　　　　　　　　　　　　　　　　　（　　）

32. 假设有甲乙两家银行，甲银行信用等级较高为 A，乙银行的信用等级较低为 B。信用等级高为 A 的银行能够在市场中以 8% 的固定利率和 LIBOR + 10BP 的浮动利率借款。而信用等级为 B 的银行只能以 8.5% 的固定利率和 LIBOR + 60BP 的浮动利率借款。则可以通过甲银行以固定利率借款，乙银行以浮动利率借款，然后双方进行利率互换，来降低借款成本。　　　　　　　　　　（　　）

33. 如果一家银行为其在欧洲美元市场上借入的 2 亿美元购买一个 10% 的利率上限（利率封顶 CAP），假设市场利率上升到 11%，那么卖出利率封顶的机构将补偿买方银行 1% 的额外支出成本。　　　　　　　　　　　　　（　　）

34. 择期远期外汇交易是客户可在交易日起约定期限内的任何一天，按约定的汇率进行外汇交割，赋予客户对交割日在约定期限内的选择权。　　（　　）

35. 为了有效地管理交易结算风险，企业不但需要知道总的风险头寸，还应将这些头寸按照不同的期限加以分别列示，以便采取恰当的管理手段。（　　）

第九章　商业银行的绩效评估

商业银行绩效评估体系在考核银行经营目标完成情况、激励银行实现发展战略中起着重要作用。改革开放以来，我国的商业银行历经了快速发展与持续改革，经营管理能力得到了大幅提升，但是，与国外成熟的商业银行相比，仍存在较多问题。因此，建立现代商业银行绩效评估体系，以此来评估与反映我国商行在经营绩效方面存在的问题，对我国商业银行的长远发展意义重大。

通过本章的学习，掌握商业银行绩效评估主要方法（比率分析法与杜邦分析法），熟悉经济增加值法（EVA）、平衡计分卡法与经济资本方法。

第一节　商业银行绩效评估体系

早在 20 世纪 30 年代银行就确立了绩效评估体系。自 20 世纪 70 年代开始，伴随着问题银行和破产银行的大量出现，商业银行绩效评估分析引起了西方学术界和银行界的极大关注。此后，基于投资者和债权人的利益，绩效评估开始进入财务绩效评估时代。财务绩效评估的具体内容基本上包括了银行偿债能力、营运能力和盈利能力，并以此评价结果与银行经理或雇员的报酬相挂钩，这一时期主要采用了资产收益率、权益报酬率、净利息收益率等来分析、评价银行经营绩效。80 年代后，理论家和银行界越来越认识到原来的财务评价的局限性，关注到会计信息不能全面如实地反映企业的经营活动，于是人们开始改变以财务数据直接作为绩效评估基础的方法，并将银行的竞争力、与客户的关系等非财务评价纳入银行绩效的评估内容。90 年代以来，银行逐渐把客户满意度放在首位，开始重组业务流程、积极进行金融创新，以满足客户需求，银行绩效受到越来越多的非财务因素的影响。至此，西方银行绩效评估进入到财务指标与非财务指标相结合、定量评价和定性分析相结合的绩效评价阶段。

商业银行经营的总体目标是实现利润最大化。对股份制商业银行而言，利润最大化就是股东权益最大化。本着这一目的进行的商业银行绩效评估，是在真实规范的财务报表基础上，利用一套科学合理的财务比率指标体系分析商业银行的经营管理，判断其经营绩效。

商业银行绩效评估指标体系有单一指标体系和多重指标体系之分。单一指标体系主要是通过计算商业银行某一具体的财务比率，如资产规模，并将其与历史情况纵向对比或与其他类似机构进行横向对比，据此对银行的整体经营情况做出评价和判断。多重指标体系是通过对商业银行在安全性、流动性和盈利性等方面设定多个分类指标，并运用多元统计或其他方法将这些指标所包含的信息进行合理地加工，最终得出一个综合评价值；然后再通过综合得分来比较和判断不同银行在综合经营绩效以及某方面能力上的差异。

商业银行绩效评估的指标分为四大类：第一类是盈利性指标，包括资产收益率、营业利润率等；第二类流动性指标，包括现金资产比例、国库券持有比例等；第三类风险指标，包括利率风险、信用风险、欺诈风险等度量指标；第四类安全性或清偿力指标，包括净值/资产总额、净值/风险资产、《巴塞尔资本协议》中资本充足率指标、资产增长率与核心资本增值率以及现金股利/利润。这里我们只介绍前两类指标。

一、盈利性指标

盈利性指标是用来衡量商业银行运用资金赚取收益、控制成本费用支出能力的指标。最重要的两个盈利性指标是资产收益率和营业利润率，其他四个派生指标还包括银行净利差率、非利息净收入率、银行利润率和权益报酬率。这六个盈利性指标可以全面有效地评估银行的获利能力。

1. 资产收益率（ROA），又叫资产回报率，是银行净利润与平均资产总额的百分比。它是用来衡量单位资产创造净利润的指标。其计算公式为：

资产收益率 = 净利润/平均资产总额 × 100%

该指标越高，表明银行资产利用效果越好，说明其在增加收入和节约资金等方面取得了良好的效果。反之，则说明银行资产利用效率低下。

2. 营业利润率（operating profit margin），是银行的营业利润与营业收入的比率。它是衡量银行业务经营获利能力的指标，将营业外收支排除在外，考虑银行经营活动产生的利息及非利息收入，反映了银行真实、稳定的获利能力。其计算公式为：

营业利润率 = 营业利润/营业收入 × 100%

营业利润率越高，说明银行单位营业收入提供的营业利润越多，银行的盈利能力越强；反之，该比率越低，说明银行获利能力越弱。

3. 银行净利差率（net interest margin），是银行利差（利息收入与利息支出的差额）与生息资产的比率，反映银行能够产生利息的资产所能带来的利息净收入比例。

净利差率的高低非常重要，因为利息收入往往是银行最重要的收入来源，而利息支出则往往是银行最重要的支出项目，我国的商业银行尤其是这样。其计算公式为：

银行净利差率 =（利息收入 – 利息支出）÷ 生息资产 × 100%

生息资产是指那些能给银行带来利息收入的资产。在银行总资产中，除去现金资产、固定资产外，其余资产均可看成是生息资产。净利差率指标有效地反映银行在筹资放款这一主要业务中的盈利能力，其数值越大，说明银行的获利能力越强。

4. 非利息净收入率（net non-interest margin），是银行非利息净收入与资产总额的比率。银行的非利息收入主要有手续费收入和佣金收入，这类收入的获取无需增加相应的资产投入，较高的非利息收入会明显提高银行的资产收益率。非利息支出包括提取贷款损失准备金、员工薪酬、折旧等间接费用，与银行管理效率直接相关。其计算公式为：

非利息净收入率 =（非利息收入 – 非利息支出）÷ 资产总额 × 100%

非利息净收入率数值越大，说明商业银行的获利能力越大，经营管理效率越高。但是，由于非利息收入中有相当一部分是中间业务收入，在财务报表中并不反映出来，常伴随一定的或有负债和其他风险，因此在对银行进行绩效评估中要关注其他相关信息，了解相应的风险情况。

5. 银行利润率（profit margin），是银行净利润与总收入的比率，反映了银行收入有多大比例被用做各项开支，又有多大比例被作为可以发放股利或再投资的利润保留下来。其计算公式为：

银行利润率 = 净利润 ÷ 总收入 × 100%

该指标数值越大，说明银行能够支配的利润越多。

6. 权益报酬率（return on equity，ROE），又称为净值报酬率、股东权益报酬率等，是银行净利润与资本总额的比率。该指标反映了银行资金运用效率和财务管理能力，与股东财富直接相关，受到银行股东的重视。其计算公式为：

权益报酬率 = 净利润 ÷ 资本总额 × 100%

二、流动性指标

流动性指标反映了银行的流动性供给和各种实际的或潜在的流动性需求之间的关系。银行流动性供给在资产方和负债方均存在，如银行拆入资金或出售资产都可以获得一定的流动性。流动性需求则可通过申请贷款和提存等形式作用于资产与负债两个方面，因而在设计流动性指标时，应综合考虑银行的资产和负债情况。银行流动性指标包括资产流动性指标、负债流动性指标和综合性指标三类。

1. 现金资产比例，是现金资产与资产总额的比率。现金资产具有完全的流动性，可随时应付各种流动性需求。该比例高，说明银行流动性状况较好，抗流动性风险能力较强。然而，现金资产一般是没有利息收入的，如果该比例太高，则银行盈利资产比重下降，银行盈利能力下降。其计算公式为：

现金资产比例＝现金资产÷资产总额×100%

2. 国库券持有比例，是银行持有的国库券与资产总额的比率。国库券是银行二级准备资产的重要组成部分，对银行流动性供给有较大作用：一方面国库券自身有较强的变现能力，银行出售国库券可直接获得流动性供给；另一方面，国库券是一种普遍接受的抵押品，银行可以用其进行质押贷款，即持有国库券也可产生间接的流动性供给。一般来说，该比值越高，说明银行的流动性越好。其计算公式为：

国库券持有比例＝国库券÷资产总额×100%

3. 证券资产比例，是银行持有的证券资产与资产总额的比率。商业银行资产组合中很大部分是所投资的各类证券，这些证券一般均可在二级市场上变现，为银行带来一定的流动性供给。其计算公式为：

证券资产比例＝证券÷资产总额×100%

但是我们应看到，单纯应用该指标判断银行流动性具有很大局限，这主要是因为证券的变现能力同其市场价值密切相关：在市场利率上升时，证券市价下跌，特别是一些长期证券难以按购入成本和记账价值流转出去。因此，我们在分析持有证券给银行提供的流动性时，必须结合证券资产的市值和面值来评判。一般情况下，"市值/面值"比例越低，说明银行所持有证券的变现能力越低，从中可获得的流动性供给越小。

4. 贷款资产比例，是银行发放的贷款与资产总额的比率。贷款是银行主要盈利资产，其流动性较差。其计算公式为：

贷款资产比例＝贷款÷资产总额×100%

贷款资产比例较高，反映银行资产结构中流动性较差部分所占比例较大，流动性相对不足。另一方面，贷款内部各组成部分又具有不同的流动性，其中一年内到期的贷款在一个营业周期内自动清偿，可以带来相应的现金流入，提供一定的流动性，因而可以用"一年内到期贷款/总贷款"作为贷款资产比例的补充指标。补充指标值越高，说明银行贷款中流动性较强部分所占比例较大，银行的流动性状况越好。

上述四个指标主要从资产方来反映银行的流动性。中小银行由于受其规模、市场地位的影响，一般依靠提高资产的流动性来应付各种流动性风险，因而在对中小银行进行绩效评估时，这四个指标具有较大意义。

5. 易变负债比例，是银行易变负债与负债总额的比率。易变负债包括银行吸收的经纪人存款、可转让定期存单及各类借入的短期资金。这类负债受资金供求关系、市场利率、银行信誉等多种因素影响，其融资成本、规模均难以为银行所控制，是银行最不稳定的资金来源。其计算公式为：

$$易变负债比例 = 易变负债 \div 负债总额 \times 100\%$$

该指标反映了银行负债方面的流动性风险情况，比值越高，说明银行面临的潜在流动性需求规模较大且不稳定。

6. 短期资产负债比例，是银行短期资产与易变负债的比率。银行短期资产包括同业拆出、存放同业的定期存款、回购协议下的证券持有、交易账户证券资产、一年内到期的贷款等。这部分资产是银行最可靠的流动性供给，可以较好地应付各类流动性需求。其计算公式为：

$$短期资产负债比例 = 短期资产 \div 易变负债 \times 100\%$$

短期资产负债比例衡量了银行最可靠的流动性供给和最不稳定的流动性需求之间的对比关系，该比值越高，说明银行的流动性状况越好。

上述两个指标主要从负债方考虑商业银行流动性情况。在运用这两个指标进行银行绩效评估时，我们必须注意银行的规模与负债流动性的关系：一些大银行，特别是地处金融中心的大银行，在经营中会更多地利用增加短期负债来获得流动性；中小银行则主要依靠资产变现来取得流动性。因而对于规模不同的银行，同一负债流动指标数值所反映的流动性状况可以有较大差异。

7. 预期现金流量比率，是预计现金流入与现金流出的比值。该指标在设计时考虑了一些表外项目的影响，可以弥补前面六个指标的不足。银行现金流出包括正常贷款发放、证券投资、支付提存等项目，还包括预计贷款承诺需实际满足的部分及预计的其他或有负债一旦发生需要支付的部分。现金流入则包括贷款收回、证券到期所得偿付、预期中的证券出售及各类借款和存款的增加等。其计算公式为：

$$预期现金流量比率 = 预期现金流入 \div 预期现金流出 \times 100\%$$

预期现金流量比率大于 1，说明银行未来的流动性状况良好；该比率若等于 1，说明银行未来可预见的资金流出入平衡；若小于 1，则说明银行未来现金供给小于需求，流动性存在问题。

第二节　商业银行绩效评估方法

通过综合分析商业银行盈利性、风险性、安全性和流动性各项指标，结合适当的评估方法，我们可以对商业银行的经营绩效进行全面和客观地评价。银行绩效评估方法主要有比率分析法、杜邦分析法、经济附加值法、平衡计分卡法和经济资本法。

一、比率分析法

比率分析法（ratio analysis）是以同期财务报表上若干重要项目的相关数据相互比较，求出比率，用以分析和评价公司的经营活动以及公司目前和历史状况的一种财务分析方法。由于进行财务分析的目的不同，因而各种分析者包括债权人、管理当局、投资者等所采取的侧重点也不同。用比率分析法对银行进行绩效评估时，我们通常从盈利能力、流动性、风险性和清偿力四个方面分别做出评估，最后形成总体评价。

比率分析法的核心是绩效评价指标，但孤立的指标数据是毫无意义的，并不能说明银行业绩的好坏，必须在比较中才能发挥作用。有两种比较分析方法：趋势比较法和横向比较法。趋势比较法是指与银行自己历史上的指标值进行比较，分析银行经营发展趋势，并对未来情况做出预测。横向比较法则是将该银行的绩效评估指标与同业平均水平或竞争对手进行横向比较，反映出该行经营中的优势与不足。由于两种比较方法各有优劣，因此在实际分析中，我们通常将两种方法结合起来使用。

在应用财务比率进行绩效评估时，我们还要注意到银行规模差异对指标的影响：银行规模不同，其业务种类、控制成本和收益能力差异很大，很多情况下绩效评价指标的差异不能简单地等同于经营业绩之间的差距。最后，在利用财务比率分析时，还应注意表外业务的情况，表外业务情况一般不会在财务报表中全面反映出来，尤其是表外业务的风险更加不容忽视。

二、杜邦分析法

杜邦分析法（DuPont analysis）是利用几种主要的财务比率之间的关系来综合地分析企业的财务状况。该方法最早由美国杜邦公司使用，故名杜邦分析法。杜邦分析法是一种用来评价公司盈利能力和股东权益回报水平，从财务角度评价企业绩效的一种经典方法。其基本思想是将企业权益报酬率（ROE）逐级分解为多项财务比率的乘积，这样有助于深入分析比较企业经营业绩。

（一）两因素的杜邦财务分析

两因素的杜邦财务分析是杜邦分析法的基本出发点。它以权益报酬率为核心，揭示了银行盈利性和风险之间的制约关系，对银行绩效进行全面分析与评估。其计算公式为：

$$权益报酬率 = \frac{净利润}{资本总额} = \frac{净利润}{资产总额} \times \frac{资产总额}{资本总额}$$
$$= 资产收益率 \times 权益乘数$$

即

$$ROE = ROA \times EM$$

其中，资产总额与资本总额的比率（EM）称为权益乘数或财务杠杆比率，它反映了银行资本的杠杆作用，即单位资本所能动用的产生收益的资产数额。

两因素模型显示资产收益率、权益乘数共同影响权益报酬率。资产收益率是银行盈利能力的集中体现，它的提高会带来权益报酬率的提高，即权益报酬率指标通过资产收益率间接反映银行的盈利能力。权益报酬率还通过权益乘数体现银行的风险状况。提高权益乘数可以改善银行权益报酬率水平，但会带来较大风险：一方面，权益乘数增大，银行资本的比重下降，清偿力风险加大，资产损失较易导致银行破产清算；另一方面，权益乘数会扩大资产收益率的波动幅度，较大的权益乘数会导致权益报酬率不稳定。

（二）三因素的杜邦财务分析

银行资产收益率取决于多个因素，将其进一步分解可以扩展为三因素分析模型，能更好地从权益报酬率指标出发分析评价银行业绩。其计算公式为：

$$权益报酬率 = \frac{净利润}{总收入} \times \frac{总收入}{资产总额} \times \frac{资产总额}{资本总额}$$

$$= 银行利润率 \times 资产利用率 \times 权益乘数$$

即

$$ROE = PM \times AU \times EM$$

其中，PM 表示银行利润率，即净利润与总收入的比值；AU 表示资产利用率，即总收入与资产总额的比值。

三因素模型显示银行利润率、资产利用率和权益乘数三个因素共同影响权益报酬率指标。银行利润率的提高需要从两个方面来实现，即通过合理的资产和服务定价来扩大资产规模、增加收入和控制费用支出来提高利润，因而该指标体现了银行资产运用和费用管理的效率。资产利用率则体现了银行资产管理效率。银行的资产组合包括周转快收益低的短期贷款与投资期限长、收益高的长期资产以及一些非营利资产。各类资产在经营中都发挥一定作用，不可或缺。良好的资产管理可以在保证银行正常经营的情况下提高资产利用率。

（三）四因素的杜邦财务分析

银行利润率不仅同资金运用和管理效率有关，还与银行的税赋水平有关。因此，我们可以将银行利润率进一步分解，得到四因素的杜邦财务分析模型。其计算公式为：

$$权益报酬率 = \frac{税后利润}{税前利润} \times \frac{税前利润}{总收入} \times \frac{总收入}{资产总额} \times \frac{资产总额}{资本总额}$$

$$= 税赋管理效率 \times 支出管理效率 \times 资产利用率 \times 权益乘数$$

即

$$ROE = TME \times EME \times AU \times EM$$

其中，TME 代表税赋管理效率，是银行税后利润与税前利润的比值；EME 代表支出管理效率，是银行税前利润与总收入的比值。

商业银行的税前利润是营业中应税所得，不包括免税收入和特殊的营业外净收入。税后利润与税前利润的比值越高，说明银行税赋支出越少，税赋管理越成功。税前利润与总收入的比值反映了银行的经营效率，即体现了银行资金运用能力和费用管理效率。

杜邦分析法的优点在于采用了综合性很强的权益报酬率指标，涉及银行经营的方方面面，间接地反映了银行经营各方面的情况以及相互间的制约关系，从而可以对银行绩效进行全面的分析评估。

三、经济附加值法

经济附加值（economic value added，EVA）评估方法是由美国思腾思特（Stern Stewart）公司于 20 世纪 80 年代初提出的一种企业经营业绩评价方法。EVA 是一种新型的公司业绩衡量指标，它克服了传统业绩评价指标的缺陷，更准确地反映了公司在一定时期内为股东创造的价值。20 世纪 90 年代中期之后逐渐在国外广泛应用，成为实际工作中使用最广泛的绩效评估方法。

经济附加值又称经济利润、经济增加值，是一定时期的企业税后营业净利润与投入资本的资金成本的差额，是所有成本被扣除后的剩余收入。其中资金成本包括债务资本的成本，也包括股本资本的成本。EVA 是对真正经济利润的评价，是表示净营运利润与投资者用同样资本投资其他风险相近的有价证券的最低回报相比，超出或低于后者的量值。其计算公式为：

经济附加值 = 税后净营业利润 − 资金成本

= （投入资本回报率 − 加权平均资本成本）× 资本总额

即

$$EVA = NOPAT - COIC$$

$$= (ROIC - WACC) \times CAP$$

其中，NOPAT 表示税后净营业利润，可以从银行损益表中得到。它衡量的是在不涉及资本结构情况下银行经营所得的税后利润，反映了银行资产的盈利能力。其计算公式为：

税后净经营利润 = 收入 − 成本 ± EVA 调整 − 所得税

COIC 表示银行的资金成本，是银行投入的债务资本成本与股本资本成本之和，可以从银行资产负债表中得出，但要经过一定的调整，剔除会计失真的影响。

ROIC 为投入资本回报率，是银行净利润与资本总额的比值，反映了银行在经营活动中使用的有偿资本的净回报情况，在很大程度上衡量了银行的资金经营效率。

WACC 表示加权平均资本成本，是银行债务资本的单位成本和股本资本的单位成本，根据债务资本和股本资本在银行资本结构中各自所占的比重计算而得的加权平均资本成本。

CAP 表示银行的资本总额，包括普通股权益、少数股东权益、递延税项贷方余额、累计商誉摊销、各种准备金、研发费用的资本化金额、短期借款、长期借

金融学科核心课程系列教材

款、长期借款中短期内到期的部分。

EVA 较之于其他评估方法的优势在于：（1）考虑了带来企业利润的所有资金成本。（2）尽量剔除会计失真的影响，还原银行真实的经营绩效。EVA 要求在计算之前对银行信息来源进行必要的调整，尽量消除会计准则所造成的扭曲性影响。（3）将股东财富与银行决策联系在一起。根据其定义，银行每年实现的 EVA 值为正数意味着银行市场价值的不断增加和股东财富的持续增长。

四、平衡计分卡法

平衡计分卡（balanced score card，BSC），是哈佛大学教授罗伯特·卡普兰与诺顿研究院的总裁大卫·诺顿于 1992 年提出的代表"未来组织绩效衡量方法"的一种绩效评价体系。平衡计分卡的核心思想就是通过财务、客户、内部流程、学习与发展四个方面的指标之间的相互驱动的因果关系展现组织的战略轨迹，实现绩效考核、绩效改进、战略实施到战略修正的战略目标过程。它把绩效考核的地位上升到组织的战略层面，使之成为组织战略的实施工具。

（一）平衡计分卡的原理

平衡计分卡从财务、顾客、内部业务流程、学习与发展四个方面来考察银行（见图 9.1）。

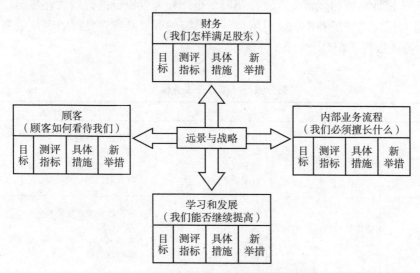

图 9.1 商业银行平衡计分卡结构原理

1. 财务角度。财务指标显示银行的战略及其执行是否有助于利润的增加。典型的财务指标有：营业收入增长率、资本报酬率、现金流量和经济增加值等。

2. 顾客角度。顾客所关心的事情有四类：时间、质量、性能和服务、成本。平衡计分卡要求银行把自己为顾客服务的承诺转化为具体的测评指标，这些指标应能真正反映与顾客有关的因素。典型的指标包括：顾客满意度、顾客保持程度、新顾客的获得、顾客盈利率、市场占有率、重要顾客的购买份额等。

3. 内部业务流程角度。战略管理以顾客为导向，优异的顾客绩效与银行的研发、生产、售后服务密不可分，银行必须从内部价值链分析入手，对其内部进行考察。典型的指标包括影响新产品引入、周转期、质量、雇员技能和生产率的各种因素。

4. 学习和发展角度。银行创新、提高和学习的能力是与银行的价值直接联系的，即银行只有通过持续不断地开发新产品，为顾客提供更多价值并提高经营效率，银行才能打入新市场，增加收入和利润，才能壮大发展，从而增加股东价值。典型的指标有：开发新产品所需时间、产品成熟过程所需时间、业务比重较大产品的百分比、新产品上市时间等。

(二) 平衡计分卡在商业银行中的应用

由于银行独特的运营特点，在利用平衡计分卡对银行进行绩效评估时，要特别注意对风险的管理和控制、对信息处理系统的要求及建立良好的客户关系。表9.1 为商业银行平衡计分卡评估指标体系。

表9.1　　　　　　　　　　商业银行平衡计分卡评估指标

指标类别	目标	关键因素	具体指标
财务角度	提高资金盈利能力	增加收入 降低成本 控制风险 发展能力	费用回报收益 储蓄服务成本 付费业务覆盖率 收入增长率
客户角度	增加可获利客户的数量与比重	客户满意 客户保留 市场份额 客户盈利率	客户非常满意度调查 客户保持率 市场占有率 客户收益率

续表

指标类别	目标	关键因素	具体指标
内部业务流程角度	提高经营效率	创新能力 风险控制能力 内部控制能力 信息系统完善程度	金融创新产品数量与比重 各类风险评估指标 内控机制的建立与完善 策略信息的使用性
学习与发展角度	增强学习能力	员工状态 信息创新效率 组织学习 知识管理	再培训、员工满意度 信息技术应用的创新效率 学习型组织建设的运作效率 知识活动效率

注：根据罗伯特·卡普兰等著《高级管理会计》有关资料整理而成。

五、经济资本法

经济资本（economic capital）是与监管资本（regulatory capital）相对应的概念，经济资本是描述在一定的置信度水平上、一定时间内，为了弥补银行的非预计损失所需要的资本。它是在对银行资产的风险程度量化基础上计算出来的，又称为风险资本。

从银行角度来讲，经济资本是指银行应合理持有的资本；从银行所有者和管理者的角度来讲，经济资本是指用来承担非预期损失和保持正常经营所需的资本。其计算公式为：

经济资本＝信用风险的非预期损失＋市场风险的非预期损失＋操作风险的非预期损失

经济资本法要求银行能够用量化技术比较精确地测算现有资产将来一段时间内的非预期损失大小，并据此衡量业务的风险成本和股东价值增值能力。经济资本计算所依靠的内部评级包括客户评级和授信条件评级两个方面，据此可以提供客户违约概率（PD）、违约损失率（LGD）、预期损失率（EL）、非预期损失率（UL）、违约敞口（EAD）等关键指标，并将其应用到授信审批、贷款定价、限额管理、风险预警等基础信贷管理中，发挥决策支持作用，而且也是制定信贷政策、审批授权制度、计提准备金、分配经济资本以及经风险调整的资本收益率（RAROC）考核等组合管理的重要基础。

经济资本管理需要有效的企业管制、内部控制和外部监督配合。具体而言，就是需要强大的 IT 体系、完整的管理信息体系、全面的财务管理体系、完善的绩效考核体系、独立的风险管理体系、主动的资产管理体系相配合，才能确保企

金融学科核心课程系列教材

业经理人的经营策略受到股东价值增值的导向约束，并且在短期规模增长和风险成本之间主动寻求平衡，而不是被动地接受风险现状。

第三节　我国商业银行的绩效评估

商业银行的绩效评估是通过一套科学、客观、易操作的指标考核体系，对银行的经营业绩做出系统的评价。随着商业银行经营机制的不断完善，竞争意识的不断增强，我国商业银行在绩效评估方面进行了诸多尝试，为商业银行绩效评估理论的发展做出了一定的贡献。我国现行的商业银行绩效评估体系有三种模式：

一、中国人民银行关于《国有独资商业银行考核评价办法》

为了对国有独资商业银行的经营绩效进行定量考核，2000年，中国人民银行开展了对国有独资商业银行等七类金融机构贷款质量、盈亏状况等真实性的大检查，制定了《国有独资商业银行考核评价办法》。是年，中国人民银行首次提出了加强对国有独资商业银行信息披露的监管，同时国务院向国有重点金融机构派驻了监事会。中国人民银行选取了反映资产质量、盈利能力、流动性和资本充足率四个方面的定量指标，根据我国商业银行的实际情况制定了相应的标准或者根据国际通用标准对国有商业银行业绩进行考核评价，对国有独资商业银行的经营业绩进行动态评估，以督促商业银行通过自身努力提高经营业绩。

中国人民银行制定的国有独资商业银行考核评价办法把具体指标分为4类13项（见表9.2）。这套指标完全由定量指标构成，使中国人民银行进行绩效评价时操作相当简单。

表 9.2　　　　　　　　　国有独资商业银行绩效评价指标

考核内容	指标	考核内容	指标
A. 盈利能力（权重35%）	1. 资产利润率 2. 资本利润率 3. 人均利润率 4. 利息回收率 5. 应付利息充足率 6. 效率比率	B. 流动性（权重15%） C. 资产质量（权重35%）	流动性比率 1. 逾期贷款率 2. 呆滞贷款率 3. 呆账贷款率 4. 信贷资产风险抵补率
		D. 资本充足率（权重15%）	1. 核心资本比率 2. 资本充足率

二、中国银行业监督管理委员会的《股份制商业银行风险评级体系》

2004 年 2 月，中国银行业监督管理委员会颁布了《股份制商业银行风险评级体系（暂行）》，它以风险防范为目的，通过对股份制商业银行的风险和经营状况的综合评级，系统地分析、识别股份制商业银行存在的风险，实现对股份制商业银行持续监管和分类监管，促进股份制商业银行稳健发展。

股份制商业银行风险评级主要是对银行经营要素的综合评价，包括资本充足状况评价、资产安全状况评价、管理状况评价、盈利状况评价、流动性状况评价和市场风险敏感性状况评价以及在此基础上加权汇总后的总体评价（见表9.3）。

表 9.3　　　　　　　　　股份制商业银行风险评级体系

考核内容	定量与定性指标	
A. 资本充足性	定量指标（60 分）	1. 资本充足率（30 分） 2. 核心资本充足率（30 分）
	定性指标（40 分）	1. 银行资本的构成和质量（6 分） 2. 银行整体财务状况及其对资本的影响（8 分） 3. 资产质量及其对资本的影响（8 分） 4. 银行进入资本市场或通过其他渠道增加资本的能力（8 分） 5. 银行对资本的管理情况（10 分）
B. 资产安全性	定量指标（60 分）	1. 不良贷款率（15 分） 2. 估计贷款损失率（10 分） 3. 最大单一客户、集团客户授信比率（10 分） 4. 拨备覆盖率（20 分） 5. 非信贷资产损失率（5 分）
	定性指标（40 分）	1. 不良贷款和其他不良资产的变动趋势及其对银行整体资产安全状况的影响（5 分） 2. 贷款行业集中度以及对银行资产安全状况的影响（5 分） 3. 信贷风险管理的程序及有效性（10 分） 4. 贷款风险分类制度的健全性和有效性（10 分） 5. 保证贷款和抵（质）押贷款及其管理状况（5 分） 6. 非信贷资产风险管理状况（5 分）

续表

考核内容	定量与定性指标	
C. 管理状况	公司治理状况——合理性和有效性（50分）	1. 银行公司治理的基本结构（10分） 2. 银行公司治理的决策机制（10分） 3. 银行公司治理的执行机制（10分） 4. 银行公司治理的监督机制（10分） 5. 银行公司治理的激励约束机制及问责（10分）
	内部控制状况（50分）	1. 内部控制环境与内部控制文化（10分） 2. 风险识别与评估（10分） 3. 控制行为与职责分工（10分） 4. 信息交流与沟通（10分） 5. 监督与纠正（10分）
D. 盈利状况	定量指标（60分）	1. 资产利润率（15分） 2. 资本利润率（15分） 3. 利息回收率（15分） 4. 资产费用率（15分）
	定性指标（40分）	1. 银行的成本费用和收入状况以及盈利水平和趋势（15分） 2. 银行盈利的质量，以及银行盈利对业务发展与资产损失准备提取的影响（15分） 3. 财务预决算体系，财务管理的健全性和有效性（10分）
E. 流动性状况	定量指标（60分）	1. 流动性比率（20分） 2. 人民币超额准备金比率（10分） 3. 外币备付金率（5分） 4.（人民币、外币合并）存贷款比例（10分） 5. 外币存贷款比例（5分） 6. 净拆借资金比率（10分）
	定性指标（40分）	1. 资金来源的构成、变化趋势和稳定性（5分） 2. 资产负债管理政策和资金的调配情况（5分） 3. 银行对流动性的管理情况（20分） 4. 银行以主动负债形式满足流动性需求的能力（5分） 5. 管理层有效识别、监测和调控银行头寸的能力（5分）
F. 市场风险	（一）金融机构营利性或资产价值对利率、汇率、商品价格或产权价格反向变动的敏感程度 （二）银行董事会和高级管理层识别、衡量、监督和控制市场风险敞口的能力 （三）源自非交易性头寸利率风险敞口的性质和复杂程度 （四）源自交易性和境外业务市场风险敞口的性质和复杂程度	

三、商业银行内部绩效评价体系

2002 年 9 月 18 日，中国人民银行发布商业银行内部控制指引中，要求各商业银行建立起内部控制机制，提出了商业银行内部经营绩效评价指标体系。这套评价体系旨在方便商业银行管理层对下级部门机构单位进行综合评价，涵盖了财务效益状况、资产流动状况、资产安全状况、发展能力状况以及内部管理状况五个方面，与 2000 年中国人民银行建立的国有独资商业银行考核指标体系相比，这套指标体系反映的内容更全面，增加了反映内部管理状况的定性指标，而且定量指标也更加细化。整个评价体系以银行营利性和风险控制为中心，这套指标的基本出发点就在于银行内部控制管理，因此，这套考评体系构成了我国商业银行内部经营和管理机制的核心内容。表 9.4 为我国商业银行内部经营业绩评价体系。

表 9.4　　　　　　　　　商业银行内部经营业绩评价体系

A. 财务效益状况	B. 资产安全状况	C. 资产流动状况	D. 发展能力状况	E. 内部管理状况
1. 净资产收益率 2. 总资产报酬率 3. 利润净值率 4. 营业收入利润率 5. 成本费用利润率 6. 效率比率	1. 不良贷款率 2. 呆滞贷款率 3. 未收利息率 4. 资产损失率 5. 呆账贷款率	1. 流动比率 2. 现金流动比率 3. 备付率	1. 营业收入增长率 2. 实收利息增长率 3. 总资产增长率 4. 固定资产周转率 5. 三年利润平均增长率 6. 内部防范水平	1. 领导班子基本素质 2. 服务满意程度 3. 基础管理水平比较 4. 在岗员工素质状况 5. 服务环境状况 6. 三年效率比率平均增长率 7. 经营发展战略 8. 长期发展能力预测

这种评价方法由中国人民银行下达统一指标考核，忽略各个地区经济发展水平的巨大差异以及由此带来的市场需求差异；该方法设置的指标较多，多目标容易导致整体目标不明确；存在信息不对称，指标与各商业银行的实际业务发展脱节。

【补充阅读材料】

美国骆驼评级体系

美国三大联邦银行监管部门都使用同一标准评估体系对银行的经营状况进行全面、综合的评价，形成了一套规范化、指标化及操作化的综合经营等级评价制度。这一制度简称

"CAMEL 评级体系"。这套体系形成早、影响大，被世界各国银行业广泛采用。

该评级体系主要从五个方面考察、评估银行的经营状况，即：

（1）资本充足率（capital adequacy），主要考察资本充足率，即资本与风险资产的比率。

（2）资产质量（asset quality），主要考察风险资产的数量、不良贷款的发展趋势、贷款损失准备金的充足状况、负债管理水平、贷款风险的程度以及对信贷资产出现风险可能性的预测和分析等内容。

（3）管理水平（management），主要以定性的标准衡量管理者的素质，通过资本充足率、资产质量、盈利水平和流动性的评级间接评定管理水平的等级；除此之外，还有考虑政策的调整因素、业务规划和流程制定的可行性、高管人员解决问题的能力、对市场的应变能力、对客户的诚信程度和银行董事会、监事会、经营管理层的职责履行的有效性以及法人治理结构效果等内容。

（4）收益状况（earnings），主要考察银行在过去一两年里的净收益情况。盈利状况主要以资产收益率为标准，以此进行评价。

（5）流动性（liquidity），主要考察银行存款的变动情况、银行对借入资金的依赖程度、可随时变现的流动资产数量、银行对自身资产负债的管理、控制能力、借入资金的频率以及迅速筹措资金的能力等内容。

因为这五个部分的英文词首字母组成了 CAMEL，所以又称为骆驼评级体系。CAMEL 体系中主要指标的计算公式及相应评价标准见表 9.5。

表 9.5　　　　　　　　　　　　美国骆驼评级体系各指标

指标	公式	标准
资本充足率	资本÷经过风险加权后的资产	>8%
贷款损失准备充足率	实际贷款损失准备÷按法律要求计算的贷款损失准备	>100%
风险贷款比率	逾期贷款余额÷全部贷款余额	<10%
贷款损失率	注销贷款÷平均的全部贷款余额	<3%
操作效率比率	（管理成本＋贷款损失准备）÷平均的全部贷款余额	<20%
资产回报率	净营业收入÷平均资产	>0%
净资产回报率	净营业收入÷平均资产净值正值	>0%
现金比率	（现金＋短期金融投资）÷总资产	>5%
现金准备率	（现金＋短期金融投资）÷短期存款	>50%

骆驼评级体系是为监管者进行稳定金融和风险控制的目标设计的，所以指标体系的设计以及标准强调资本充足性和资产安全性，而对收益性和流动性的考核次之。

骆驼评级体系评价方法就是先分别就每个评价指标评判出一个质量以此递减的从第一级到第五级的级别，最后将综合级别分为以下五级：第一级（经营健全）指银行经营活动的每个方面都健全；第二级（经营比较健全）指银行的经营状况基本良好；第三级（经营不太健全）指银行的经营中存在较大弱点，需要加强监管；第四级（经营有问题）指银行在经营中存在严重问题，财务上的缺陷会危及该银行或银行持股公司未来的生产，破产的可能性较大；第五级（经营不合格）指银行的财务状况极度恶化，有致命的财务缺陷，极易倒闭或被其他银行兼并。

　　20 世纪 90 年代以来，从墨西哥金融危机到巴林银行倒闭，再到 1997 年亚洲金融危机，金融危机的频发对银行的稳健性提出了更高的要求。为了顺应金融监管的要求，美联储对骆驼评级体系进行了补充，增加了第六个标准，即"银行对市场风险的敏感性程度（sensitivity to market risk）"，即利率、汇率、商品价格或权益价格的变化对银行收益或资本金的影响。

思 考 题

　　1. 商业银行绩效评估体系的指标是如何设置的？各自侧重反映银行经营的哪些方面？

　　2. 商业银行绩效评估方法都有哪些？

　　3. 杜邦分析法各评价要素是如何分解的？

练 习 题

一、单项选择题

1. 银行资产负债表的编制原理是（　　）。

　　A. 资产 = 负债　　　　　　　B. 资产 = 所有者权益

　　C. 资产 = 负债 + 所有者权益　　D. 资产 = 利润总额

2. 下面可做法定存款准备金的资产项目是（　　）。

　　A. 现金　　　　　　　　　　B. 债券

　　C. 同业拆出及回购协议　　　　D. 股票

3. 银行的证券投资组合中有一类债券基本不存在信用风险，安全性高，在二级市场转让中占有较大份额，并作为其主要组成部分。它是（　　）。

　　A. 公司债券　　　　　　　　B. 政府债券

　　C. 公司股票　　　　　　　　D. 共同基金

4. 一般商业银行最大的资产项目是（　　）。

　　A. 贷款　　　B. 同业拆借　　C. 准备金　　D. 库存现金

5. 银行承兑行为反映在资产负债表中资产方的（　　）账户中。

　　A. 未结清承兑余额　　　　　B. 未结清的客户对银行承兑的负债

　　C. 证券投资　　　　　　　　D. 其他资产

6. 银行最主要的负债来源是（　　）。

A. 贷款 　　　　　　　　　B. 授信

C. 存款 　　　　　　　　　D. 同业拆入及回购协议下的证券出售

7. 可在二级商场上转让，对存款人有较大的吸引力，银行常用这种工具向富有的个人筹资。这项负债是（　　　）。

　　A. 大额可转让定期存单（CDs）

　　B. 活期存款

　　C. 储蓄存款

　　D. 可转让支付命令账户（NOW 账户）

8. 编制损益表所依据的平衡公式是（　　　）。

　　A. 收入 = 利润 　　　　　B. 支出 = 利润

　　C. 收入 = 支出 　　　　　D. 收入 – 支出 = 利润

9. 银行的主要收入来源是（　　　）。

　　A. 非利息收入 　　　　　B. 利息收入

　　C. 信托业务收入 　　　　D. 客户存款服务费用

10. 假设一家银行去年年末贷款损失准备金余额为 2 500 000 元，今年以往已冲销贷款收回额 150 000 元，今年确定的坏账额 300 000 元，今年贷款损失准备额 400 000 元，则今年年末贷款损失准备余额是（　　　）元。

　　A. 1 650 000 　　　　　B. 2 750 000

　　C. 2 250 000 　　　　　D. 2 450 000

11. 现金流量表按（　　　）等式进行编制。

　　A. 现金来源增加 = 现金运用增加

　　B. 收入 – 支出 = 现金利润

　　C. 现金收入 – 现金支出 = 现金利润

　　D. 资产 = 利润总额

12. 假设一家银行，今年的税后利润为 10 000 万元，资产总额为 500 000 万元，股东权益总额为 300 000 万元，则资产收益率为（　　　）。

　　A. 2% 　　　B. 3% 　　　C. 4% 　　　D. 5%

13. 假设一家银行，今年的税后利润为 10 000 万元，资产总额为 500 000 万元，股东权益总额为 300 000 万元，则股本收益率为（　　　）。

　　A. 2% 　　　B. 3% 　　　C. 4% 　　　D. 5%

14. 假设一家银行拥有下列一些数据：营利性资产 10 000 万元，总资产 50 000 万元，营利性负债 15 000 万元，利息收入 1 000 万元，利息支出 1 200 万元，则该银行的息差为（　　　）。

A. 2%　　　B. -6%　　　C. 1%　　　D. -5%

15. 假设一家银行拥有下列一些数据：营利性资产 10 000 万元，总资产 50 000 万元，营利性负债 15 000 万元，利息收入 1 000 万元，利息支出 1 200 万元，则该银行的资产收益基础率为（　　）。

　　　A. 1%　　B. 3%　　　C. 7%　　　D. 2%

16. 假设一家银行拥有下列一些数据：营利性资产 10 000 万元，总资产 50 000 万元，营利性负债 15 000 万元，利息收入 1 000 万元，利息支出 1 200 万元，则该银行的营业收入比率为（　　）。

　　　A. -0.3%　　B. -0.4%　　C. 0.4%　　　D. 0.3%

17. 在评价银行流动性风险时，（　　）指标的设计考虑了银行一些表外业务的影响。

　　A. 证券资产/总资产　　　　　B. 预期现金流量比

　　C. 现金资产国库券/总资产　　D. 净贷款/总资产

18. 市场利率的复杂多变给银行固定收益的证券和固定利率贷款的管理带来很大困难，如果利率上升，则（　　）。

　　A. 固定收益证券和固定利率贷款的市场价值就会上升

　　B. 固定收益证券的市场价值上升，固定利率贷款的市场价值就会下降

　　C. 固定收益证券的市场价值下降，固定利率贷款的市场价值上升

　　D. 固定收益证券和固定利率贷款的市场价值就会下降

19. 设信孚银行现需从两个投资机会中选择一个，其中一笔投资为 1 亿美元的 5 年期国库券，另一笔为 1 亿美元的金融时报股票指数，这两笔投资的资本成本相同，毛收益均为 200 万美元。已知 5 年期国库券的风险因子为 6%，金融时报股票指数的风险因子为 22%，5 年期国库券的风险调节资本为（　　）万美元。

　　　A. 600　　　B. 700　　　C. 2 200　　　D. 2 000

20. 按各种业务和金融资产的风险量或潜在经济价值的变化，计算出其用以防止亏损所需要的资本量，再按该资本量计算的收益率评价银行绩效的方法称为（　　）。

　　A. 三因素的杜邦分析法　　　B. 两因素的杜邦分析法

　　C. 比例分析法　　　　　　　D. 风险调节资本收益率

二、多项选择题

1. 银行的资产负债表由（　　）组成。

  A. 资产   B. 负债

  C. 所有者权益   D. 利润

2. 现金资产一般包括（ ）。

  A. 库存现金   B. 在途托收现金

  C. 代理行存款   D. 在央行的存款

3. 下面属于银行存款形式的有（ ）。

  A. 活期存款

  B. 储蓄存款

  C. 可转让支付命令账户（NOW 账户）

  D. 货币市场存款账户（MMDA）

4. 商业银行短期借款来源主要有（ ）。

  A. 同业资金拆入

  B. 回购协议下的证券销售

  C. 向中央银行的再贴现或借款

  D. 欧洲美元借款

5. 商业银行的长期借款包括（ ）。

  A. 从国内外金融市场上借入的长期资金

  B. 长期股权投资

  C. 发行的长期资本债券

  D. 欧洲美元借款

6. 银行资产负债表中的公积金包括（ ）。

  A. 发行溢价   B. 接受捐赠的资产

  C. 利润分配中转增的部分   D. 资产的重估增值

7. 银行损益表包括（ ）。

  A. 收入   B. 支出   C. 利润   D. 所有者权益

8. 下列增加银行利润的渠道有（ ）。

  A. 提高持有的各项资产的平均收益率

  B. 重新安排收入资产比例，尽可能增加高收益资产比例

  C. 降低存款与非存款借款的利息支出、股东权益成本和非利息支出

  D. 控制员工成本、管理费用、贷款损失准备金和其他支出

9. 银行利息收入可具体分为（ ）。

  A. 发放贷款利息收入   B. 证券投资利息收入

  C. 其他利息收入   D. 信托业务收入

10. 下面属于银行非利息收入的具体项目有（　　　）。

    A. 存款账户的服务费用　　　　　B. 代买卖证券服务费

    C. 信息咨询服务费　　　　　　　D. 融资租赁收入

11. 商业银行的现金来源主要包括（　　　）。

    A. 银行经营活动中所得现金

    B. 资产减少所得现金

    C. 增加负债、增发股本所得现金

    D. 股东支付的股利

12. 商业银行的现金运用主要有（　　　）。

    A. 银行经营活动中所得现金

    B. 股东支付的股利

    C. 债务减少

    D. 支付现金，增加资产

13. 下列属于营利性指标的有（　　　）。

    A. 股本收益率　　　　　　　　　B. 净利息收益率

    C. 银行利润率　　　　　　　　　D. 息差

14. 在评价银行绩效当中，营业收入比率或称资产利用率，可分解为（　　　）。

    A. 股本收益率

    B. 资产的平均利息收益率

    C. 资产的平均非利息收益率

    D. 净利息收益率

15. 银行主要承担的风险包括（　　　）。

    A. 信用风险　　　　　　　　　　B. 流动性风险

    C. 利率风险　　　　　　　　　　D. 清偿力风险

16. 下列属于广泛使用的银行信用风险指标有（　　　）。

    A. 低质量贷款÷贷款总额

    B. 贷款净冲销额÷贷款余额

    C. 每年提留的贷款损失准备÷贷款总额

    D. 特殊项目前净收益率

17. 衡量流动性风险的指标有（　　　）。

    A.（现金资产＋国库券）÷总资产

    B. 净贷款÷总资产

    C. 证券资产÷总资产

  D. 易变负债÷负债总额

18. 衡量利率风险的主要指标有（ ）。

  A. 利率敏感比例   B. 利率敏感性缺口

  C. 未保险存款÷总存款   D. 银行账面资产÷该资产估计的市场价值

19. 评价银行清偿力的传统指标包括（ ）。

  A. 资本÷银行总资产   B. 资本÷风险资产

  C. 证券资产÷总资产   D. 净贷款÷总资产

20. 对银行绩效评估的综合性方法主要包括（ ）。

  A. 比例分析法   B. 杜邦分析法

  C. 风险调节资本收益率   D. 低质量贷款÷贷款总额

三、判断题

1. 在途托收现金，指已签发支票送交中央银行或其他银行但相关账户尚未贷记的部分。（ ）

2. 代理行存款即存放同业的款项，主要用于同业间、联行间业务往来的需要，并可作支票清算、财政部国库券交易和电汇等账户的余额。（ ）

3. 商业银行持有二级准备的主要目的是在必要时出售这部分资产而获取流动性，并非由此取得利润。（ ）

4. 银行的承兑票据目前使用非常广泛，它广泛用于国际贸易融资、购买外汇甚至支付国内的货物和农产品的运输和储备等。（ ）

5. 在全世界银行体系中，欧洲美元借款是银行短期借款的主要来源。（ ）

6. 损益表，又称利润表，是反映商业银行在某一特定日期全部资产、负债和所有者权益状况的报表，是静态的会计报表。（ ）

7. 与资产负债表不同的是损益表，它是存量表，是银行在报告期间经营活动的静态体现，反映出银行的金融存量，而资产负债表反映的是银行的金融流量。（ ）

8. 设立贷款损失准备账户的目的是将银行收入中的一部分从应税收入中抵减，用做坏账准备，以弥补贷款资产中可能会发生的损失。（ ）

9. 贷款损失准备是在税后提取，银行往往通过增加贷款损失准备的提留以避税。（ ）

10. 一般来说，负债业务是银行获得现金的主要方式。（ ）

11. 资产收益率是管理效率指标，反映银行管理层将银行资产转化为纯收入

的能力。 （ ）

12. 息差衡量银行在存款中介职能中的效益，但并不反映银行竞争的激烈程度。 （ ）

13. 假设一家银行的预期现金流量比大于1，则说明该银行未来流动性可能较强。 （ ）

14. 运用流动性指标分析银行流动性风险时，银行的规模一般没有影响。

（ ）

15. 市场利率对银行收入和营业成本的差额产生重大影响，这就是利率风险。 （ ）

16. 银行的清偿力反映了债权人所受保障的程度，清偿力是否充足会极大地影响银行信誉。 （ ）

17.《巴塞尔资本协议》规定银行资本对加权风险资产的目标比率为8%，其中核心资本成分至少为4%。 （ ）

18. 银行利率风险是指商品劳务价格的上涨可能会出人意料地侵蚀掉银行收益与股东收益的购买力。 （ ）

19. 杜邦分析模型的优点在于采用了综合性很强的股本收益率指标，涉及银行经营的各个方面，间接反映了银行经营各方面的情况及其相互间的制约关系，从而可以对银行业绩做出全面的分析评估。 （ ）

20. 风险调节资本收益率（RORAC）是指按各种业务和进入资产的风险量或潜在经济价值的变化，计算出其用以防止亏损所需要的资本量，再按该资本量计算的收益率。 （ ）

四、计算题

假设一家银行年初持有250万元的贷款损失准备，本年提取了50万元贷款损失准备，本年注销贷款坏账30万元，收回25万元已确认为坏账而核销了的贷款。请问本年年末贷款损失准备项目的余额是多少？

第十章　商业银行的经营发展趋势

在经济一体化与金融全球化条件下，混业经营已是国际金融业发展的趋势，虽然我国商业银行在政策、法律层面仍是分业经营，但实际上，分业经营界限早已被打破。我国银行业向混业经营方向发展，通常被称为商业银行的综合化经营。

本章共阐述四个主要方面的内容：一是商业银行的混业经营发展趋势；二是商业银行的并购发展趋势；三是商业银行的集约化发展趋势；四是商业银行的网络化发展趋势。

第一节　商业银行的混业经营发展趋势

一、国际银行业混业经营发展趋势

（一）混业经营与分业经营的内涵

金融业混业与分业经营的内涵，可从三个方面揭示：

首先，从经济学意义上看，金融业混业经营是指一个金融机构获准可以经营多个金融子行业，或者获准同时经营多个隶属不同金融子行业的金融产品。由于金融子行业有许多，故而混业经营也有狭义和广义之分。狭义的混业经营仅仅是指银行业与证券业的交叉经营。广义的混业经营包括所有金融子行业银行、证券、保险、基金、信托等之间的交叉经营。

而分业经营是指法律规定将商业银行与投资银行或证券业务及其他带投资性的金融业务相分离的经营体制，即现代金融的三大领域银行业、证券业和保险业分开经营，它们的核心业务各不相同，互不交叉，它们的机构分开设立，互不隶属，彼此独立。

其次，从金融体制层面看，混业经营体制允许各项金融业务之间的交叉融合。故而，一家金融机构可以同时开展几种不同的金融业务，金融机构的名称与其经营的业务并不是一一对应关系。如德意志银行和汇丰集团，它们经营的业务几乎包含所有的金融业务，不仅有银行、证券、保险、信托、基金等业务，而且非银行业务已经替代了银行业务的主导地位。所以单从名称上不能认定它们的经营范围。因此，混业经营又称金融机构的多元化经营。

而分业经营体制，是不允许或者限制不同金融业务之间的交叉和融合。由于设置了业务限制，不同的业务由不同的机构来经营，所以，不同的机构类型也就代表了不同的业务范围。如中国的银行，主要业务就是银行存贷款业务，保险公司的业务就是保险业务，证券公司的业务就是证券交易和承销。

第三，从金融机构的角度看，金融业呈现混业还是分业经营状态是基于金融机构的选择行为。在金融业的长期发展过程中，金融机构的业务经营形成了两种经营模式。综合经营模式和专业经营模式，不同的金融机构选择的经营方式可以不同，有的机构选择专业化经营，有的机构选择综合化经营。综合经营和专业经营是从微观金融机构的角度看待金融业务的分与合，而混业经营与分业经营则是从一个国家金融业全局整体的角度看待金融业务的分与合。如果一国存在综合化经营的金融机构，那么，从整个金融部门来看，就是出现了混业经营。在允许混业也即混业不存在制度障碍的国家，同样可以出现专业化经营的金融机构，即某些金融机构选择专业化经营模式。

因此，金融业分业或混业的状态同样也是一种体制约束。假如金融机构希望进行综合经营，而银行业也愿意向证券业、保险业扩张，必须在已有的政策框架内找到支持。如果政策限制银行业务向证券业务的渗透，则只有金融机构的综合经营热情是不够的，它只能遵守分业的限制，或者通过其他途径绕过现有壁垒间接实现综合经营。

可见，混业经营是一个相对的概念。它仅仅意味着分业经营限制的取消和金融机构经营业务的多样化，而并非是对分业经营的简单否定，更不是取消专业化分工。

（二）国际金融业混业与分业经营体制的演变

德国的全能银行不仅是全球混业经营的经典范示，而且是世界范围内混业经营的重要模式。德国银行体系从建立时，就实行"全能银行制度"。在该模式下，银行和其他的专业机构没有严格的专业分工，全能银行不仅可以吸收各种存款，提供短期和中长期贷款，还可以从事有价证券的承销，自营与保管业务。故而，德国的银行体系一直以来就执行混业经营的全能银行模式。

全球除了德国和少数欧洲国家一直保持全能银行的混业经营模式外，其他国家的金融经营体制大多历经了早期的自然混业到严格的分业，再到混业经营的发展过程。①

1. 20 世纪 30 年代之前的自然混业经营

金融业的基本功能是将资金剩余人的资金导向资金短缺且需要资金进行生产性投资的人。作为一种资金中介，混业经营是金融业自身发展的内在要求。20世纪 30 年代以前，即全球大危机爆发之前，金融业天然处于一种混业经营的状态。因为在这一阶段，各国的证券、保险和信托等非银行业务尚不发达，银行业务在整个金融体系中占主导地位，一般都不对银行业务加以限制，各国大多实行的是混业经营模式。比较有代表性的是美国、日本和英国。从 19 世纪后半期，英国出于大量发行公司债和设立股份公司筹集资本的需要，商业银行开始承担投资银行的功能，于是开始混业经营。这一时期在崇尚自由放任、自由竞争的市场经济制度下，美国金融立法对商业银行经营范围没有过多限制，大多数商业银行可以直接或通过其附属机构从事证券投资银行业务。而投资银行在承做股票和证券包销业务的同时，也可开办某些商业银行存贷款业务和资金结算业务。故而，在这一时期，美国商业银行实行全能化的混业经营制度。20 世纪 20 年代以后，日本的银行之间合并，资产重组迅速高涨，大量信托公司、储蓄银行纷纷合并形成全能银行，企业之间相互持股盛行，金融业日益高度集中。因此，日本政府在这一时期采取十分宽松的政策，未设立有关法律条文对其国内的金融业，特别是银行业的经营范围加以限制，故而也处于完全自然的混业经营状态。

2. 20 世纪 30 年代之后到 70 年代之间严格的分业经营

1929 年爆发了世界性的经济危机。美国股票市场首先崩溃，道琼斯指数下跌 88%。接着整个银行体系一度陷于瘫痪状态，大批银行倒闭。在 1929～1933 年间，美国银行数量从 2.5 万家下降到 1.4 万家，有 1.1 万家银行倒闭。美国当时的议员格拉斯和斯蒂格尔分别给国会写了报告，他们一致认为此次危机的直接原因是商业银行从事投资银行业务，致使大量信贷资金进入股市，推动股市泡沫的膨胀及其破灭，最后导致股市崩溃，银行倒闭。1931 年美国国会基本上认同以上两份调查报告的内容，得出大危机爆发的原因，是商业银行从事证券业务对联邦储备体系造成损害，使银行有悖于良好经营原则，造成股市投机、股市暴

---

① 徐文彬：《金融业混业经营的范围经济分析》，经济科学出版社 2006 年版。

跌、银行倒闭和经济大萧条。为了防止金融灾难再次发生，美国于 1933 年制定了《格拉斯—斯蒂格尔法》，即美国《银行法》，该法案中的部分章节对证券投资活动的布局和渠道作了大规模调整，并明文规定商业银行只能从事短期贷款，不能办理长期贷款，不能认购除国家债券以外的有价证券，不得经营股票和包销公司证券。商业银行和投资银行经理不得兼职，金融资产与产业资本相分离。从而确立了美国现代商业银行与投资银行分业经营的局面，同时将货币市场与资本市场截然隔离开来。从此美国进入长达 67 年之久的分业经营时期。

随后，英国、法国、瑞典等国也相继实行了分业制度。同期日本仿照美国金融分业经营思想，实行长短期金融分离，银行与信托业分离，银行与证券业分离，并实行严格的外汇和利率管制。1948 年日本政府颁布《证券和外汇法》，禁止银行从事证券业务，不同类型的金融机构之间禁止相互准入，但可交叉持股，持股数量以 10% 为上限。1987 年在《反垄断法》中将持股的最高限降低为 5%。在此期间银行业实行严格的分业经营模式。

3. 20 世纪 70 年代之后至今向混业经营的快速回归

20 世纪 70 年代后，以美国为代表的西方国家普遍发生滞涨，有关放松管制实行金融自由化的政策主张迅速高涨。同时金融业实行分业经营的国家，在外汇市场上金融创新的带动下，开始出现混业经营的新动向。到了 80 年代，回归混业经营的呼声更是一浪高于一浪。这时期以衍生金融工具为代表的金融创新发展的步伐进一步加快。一方面使分业经营的界限模糊，另一方面银行业的传统业务受到猛烈冲击，为争夺市场份额，商业银行的经营范围逐步挣脱传统的存贷款业务的桎梏，通过各种迂回曲折的方式，即通过兼并非银行金融机构的方式和金融创新等途径开始向证券业、保险业和信托业渗透，由此形成可办理几乎所有金融业务的全能银行。1986 年英国实行金融"大爆炸"改革并通过了《1986 年金融服务法》，取消经纪商与交易商两种职能不可互兼的规定，使大多数英国银行都可以介入证券业务，并处于统一的监管标准下。该法案彻底摧垮了其本土及英联邦国家分业经营体制。进入 90 年代，随着金融创新的全球化和银行业的并购发展趋势，1993 年日本立法批准不同类型的银行可以进行合并，这是对分业经营严格管制的极大松动。1996 年日本政府再次出台金融改革方案，即《金融体系改革法》，允许日本银行以异业子公司的形式，从事全能化金融业务，如商业银行可以从事资产抵押类证券交易和私募发行业务，放宽对银行、证券、信托、保险等行业的限制，允许各金融机构跨行业经营各种金融业务。自此日本彻底打破分业经营的体制，修订银行、证券公司、保险公司等各类金融机构之间相互准入的规定。

在世界范围的跨行业、跨国界并购浪潮的冲击下，美国政府也出于发展经济和提升本国银行业实力的目的，对于混业经营的趋势采取默认的做法。1995年5月，美国众议院银行委员会正式废除美国30年代制定的银行不能经营证券业务的规定，美联储也于1996年12月，单方面决定放宽对商业银行经营证券业务的限制。1999年11月12日，美国通过了《金融服务现代化法案》，废止《格拉斯—斯蒂格尔法》，正式允许金融业混业经营，准许商业银行、投资银行和保险公司可以相互经营彼此的业务领域。《金融服务现代化法案》的颁布，标志着美国金融业分业经营时期的结束和混业经营的开始。同时也标志着以银行证券分业经营为特征的专业银行制在世界主要发达国家"寿终正寝"，以全能银行制为基础的现代金融制度终于确立。

西方各国金融体制演变的历程和实践，证明了银行业由分业经营向混业经营转变和发展已成为历史必然。

（三）分业经营逐步完成历史使命

分业反对混业的最重要的理由就是混业经营可带来利益冲突和风险传播等特殊风险。但从西方混业经营的实践及实证检验结果来看，并不支持利益冲突和风险传播的观点。可见，分业经营与混业经营互有利弊，相互替代，就分业和混业经营体制来说，二者本身并不存在孰优孰劣的问题，因此，分业和混业经营道路的选择是特定经济环境下的产物。对于一个国家来说，无论选择混业或是分业，必定对分业经营与混业经营两种模式的利弊进行比较分析，而比较的实质在于对"安全"和"效益"的判断，即分业还是混业，其核心或关键的问题是能否在增进效率的同时有效地控制风险。

分业经营已全面退出西方发达国家的金融体制的历史舞台，让位给混业经营。发展中国家目前也大部分实行混业经营模式。目前我国虽然实行的是名义上的分业经营模式，但分业经营的界限已经模糊，并且分业经营的前提已丧失。我国之所以守着分业经营模式不放松，其主要原因在于看中分业经营对金融风险的防范，即在安全与效益两者选择中，更多地考虑风险问题，也就是说将防范金融风险、保证金融安全放在第一位。

二、我国金融业经营模式的发展历程

自1978年我国经济体制改革开放以来，金融业的改革严重滞后于经济改革。在这一阶段，我国的金融业尚处于计划经济向市场经济转轨时期，其经营模式游离于混业与分业之间。到了 20 世纪 90 年代，当西方国家已经完成了由分业经营向混业经营转变之后，我国才在 1995 年通过若干法律明确了金融业的分业经营、分业监管的体制。

20 世纪 80 年代至 90 年代初，我国建立了四大国有专业银行。而四大国有专业银行从其成立之日起，纷纷组建各自的信托投资公司和证券投资机构，接着四大专业银行开始办理大量的证券买卖业务。随后，四大专业银行又忙着将经营范围投向房地产、保险等领域，因而在这一阶段我国金融业出现了所谓混业经营的局面。但是好景不长，由于我国的金融体制不健全，法律制度不规范，没有混业经营的经验。故而，在 1993 ~ 1994 年间，出现了金融泡沫和通货膨胀的严重恶果，混业经营出现了混乱局面。

面对混业经营带来的严重混乱局面，我国政府于 1994 年年底相继颁布了《中华人民共和国中国人民银行法》、《中华人民共和国商业银行法》、《中华人民共和国保险法》、《中华人民共和国票据法》等相关法律，从立法的角度确定了我国金融业的分业经营模式。同时在 1999 年再度颁布《中华人民共和国证券法》，进一步明确我国金融业的分业经营模式。

20 世纪 90 年代末，随着西方国家混业经营发展的趋势，在金融一体化国际潮流的冲击下，我国境内无论是来自微观主体——各类金融机构，还是来自宏观经济层面，要求混业经营的呼声越来越高。特别是全球金融创新，赋予我国金融业向混业经营大趋势发展以无比强大的推动力，使中国境内尽管实行的是分业经营的金融体制，但却出现了能够在分业经营夹缝里生存的混业经营载体——金融控股公司。

2004 年我国对《中央银行法》、《商业银行法》、《公司法》等进行了重新修订，2005 年又修订《证券法》。修订后的各项法律虽未明确我国金融业可以混业经营，也未直接取消分业经营模式，但是却为我国金融业的混业经营留有较大的空间。而 2005 年 2 月 20 日，央行、银监会、证监会联合发布了《商业银行设立基金管理公司试点管理办法》，该办法的出台揭开了我国金融业混业经营的序幕。从中外金融体系演变的历史进程可以看出，在发达国家金融市场上，无论是过去实行分业管理的美国，还是一直实行全能银行模式的欧洲，商业银行参与发起和设立基金公司都是普遍的、通行的做法，同时也表明混业经营的开始。因此，国内专家认为，虽然法律制度并未明确支持我国可以开展混业经营，但是国家一旦允许商业银行设立基金公司，就等于开始了混业经营的步伐。

可见，我国的金融业发展，似乎也经历了由初期的混业经营到严格的分业经营，再逐渐地向混业经营过渡的历史变革。实行商业银行与证券公司及保险公司的混业经营，对于我国的金融改革和金融业长期发展具有重要的推动作用。为了更好地应对银行业的全面开放，提高我国金融业的经营能力，混业经营已成为我国金融业必然的选择。

三、我国大型商业银行综合化发展趋势

（一）中国建设银行综合化发展趋势

1. 中国建设银行各项业务整体发展状况分析

中国建设银行于 2004 年 9 月 17 日，整体改制为股份有限公司，并于 2005 年 10 月 27 日在香港联合交易所上市（H 股）。2007 年 9 月 25 日，在上海证券交易所 A 股上市。

（1）主营业务发展迅猛

建行近几年主营业务迅速发展，集中体现在发展传统存贷款业务的同时，税前利润和净利润大幅增长，经营收入升幅显著，利息收入增长幅度快速攀升，成本收入比逐年下降，存贷款增长比率逐年上升，资产总额与负债总额双双呈两位数的增长幅度。

①税前利润大幅增长

2007 年，建行实现税前利润人民币 1 008.16 亿元，净利润 691.42 亿元；2006 年，实现税前利润 657.17 亿元，比 2005 年增加 103.53 亿元；2005 年实现税前利润 553.64 亿元，比 2004 年度增加 41.65 亿元。

税前利润 2005 年比 2004 年增幅为 8.13%，2006 年比 2005 年增幅提高到 18.70%，而 2007 年比 2006 年增长幅度迅速提升到 53.41%，增幅显著（详见表 10.1）。同时，净利润 2007 年比 2006 年大幅增长 49.27%，增长幅度明显。

②经营收入增长显著

2004 年比 2003 年经营收入增幅为 15.59%，2005 年比 2004 年增幅为 12.93%，2006 年比 2005 年增长 17.78%，而 2007 年经营收入较 2006 年增长 45.60% 达到 2 207.17 亿元。经营收入从 2004 年开始增幅不断扩大，2007 年最为突出，增幅显著加快。

③利息收入快速增长，成本收入比逐年下降

2005 年利息收入为人民币 1 736.01 亿元，比 2004 年度增长 264.05 亿元，增幅为 17.9%，主要是由于客户贷款和投资规模的增长以及收益率的增加。2005 年实现净利息收入 1 165.51 亿元，比 2004 年度的净利息收入增长 150.63 亿元，

增幅为 14.8%。在利息收入快速增长的同时，从表 10.2 中可看出，建行成本收入比在逐年下降：从 2003 年的 51.46% 降到 2004 年的 46.87%，2005 年为 45.13%，2006 年降至 43.97%，2007 年再降至 41.83%，即 2007 年比 2003 年的成本收入下降了 10 个百分点，成本的下降对于收入的增长起到了一定程度的促进作用。

表 10.1 中国建设银行近五年主要财务指标及增长率变化 单位：亿元，%

指标名称	2007 年	2007 年比 2006 年 增长率	2006 年	2006 年比 2005 年 增长率	2005 年	2005 年比 2004 年 增长率	2004 年	2004 年比 2003 年 增长率	2003 年
经营收入	2 207	45.60	1 516	17.78	1 287	12.93	1 140	15.59	986
税前利润	1 008	53.41	657	18.70	554	8.13	512	35.80	377
净利润	691	49.27	463	−1.65	471	−3.96	490	117.64	225
资产总额	65 982	21.10	54 485	18.81	45 857	17.28	39 099	9.92	35 571
贷款	31 832	13.85	27 960	16.73	23 953	10.20	21 736	11.85	19 434
负债总额	61 759	20.66	51 183	19.08	42 981	15.71	37 144	10.22	33 699
存款	53 403	13.11	47 213	17.85	40 060	14.75	34 911	9.25	31 957

资料来源：根据 2003 年至 2007 年中国建设银行年度报表数据整理与汇总。

④传统存贷款业务发展迅猛，资产质量日益提高

建行充分发挥传统业务优势，保持了存款业务的稳步发展和贷款业务的适度增长；同时加强产品市场营销，改善服务质量。2006 年贷款新增额占据国内同业首位。2006 年比 2005 年贷款增幅为 16.89%，存款增幅为 17.85%；建行发挥传统业务的品牌优势，把握良好的市场时机，不断拓展存贷业务，实现了存贷款业务额快速地发展，市场份额日益提升。到 2007 年年末，客户贷款与垫款总额为 31 832 亿元，比 2006 年年末增长了 13.87%，客户存款增长 13.11%，数额达到 53 403 亿元。在存款和贷款大幅增长的同时，一方面存款增长略微大于贷款增长幅度，另一方面存贷比保持稳步小幅调整，从 2003 年的 62.51%，提升到 2004 年的 63.80%，再下调到 2005 年的 61.37%，接着微幅下降到 2006 年的 60.87%，到 2007 年再度上升至 61.27%（详见表 10.2）。由此可见，建行近几年仍然以传统的存贷款业务为主营业务和发展的重心，同时也说明存贷款业务是建行盈利的核心业务，并且传统存贷款业务对经营收入及利润的贡献率达到 80% 以上。

建行在贷款业务快速增长的同时，首先实现了资产质量不断提升，不良贷款率逐年下降：从2003年的4.27%降到2004年的3.92%，2005年为3.84%，2006年下降至3.29%，到2007年再度把不良贷款率降低到只有2.6%，实现了资产质量的大幅提升。其次，在贷款业务迅速发展的同时，实现了资产回报率的日益稳步提升。建行平均资产回报率从2003年的0.7%升到2004年的1.31%，接着调整到2005年的1.11%，2006年调至0.92%，到2007年又上升到1.15%。基本上保持了平均资产回报率稳中有升的态势。

（2）近年来快速发展中间业务

在巩固和发展传统业务的同时，加快信用卡业务、外汇业务等战略性业务以及电子银行渠道的发展，保持了中间业务持续快速增长。近年来建行投入更多的资源发展中间业务，2005年度净手续费及佣金收入为84.55亿元，比2004年增长19.84亿元，增幅30.7%。其中银行卡手续费收入为人民币26.18亿元，比2004年增长了3.02亿元，增幅为13%，主要归因于银行卡交易量的创新增长；汇款、结算及账户管理手续费收入为21.16亿元，比2004年增长6.3亿元，增幅为42.4%，主要是由于外汇结算业务量的增加；证券、外汇交易及保险服务代理手续费收入为19.27亿元，比2004年增长4.55亿元，增幅达到30.9%，主要归因于政府债券、基金承销及代理等产品交易量的增加。2007年手续费及佣金净收入比2006年增长130.73%，达313.13亿元。

从表10.2中可以看出，手续费和佣金等收入对建行的经营收入的贡献度，从2003年的4.65%升到2004年的5.68%，又升至2005年的6.57%，接着又攀升到2006年的8.95%，而2007年再次突破两位数的升幅，可见中间业务收入在对建行利润增长方面的贡献在不断地提高。同时也说明建行在发展传统存贷业务的同时，寻求新的利润增长点，即大力发展中间业务，因而才有手续费收入占经营收入比率不断增长的可喜局面。

表 10.2	中国建设银行近五年主要财务指标				单位：%
指标名称	2007 年	2006 年	2005 年	2004 年	2003 年
平均资产回报率	1.15	0.92	1.11	1.31	0.70
存贷比	61.27	60.87	61.37	63.80	62.51
不良贷款率	2.60	3.29	3.84	3.92	4.27
成本对收入比率	41.83	43.97	45.13	46.87	51.46
净手续费及佣金收入对经营收入比率	14.19	8.95	6.57	5.68	4.65

资料来源：根据2003~2007年中国建设银行年度报表数据整理、汇总。

虽然从表 10.2 中可看出，建行在发展中间业务中所取得的可喜成绩，并且中间业务对建行盈利能力的贡献度在逐年上升，从只有 4.65% 上升到 14.19%，说明中间业务已经成为建行新的利润增长点的同时，却也可看出，中间业务对于利润的贡献率仍然较低，因为与国外银行中间业务对于利润贡献在 60% 以上相比，我国商业银行利润主要来源仍然是传统的存贷款业务，也就是说，当净手续费及佣金收入对经营收入比率只有 14.19% 的情况下，建行剩余的 85.81% 的利润增长是靠传统存贷款业务拉动的。

2. 一定范围内涉猎证券承销和投资业务

按照国际财务报告的要求，投资可分为应收款项、持有至到期债券、可供出售债券及权益投资和以公允价值计量且变动计入损益的债券（主要包括持作为买卖用途的债券），如证券代理服务银行间交易和回购交易、管理投资组合，主要包括持有证券作为买卖及投资用途，以及代客交易，包括外汇即期买卖（SPOT）、远期交易（FW）、调期交易（SWAP）、期货交易（FUTURE）和期权买卖（OPPTION）、远期利率协议（FRA）等金融衍生产品。

2005 年建行投资利息收入比 2004 年增长了 81.83 亿元，增幅为 29%，主要是投资平均余额比上年增长了 2 717.57 亿元。

2005 年 9 月，建行成立建信基金管理公司。建信基金管理公司业务范围包括发起设立基金、基金管理业务及中国证监会批准的其他业务。除了发行建信恒久股票型基金外，还发行了建信优选成长股票型基金、建信优势动力股票型基金、建信深沪 300 指数基金。

3. 大力开展衍生金融产品业务

建行近年来大力开展衍生产品业务，集中体现在其金融创新活力日益增强和不断加强产品创新上。2006 年，建行率先在同业中开通全国范围内人民币存款通存通兑业务；成功地发售 19 期人民币理财产品——"利得盈"，而"利得盈"是典型的人民币金融衍生产品；滚动发行了 17 期个人外币结构性存款产品——"汇得盈"；理财产品基础资产从最初的中央银行票据扩大到企业短期融资券、信托计划、银行信贷资产、境外固定收益产品等领域；与美国银行合作共同完成了两期代客境外理财产品（QDII）发行与投资管理安排；并创新了"速贷通"、"成长之路"等中小企业贷款产品，中小企业贷款增速达到 26.43%。同年，建行还推出个人账户黄金交易业务和"吉祥存单"等金融衍生产品。

建行与富登金融控股共设立协助项目 14 个，双方在对中小企业金融业务、财富管理、资金交易、市场风险管理、巴塞尔新资本协议实施、衍生产品买卖、上市公司信息披露及公司治理等领域展开全面合作。

通过上述四个方面的分析，可以明显看出，目前建设银行已经具有向业务综合化发展的现实基础。

（二）中国工商银行综合发展概况

2006 年 10 月 27 日，中国工商银行成功实现（A + H）上海、香港两地同日公开发行股票并上市。上市后的四年来，工行主营银行业务快速发展，同时在国内外开展了全面的、综合化、国际化混业经营。

1. 主营业务快速增长

（1）税后利润与营业收入大幅增长

截至 2008 年年底，工行实现税后利润 1 112 亿元，比 2007 年 820 亿增加了 292 亿元，增长 35.6%。营业收入 3 098 亿元，比 2007 年 2 556 亿元增加 542 亿元，增长 21.2%，其中利息净收入增加 385.72 亿元，增长 17.2%，非利息收入增加 156.30 亿元，增长 50.3%。净利息收益率（NIM）达到 2.95%，比 2007 年的 2.80% 提高 0.15 个百分点，比 2006 年增加了 0.54 个百分点。利息净收入从 2006 年的 1 635 亿元增长到 2007 年的 2 244 亿元，增幅达到 37.25%；从 2007 年的 2 244 亿元增长到 2008 年的 2 630 亿元，年度增长率为 17.20%。

（2）资产质量大幅提升及资产收益率显著提高

2008 年年末，工行不良贷款余额下降 72.92 亿元，不良率下降 0.45 个百分点至 2.29%，连续 9 年实现了不良贷款绝对额和占比的"双下降"；拨备覆盖率达到了 130.15%，同比提高 26.65 个百分点，抗风险能力进一步增强，资产质量不断提升，不良贷款余额与不良贷款率双双下降。贷款总额准备率从 2006 年的 2.68% 提升到 2007 年的 2.84%，再度上升到 2008 年的 2.97%。

核心资本充足率在 2006 ~ 2008 年 3 年间分别为 10.75%、11%、12.23%；资本充足率 3 年分别为 13.06%、13.09%、14.05%，大大超出《巴塞尔新资本协议》对核心资本与资本充足率的要求。

资产收益率方面有较大改善，平均总资产回报率从 2006 年的 0.71% 升到 2007 年的 1.01% 再提升到 2008 年的 1.21%；加权总资产回报率也同样从 2006 年的 15.18% 提升到 2007 年的 16.15% 再上升到 2008 年的 19.39%。中国工商银行各项主营业务的指标详见表 10.3。

（3）证券投资收益

证券投资收入工行 2008 年有两位数的增长。证券投资利息收入是工行利息收入的第二大组成部分。2008 年，证券投资利息收入 1 026.88 亿元，增加 109.64 亿元，增长 12.0%。其中，非重组类证券投资利息收入增加 120.47 亿元，平均收益率由上年的 3.48% 上升至 3.88% 以及平均余额增加 1 074.26 亿元。非重组类证券投资包括人民币中长期债券和外币债券。

表 10.3 　　　　　　　　中国工商银行各项业务主要指标　　　　　　单位：%，亿元

盈利能力指标	2008 年	2007 年	2006 年
平均总资产回报率	1.21	1.01	0.71
加权总资产回报率	19.39	16.15	15.18
净利息收益率	2.95	2.80	2.41
手续费及佣金净收入比营业收入	14.21	15.01	9.04
资产质量指标			
不良贷款率	2.29	2.74	3.79
贷款总额准备率	2.97	2.84	2.68
核心资本充足率	10.75	11	12.23
资本充足率	13.06	13.09	14.05
利息净收入	2 630	2 244	1 635
手续费及佣金净收入	440	383	163
营业收入	3 098	2 556	1 807
税后利润	1 112	820	494
证券投资净额	3 048	3 107	2 861

资料来源：根据 2006～2008 年中国工商银行年度报表数据整理、汇总。

2. 工行全面展开业务综合化的混业经营

（1）通过表外业务迈向混业经营

①非利息收入增长

工行 2008 年年底，手续费及佣金净收入 440.02 亿元，占营业收入的比重达 14.21%。手续费及佣金净收入主要构成：投资银行业务收入 80.28 亿元，2007 年 45 亿元，增加 35.23 亿元，增长 78.2%，主要是投融资顾问、常年财务顾问和企业信息服务等业务收入以及短期融资券等企业债券承销发行收入。资产托管业务收入 20.66 亿元，2007 年 14.66 亿元，增加 6.01 亿元，增长 41.0%，主要由证券投资基金托管收入以及托管资产中的收支账户资金、企业年金、社保基金等资产托管收入构成。

②承销债券与代理保险及托管资产

2008 年承销各类债券 52 只，承销金额达 1 646 亿元，在国内商业银行中继续保持债券承销发行第一大行的地位；托管资产规模连续十年居国内第一，工行

在基金管理、代理保险等领域均保持市场领先优势；企业年金业务主要项目市场占有率接近50%，是国内最大的企业年金服务机构。

在代理保险业务方面，不断扩展与保险公司合作范围，签署全面合作协议的保险公司达42家，代理销售保险业务量1 027亿元，比2007年增长77.4%。第三方存管业务稳步发展，合作券商101家，存管客户1 588万户。同时大力推广集中式银期转账业务，并与126家期货公司签订集中式银期转账业务合作协议，正式投产110家。

（2）投资银行与资产管理业务

①投资银行业务

工行投资银行业务主要包括两个方面：一是传统投资银行业务。常年办理财务顾问、企业信息服务、投融资顾问等传统投资银行业务。开展企业理财师培训认证，推动常年财务顾问和投融资顾问业务，丰富企业资信服务产品种类。二是现代投资银行业务。如资产重组、企业并购、股权融资、企业债券承销、信托理财等现代投资银行业务。工行把握行业并购重组热点，为国内钢铁龙头企业进行产业整合提供顾问服务。支持区域经济发展和金融创新，担任地方政府产业投资基金财务顾问。推出股权私募主理银行业务，拓展股权融资业务领域。另外，债券承销业务保持快速发展势头。2008年，承销短期融资券896亿元、中期票据634亿元、金融债券116亿元，承销量均居全国银行业第一。截至2008年年底，工行投资银行业务收入80.28亿元，比2007年增长78.2%。

②资产管理业务

2008年年末，工行托管资产总净值11 438亿元。其资产管理业务包括证券投资基金托管、企业年金基金托管、全球托管、收支账户资金托管、基金公司特定客户资产托管、与国内大型基金公司合作，成为国内首家托管证券投资基金突破100只的银行。一批大型企业相继选择工行为年金基金托管人。企业年金业务主要有企业年金受托管理、账户管理、基金托管等。2008年年末，工行共为15 534家企业提供年金服务，比2007年年末增加2 265家；受托管理年金基金40亿元；管理年金个人账户505万个，增加157万个；托管年金基金540亿元，增加352亿元。

工行从2006～2008年年底，在中小保险公司托管业务与保险资产托管的客户稳步增加。QFII客户数、QDII组合数快速增加，全球托管业务居银行业首位。收支账户资金托管业务发展迅速，开办国内首笔基金公司特定客户资产托管业务，成功推出该行作为受托人发起的"如意养老1号"，并且与大型保险公司进行广泛的合作。

（3）资产证券化与基金及金融租赁业务

①资产证券化业务

工行成功发行工元 2008 年第一期信贷资产证券化产品 80 亿元，创国内单只资产支持证券发行规模之最。截至 2008 年年末，工行作为发起人共完成两期信贷资产证券化项目，资产支持证券余额 83 亿元。两期证券化项目均以工行优质企业贷款作为基础资产组建资产池。基础资产未出现逾期、违约情况，所有贷款均为正常类贷款。2008 年取得证券化贷款服务收入 0.41 亿元。

②基金业务

工银瑞信基金管理有限公司（工银瑞信）是工行的控股子公司，注册资本 2 亿元人民币，工行持有其 55% 的股份。工银瑞信主要从事基金募集、基金销售、资产管理业务以及中国证监会批准的其他业务。

2008 年年末，该行的基金公司旗下共管理 9 只共同基金，管理的共同基金资产规模约 752 亿元，总资产 6.26 亿元，净资产 5.08 亿元，年度实现净利润 1.94 亿元。

③金融租赁业务

工银金融租赁有限公司（工银租赁）是工行的独资子公司，注册资本 20 亿元人民币，注册地为天津滨海新区。工银租赁是国内首家获得中国银监会批准的由商业银行设立的金融租赁公司，主要经营船舶、飞机和大型设备的金融租赁业务及各类租赁产品及租金转让与证券化、资产管理、产业投资顾问等金融产业服务。2008 年年末总资产 116.48 亿元，净资产 22.05 亿元，年度实现净利润 2.08 亿元。

（4）工行境外控股公司开展混业经营的全能银行业务

工商银行在海外控股公司（包括全资及附属子公司）自成立起，从事混业经营的全能银行业务。其中海外商业银行有 8 家，投资银行有 4 家。并且在这 4 家投资银行中，不仅可以办理各种类型的商业银行的存贷款与表外业务，而且还可以办理股票、债券的承销和发行及二级市场的证券买卖交易。中国工商银行集团境外控股公司的股权与全能银行业务详见图 10.1。

工行境外的战略投资者主要有三家：美国投资银行高盛、美国全能银行型金融控股公司——运通集团、德国全能银行——安联集团。

首先，工行与高盛积极交流资金类、理财类新产品研发经验，合作开发第四期"东方之珠"理财产品，共同开展金融市场业务与风险管理项目。高盛公司还为工行员工提供信息披露与控制、外汇期权产品、海内外并购相关定价技术、估值模型等专业技能培训及针对美国次贷危机等事件的专题讲座。其次，工行与美

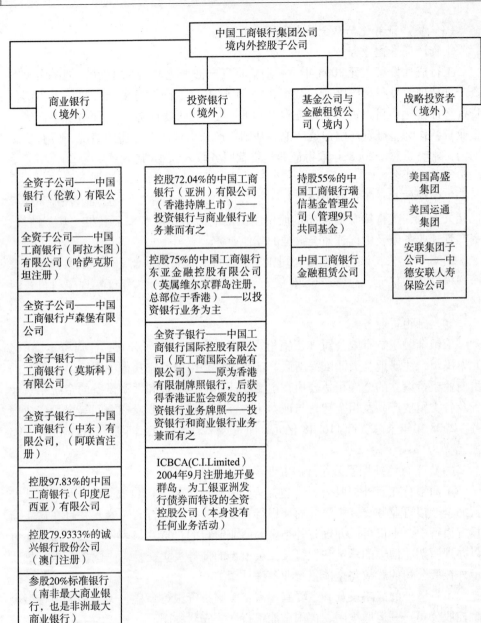

图 10.1　中国工商银行境内外控股公司

国运通在合作发卡、市场营销、业务培训、风险管理以及客户服务等方面加强合作。2008 年年末，牡丹运通卡发卡量超过 60 万张，年消费额超过 100 亿元。双方合作开展"境外旅游精选"系列市场营销及重点集团客户服务项目回顾活动。第三，工行与安联集团子公司——中德安联人寿保险公司（中德安联）在银保代理、资产托管、网上保险、人员培训等方面积极展开合作。自 2006 年以来，工行累计代销中德安联的银保业务量超过 30 亿元。2008 年年末，中德安联在工行资产托管净值超过 17 亿元。

（三）中国银行综合发展状况

2004 年 8 月 26 日，中国银行整体改制为股份有限公司，并于 2006 年 6 月 1 日在香港证券交易所上市（H 股），于 2006 年 7 月 5 日在上海证券交易所上市（A 股）。

1. 多元化的业务收入大幅增长

中国银行历来以其外汇买卖和交易及结算而著称，其即期与远期结售汇业务与境内黄金交易皆处于国内银行业领先地位。中行交易业务主要分为主营交易、做市报价交易和相关代客交易。

（1）主营业务迅速增长

①营业收入和利润及利息净收入呈现不断上升势头

中行近 3 年的营业收入从 1 468 亿元升到 1 942 亿元，再升到 2 282 亿元，增幅分别为 32.29%、17.51%。3 年的营业利润分别为 666 亿元、895 亿元、862 亿元。净利润从 2006 年的 481 亿元升到 2007 年的 620 亿元，再上升到 2008 年的 650 亿元。利息净收入从 2006 年的 1 213 亿元升到 2007 年的 1 527 亿元，再升到 2008 年的 1 629 亿元。中国银行各项业务主要指标详见表 10.4。

②资产质量不断改善且资本充足率全球排名第十

中行这 3 年来，不良贷款率不断下降，资产质量明显改善。不良贷款率从 2006 年的 4.04% 下降到 2007 年的 3.12%，再度降低到 2008 年的 2.65%。

按照核心资本计算，2008 年中行在《银行家》杂志"世界 1 000 家大银行"排名中列第十位。其核心资本充足率 3 年分别为 10.81%、10.67%、11.44%，资本充足率 3 年分别为 13.43%、13.34%、13.59%。

③证券投资种类

2008 年年末，本外币证券投资额为 41 646 亿元，比 2007 年的 17 129 亿元，增长了 24 517 亿元，增幅为 58.87%。其中人民币债券投资余额为 10 309.12 亿元，比 2007 年增加 662.43 亿元。本外币投资主要包括政府债券、机构债券、信用债券、住房按揭抵押债券（MBS），资产支持债券（ABS）。

表 10.4 中国银行各项业务主要指标 单位：亿元，%

指标名称	2008 年	2007 年	2006 年
利息净收入	1 629	1 527	1 213
非利息收入	653.52	414.5	253.1
营业收入	2 282	1 942	1 468
营业利润	862	895	666
净利润	650	620	481
手续费及佣金净收入	399.47	355.35	205.66
手续费及佣金净收入增长率	11.04	42.12	
证券投资额	41 646	17 129	18 924
资本充足率	13.59	13.34	13.43
核心资本充足率	11.44	10.67	10.81
不良贷款率	2.65	3.12	4.04

资料来源：根据 2006～2008 年中国银行年度报表数据整理、汇总。

（2）非利息收入增长幅度较大

中国银行的投资银行、保险、直接投资等全方位的金融业务为其持续提供多元化的收入来源。

2008 年集团实现非利息收入 653.52 亿元，较上年增加 239.02 亿元，增幅为 57.66%。非利息收入占比为 28.63%，较 2007 年上升了 7.29 个百分点。手续费及佣金净收入 399.47 亿元，较 2007 年增加 44.12 亿元，增幅 12.42%，其中国内分支机构实现手续费及佣金净收入 327.91 亿元，比 2007 年增加 72.09 亿元，增幅 28.18%。

在债务资本市场业务方面，中国银行主承销（包括联席主承销）短期融资券 233.50 亿元。代销基金等集合理财产品，推出多款中银年金系列产品，提供企业年金账户和管理及年金托管业务。

2. 中行开展全面的混业经营的全能银行业务

中国银行既经营商业银行业务，又通过全资附属机构中银国际控股集团开展投资银行业务，通过全资子公司中银集团保险公司及其附属和联营公司经营保险业务，通过控股中银基金管理公司从事直接投资和投资管理业务，因而中国银行全面开展国内外混业经营的全能银行业务。

（1）投资银行业务

中行通过中银国际经营投资银行业务。中银国际通过其在中国内地、中国香港、美国、英国及新加坡设立的分支机构为国内外客户提供包括股本融资、收购兼并、财务顾问、证券销售、私人财富管理等广泛的投资银行产品和服务。2008年中银国际以联席全球协调人、联席账簿管理人、联席保荐人及联席牵头经办人的角色，成功完成"人和商业红筹股"上市项目的公开发售。并以独家安排行、独家账簿管理人及联席账务顾问的角色，完成了福山能源的资产收购及配股集资项目。

2008年，全球信贷市场不断紧缩，流动性一度枯竭，债券一级市场新发行项目近乎停顿，中银国际定息收益业务受到严峻考验，在艰难的市场环境下，中银国际以联合副主承销商的身份参与欧洲投资银行（EIB）两次中期票据发行，并作为联合主承销商和簿记行成功安排了中行30亿元人民币债券在港发行。中银国际旗下合资资产管理公司专业化国际保诚，2008年在推出"标智沪深300指数基金"后，又推出了香港首个追踪"中证香港100指数"的交易所基金，为QFII投资者提供了参与香港证券市场的便捷投资渠道。

中银国际通过中银国际债券经营内地业务、国债承销、企业债承销、银行间债券交易、政府性金融债券承销。2008年，中银国际债券以牵头主承销商及联席保荐人身份，完成内地资本市场首家电子化发行试点项目——金堆城钼业的A股上市，以及年内最大非公开发行项目——华夏银行定向增发；主承销多家国内大型企业集团的企业债券发行，以及大型中央企业的公司债发行工作。

2008年，中银国际期货有限公司正式成立，商品期货经纪业务、期货信息咨询及培训服务等业务逐步展开。

（2）保险业务

中行通过在香港注册的全资子公司中银集团保险经营保险业务。中银集团保险主要经营一般保险业务。通过与中银香港（控股）共同持有的中银集团人寿经营人寿保险业务，通过内地全资子公司中银保险在内地经营财险业务。中银集团保险目前在香港有6家分公司，在香港财险市场处于主导地位。

（3）投资业务与金融租赁业务

中银集团投资是中行全资子公司，通过其从事直接投资和投资管理业务。该公司立足香港、深入内地、面向全球。主要从事企业股权投资、不良资产（NPA）投资，不动产投资与管理等业务。

中国银行集团2006年成功收购亚洲领先的新加坡飞机租赁公司，将公司更名为中银航空租赁私人有限公司，成为我国首家进入全球性飞机租赁业务的银行。

截至2008年年末，中银航空租赁公司与7家航空公司签订了32架飞机的租赁合同，以购机回租的形式从美国西南航空等航空公司购买飞机20架，机队组合飞机共92架，另有71架飞机订单。

第二节　商业银行的并购发展趋势

一、国际银行业并购发展趋势

（一）全球一体化使世界金融业向混业经营的全能银行方向发展

20世纪90年代以来，西方发达国家先后实行了金融业混业经营。特别是在经济全球化、金融一体化的大趋势下，国际银行业竞争亦日益激烈，全球银行业纷纷向全能银行方向发展，使全能银行再次进入了全盛时期。各大混业经营的全能银行纷纷调整竞争战略，采取各种手段扩大规模、改善经营管理，从而开拓市场空间。他们通过并购重组掀起了以跨行业、跨国界，强强联合为特征的全球第五次并购浪潮。

1988年瑞士信贷银行收购了美国第一波士顿银行，占领了华尔街投资银行的一席之地。1993年1月，它收购瑞士人民银行，重组国内业务。1997年再度收购瑞士第二大保险公司——丰泰保险公司。在一系列的收购活动后，瑞士信贷银行不仅成为瑞士信贷集团，而且成为真正意义上混业经营的全能银行。2000年8月，该集团又以115亿美元收购美国第七大投资银行帝杰集团，成为跨国界、跨行业的全球最大的全能银行之一。2002年，瑞士联合银行（UBS）以122亿美元收购了美国佩因·韦伯证券和基金管理公司，从而大大拓展了其业务范围。

1998年4月，花旗银行与旅行者集团合并，获得旅行者集团的财产险、意外保险和人寿、年金保险业务。2001年并购所罗门公司，同时获得了该公司拥有的投资银行——所罗门·史密斯·邦尼，资产规模达到7万亿美元，业务遍及100多个国家的1亿多客户，雇员接近17万人，成为世界上规模最大的全能银行。新的花旗集团集银行、证券、保险、信托、基金、租赁等全方位的金融业务于一身，成功地完成了由传统银行向"一站式金融超级市场"转型的任务。1998年，继花旗与旅行者合并后的20天内，又有两起重大并购案例。一是美国国民银行和美洲银行合并，并购重组后称为美国银行集团，是横跨美国东西海岸的国内最大的商业银行。二是美国第一银行与第一波士顿银行合并，成为名副其实的泛美银行。随后，美国著名的投资银行摩根斯坦利与天威证券合并，国民银行兼并蒙哥马利证券公司，美洲银行吞并罗伯逊蒂芬资金管理公司。2003年美国银行以 470 亿美元并购波士顿舰队金融公司。

1999 年 6 月，德意志银行正式收购美国信孚银行。此次并购后德意志银行的资产达到 7 950 亿欧元，员工达 95 847 人，2 375 家分支机构中 1 568 家在德国，81 家在美国，其他分支机构分别在欧洲其他国家。

1992 年 4 月，日本三井银行、太阳银行和神户银行合并为樱花银行。1999 年住友银行又将樱花银行收入囊中。1999 年 9 月，日本东京银行与三菱银行合并成为东京三菱。2000 年，日本第一劝业银行、富士银行和日本兴业银行合并后成立瑞穗集团，资产达 1.25 万亿美元，雇员超过 4 万人，成为日本航空母舰式巨型全能银行。

1986 年英国实行"金融大爆炸"式改革，这一金融改革产生两大结果：一方面彻底摧毁了英国本土及英联邦国家的分业经营体制；另一方面掀起了英国银行集团并购的高潮。如劳埃德信托储蓄集团、巴克莱银行集团、国民西敏寺银行集团、汇丰和渣打等跨国银行集团，都是在此次并购浪潮中通过收购和兼并等途径，迅速发展成为全能银行的。1999 年年底，汇丰银行刮起全球并购狂潮，先收购汉城银行，再收购米特兰银行，接着收购阿根廷三家金融公司，随后收购美国宝利银行母公司的纽约共合公司和米特兰盘特拉基斯证券。2000 年，汇丰银行再度收购法国商业信贷银行，成为英国最大的全能银行。汇丰集团总部设于伦敦，在欧洲、亚太地区、美洲、中东及非洲 80 个国家和地区经营多间规模宏大的公司，各地的办事处超过 6 500 个，形成遍布全球的网络。截至 2001 年 6 月 30 日，汇丰资产总值已达到 6 920 亿美元，股东逾 19 万名，职员近 15 万人。

（二）西方发达国家三大混业经营的全能银行的并购路径

1. 并购促使德意志银行从传统全能银行向现代化国际金融集团发展

随着经济一体化，金融全球化发展，1997 年德国政府提出《第三次振兴金融市场法案》，对银行之外的股票市场、信托业及金融控股公司等进行自由化改革，促使大型全能银行向国际化金融集团发展。

德意志银行在此法案激励下，加快了并购步伐。大规模并购促使其从传统全能银行向现代化金融集团迅速转型（详见表 10.5）。1998 年对美国信孚投资银行的收购，可以说是该行转型的重要转折点。

1998 年 11 月 30 日，德意志银行集团宣布动用 102 亿美元，以每股 93 美元的价格收购美国第 8 大银行信孚银行的全部股权。美国信孚银行总部设在纽约，总资产约 1 760 亿美元，是全球最大的证券托管银行之一，在金融衍生品交易和高收益债券方面的业务实力很强。德意志银行希望通过对信孚银行的收购，加强

表 10.5　　德意志银行从全能银行向现代化金融集团的发展历程

时期	业务拓展与机构设置及并购
1870 年	以全能银行身份成立于柏林
1873 年	在不来梅、汉堡、上海、横滨、伦敦建立分行
1876 年	收购德意志联合银行、柏林银行协会，成为当时德国最大的银行
1957～1967 年	发展海外拥有少量股权的控股公司（如于 1957 年 5 月 2 日收购三家德国著名银行 Rheinische Westfallische Bank、The Suddents-Cle Bank、The Norddeutsche Bank）
1967～1976 年	发展海外合作银行（如 1971 年在美国设立投资银行机构）
1976 年至今	发展海外分行及控股子公司（如 1978 年在美国设立分行）
1986 年	购买美洲银行的意大利分支机构
1989 年	购入英国商人银行摩根建富，设立德意志 LEBEN 寿险公司
1990 年	重组德意志摩根建富公司（投资银行业务）
1994 年	收购 ITT 金融集团，与德意志信贷公司合并，组建德意志金融服务公司
1995 年	收购意大利第五大资金管理公司（金融和期货有限公司）
	在美国建立德意志集团纽约信托公司（私人银行业务）
1998 年	收购美国第八大投资银行信孚银行全部股份（资产管理、私人银行业务，进军美国资本市场）
	与西班牙邮政公司合作，开展广泛的零售银行业务
	与合作伙伴 EFG 欧洲银行共同在希腊成立合资银行 持有波兰第五大银行（BIG Bank Gdanski S. A）9.9% 股份
1999 年	并购 Credit Lyonnais Belgium S. A./N. V
2000 年	并购美国 Prudential U. K. Institutional Asset Management Business；澳大利亚第一财富集团控股公司
2001 年	德意志银行在纽约证券交易所挂牌交易，并购 Banque Worms S. A
2002 年	购买美国资产管理公司（Scudder Investments），并购美国商业按揭银行（Berkshire Mortgage）、Chapel Funding、Mortgage IT，收购美国从事房地产投资管理的 RREEF 公司，并购苏黎世金融服务集团下属的经济公司 Zurich Scudder Investments
2003 年	收购瑞士私人银行（Rued Blass & Cie）
2004 年	收购美国商业抵押银行 Berkshire Mortgage Finance L. P，收购德国本地投资管理公司 Wilhelm von Finck
2005 年	收购华夏银行 13.98% 股份；2007 年联手推出华夏银行信用卡
2006 年	收购俄罗斯投资银行（United Financial Group）
2007 年	与工行、中行、建行合作
2008 年	在北京正式注册成立法人银行——德意志银行（中国）有限公司
目前	集团总部设在法兰克福，客户遍布全世界 80 多个国家的客户，提供一站式、综合化金融服务

它在美国这个全球最大资本市场中的地位，获得在资产管理、私人银行等业务方面更大的发展空间。

1999 年 6 月，德意志银行正式完成了对美国信孚银行的收购。早在 1997 年，美国投资银行信孚银行兼并了股票经纪公司艾里克斯·布朗。随后，信孚又被德意志银行收购。德国的银行是典型的传统全能银行，在国际市场竞争尤其是与美国银行竞争中，占据一定的优势，但是在 1998 年美国三家规模超一流的银行相继并购后，成为全球排名前十的全能银行。德国的全能银行优势明显减弱。故而，德意志银行决定收购美国信孚银行，增加其国际竞争力。完成收购后，德意志银行不但稳固了欧洲商业银行的龙头地位，更进一步将自己的投资银行业务延伸到美洲和亚太地区。从而一跃成为世界全能银行之首。此次并购后德意志银行的资产达到 7 950 亿欧元，员工达 95 847 人，2 375 家分支机构中 1 568 家在德国，81 家在美国，其他大部分在欧洲。

1998 年德意志银行与西班牙邮政公司合作，开展广泛的零售银行业务，还与合作伙伴 EFG 欧洲银行共同在希腊成立合资银行，同时又入股波兰第 5 大银行（BIG Bank Gdanski S. A）9.9％的股份。1999 年并购 Credit Lyonnaise Belgium S. A. ／N. V.，2000 年并购美国 Prudential U. K. Institutional Asset Management Business，成为澳大利亚第一财富集团控股公司。2001 年德意志银行在纽约证券交易所挂牌交易，并购 Banque Worms S. A.。2002 年购买美国资产管理公司（Scudder Investments），收购美国从事房地产投资管理的 RREEF 公司，同年并购美国商业按揭银行（Berkshire Mortgage）、Chapel Funding、Mortgage IT，接着并购苏黎世金融服务集团下属的经济公司 Zurich Scudder Investments；2003 年收购瑞士私人银行（Rued Blass & Cie）。2004 年收购美国商业抵押银行 Berkshire Mortgage Finance L. P.，收购德国本地投资管理公司 Wilhelm von Finck。2006 年收购俄罗斯投资银行（United Financial Group）。

德意志银行在中国内地市场已有超过 136 年的历史。2005 年德意志银行持有华夏银行 13.7％的股份，2007 年 6 月联手推出华夏银行信用卡。德意志银行旗下的资产管理业务是嘉实基金的战略投资人，两者在业务发展上有密切合作。随后，德意志银行又与工商银行签署了投资银行业务合作谅解备忘录，双方将合力发展投行业务。

德意志银行在中国拥有 QFII 投资资格，获准购买中国内地境内的股票。过去数年，德意志银行一直是国内大型企业海外上市的主要承销商，包括中国工商银行（219 亿美元）、阿里巴巴（15 亿美元）、中国神华能源（33.9 亿美元）和中国人寿（34 亿美元）。

2008 年 1 月 2 日，德意志银行（中国）有限公司（德银中国）正式开业，总部设在北京，德银中国有 3 家分行，分别设于北京、上海和广州。德银中国持有人民币业务执照，可以吸收公司类存款。同时又是在中国首批叙做人民币调期业务的外资银行。

德意志银行持有金融衍生产品执照、外币和人民币业务执照，并获得中国银监会批准，向合格境外机构投资者提供电子银行托管服务和境内商业银行代客境外理财托管服务。

作为一家现代化国际金融集团，德意志银行推出一系列顶级的金融服务，为私人客户提供从账户管理现金和证券投资咨询到资产管理的全方位优质服务，同时为企业和机构客户提供国际投资银行旗下一应俱全的产品和服务——从支付处理、企业融资到首次公开发行（IPO）和报告咨询。[1]

2. 汇丰集团的并购

全球范围的并购是汇丰向全能银行发展的主要路径，汇丰向全能银行发展的历程俨然是一部辉煌的并购史，按照地理位置和五大洲区域划分来看汇丰的并购历程。

1864 年香港上海汇丰银行（Hongkong and Shanghang Banking Corporation）成立，总部设在香港，1865 年 3 月在香港开业，同时在上海及伦敦开设分行，又于旧金山设立代理行，当时的汇丰银行是一家致力于中国内地和香港市场、辐射亚太周边地区的银行。如今的"汇丰集团"，已成为一家真正具有全球化背景的综合化经营的全能银行。

目前汇丰集团在欧洲、亚太地区、美洲、中东及非洲 100 个国家和地区拥有约一万家附属机构。其中，欧洲有 3 300 多家分支机构，香港和亚太地区有 600 多个，北美有 4 000 多个（其中有 1 600 多个位于墨西哥），南美有 1 900 多个。汇丰在伦敦证券交易所、香港证券交易所、纽约证券交易所、巴黎证券交易所及百慕大证券交易所等上市，全球股东约有 20 万，分布于 100 个国家和地区，雇有 25.3 万名员工。汇丰银行在全球拥有超过 1.25 亿顾客。

可见，汇丰集团是由香港上海汇丰银行经多年扩张而成。故而，从亚太地区开始描述其并购历程。

（1）汇丰的并购从亚洲正式展开

尽管 1884 年香港上海汇丰银行已经在马来西亚设立分行——马来西亚汇丰银行有限公司，又在 1940 年于中东地区开设分行——中东汇丰银行有限公司。

---

① 徐文彬：《全能银行发展路径研究》，经济科学出版社 2009 年版。

但是汇丰正式踏上并购历程是从 20 世纪 50 年代开始的，当时汇丰为了不断谋求在产品和地理范围上的多元化经营，于是从亚洲正式开展一系列并购活动。

1959 年首先兼并印度商贸银行，接着并购了中东的英国银行，成立"汇丰"中东分公司；1965 年收购香港恒生银行 51% 的股权，成为香港地区当时最大的银行，随后对于恒生银行控股比例增至 62.14%。

到了 70 年代，汇丰确立了向全能银行发展的并购战略，即以收购当地银行并保留其品牌及经营特色的扩展模式。

1997 年亚洲金融危机期间，汇丰先后对韩国第一银行和汉城银行发出了并购邀约，并以 14 亿英镑收购 LG 的信用卡业务。1999 年收购韩国汉城银行 70% 的控股权；2000 年收购泰国京华银行 75.02% 的股份；2003 年 8 月，香港汇丰银行旗下的汇丰亚太控股，又以 1 262 万美元的价格买下了管理 245 亿美元资产的韩国 BNUfL 资产管理公司。2004 年购入印度 UTI Bank14.62% 的股份；2005 年收购伊拉克 Banca Nazionale del Lavoro70.1% 的股份；同年又收购越南科技商业银行 10% 的股份，至 2007 年股权增至 20%。汇丰集团在 2007 年并购了台湾中租迪和集团全资拥有的台湾迪和公司。

（2）汇丰在中国的并购之路

首先，汇丰在中国内地设置的机构网点不断增加。香港上海汇丰银行，正如同它的名字一样，从 1864 成立起，虽然总部设在香港，但是同时在上海设立分行。因此，汇丰银行无论是业务开展，还是机构设置都与中国存在极深的渊源。在中国内地的分行于 1949 年相继关闭。然而，改革开放后，特别是中国加入 WTO 后，汇丰加快了在中国内地机构网点的设置步伐。

目前，汇丰在中国内地共有 33 个网点，其中 14 家分行设于北京、成都、重庆、大连、广州、杭州、青岛、上海、深圳、苏州、天津、武汉、厦门及西安；另有 19 家支行设于北京、大连、广州、上海、苏州、青岛、深圳和天津。

其次，汇丰集团通过并购所控制的国内大中型银行的股份逐步增多。汇丰是在中国内地投资最多的外资银行之一，入股内地中资金融机构及自身发展的总投资已超过 50 亿美元。2000 年收购中国上海银行 8% 的股份；2002 年，购买了平安保险 10% 的股权，2005 年增持到 19.9%；2003 年，汇丰的子公司控股 62.14% 的恒生银行，收购了中国福建兴业银行 25% 的股份；同年，汇丰又与平安集团联手全面收购中国福建亚洲银行 27%，2004 年更名为平安银行；2005 年，收购了交通银行 19.9% 的股权；2006 年收购深圳市商业银行 89.24% 的股权。

（3）20 世纪 70 年代汇丰银行开始大举地将并购触觉伸向欧洲市场

1971 年香港上海汇丰银行收购 Laiki Bank，该行在被并购之前称为 The Cyprus Popular Bank Limited，于塞浦路斯的利马索尔创立。1978 年汇丰银行创立沙地英国银行，占 40% 股权，并接收中东英格兰银行在沙特阿拉伯的分行。HSBC Trinkaus & Burkhardt AG 是一家在 1980 年被米特兰银行收购的德国私人银行。同年，汇丰收购了一家英国保险公司。1986 年收购詹金宝公司（伦敦的一家证券公司），同时接管不列颠哥伦比亚银行大部分资产和负债；1987 年收购英国米德兰银行 Midland（英国四大结算银行之一）的 14.9% 的股份，到 1992 年控股份额增至 50% 以上，成为当时世界第一大银行（按资产排名）。1990 年汇丰银行在土耳其伊斯坦布尔创立 HSBC Bank AS。1991 年，由汇丰银行成立汇丰控股公司（HSBC）即汇丰集团，并将总部由香港移至英国伦敦。1997 年汇丰私人银行（瑞士）有限公司，于瑞士日内瓦创立，加入汇丰集团之前原本是利宝银行集团的附属公司，之前称为 Republic National Bank of New York（Suisse）SA。1999 年汇丰集团收购美国利宝集团及其欧洲分支机构（SRH）公司中银行控股公司的股份，新增 100 万名美国和欧洲客户。同年，汇丰控股亦在纽约证券交易所上市。在这一年，汇丰集团通过控股的米德兰银行收购马耳他银行 70.03% 的股权，后更名为马耳他汇丰银行有限公司。2000 年收购法国第七大银行——法国商业信贷银行（CCF）98.6% 的股份，汇丰控股亦同时在巴黎证券交易所上市。同年，汇丰与美林证券合资，在伦敦成立美林汇丰公司，从事全球综合性在线网络银行与投资服务业务。2001 年，英国汇丰银行收购 Demirbank TAS，并入 HSBC Bank AS，同时汇丰收购 Demir 银行，拓展了在土耳其的市场地位。2003 年收购波兰 Polski Kredyt Bank SA。2004 年收购英国马莎百货旗下 Marks and Spencer Retail Financial Services Holdings Limited。同年，再度收购了英国的 Marks and Spencer Money。

（4）20 世纪 80 年代汇丰并购走向拉美市场

首先，汇丰将并购的步伐迈向北美市场。除 1955 年汇丰在美国加州成立首间附属公司——加州香港上海汇丰银行外，直到 20 世纪 80 年代，汇丰才冲出亚洲和欧洲，迈向拉美市场。1980 年，汇丰通过收购 Marine Midland 进入美国市场；随后美国汇丰银行与香港上海汇丰银行共同收购海丰银行 51% 股权（至 1987 年控股海丰银行 100% 股份）。1981 年香港上海汇丰银行在加拿大温哥华创立加拿大汇丰银行，继而通过一系列收购，使其成为加拿大第七大银行。1983 年收购卡洛尔·麦肯蒂与麦金西公司 51% 的股份（美国财政债券主要交易商——美国著名证券公司之一）。1987 年由其控股的米德兰银行购入阿根廷汇丰银行的股权，其后再拨入汇丰集团，并于 1997 年成为汇丰全资附属公司。1995 年在美国成立合营公司富国汇丰贸易银行。在 1996～1997 年间，汇丰先后收购了 JP Mor-

.gan 的清算业务及罗切斯特地区的第一联邦储蓄贷款协会。同时，汇丰还凭借自己的全球化优势，吸引当地已建立声誉的大银行进行战略合作：包括与全美排名第二十位的银行 Wachovia 建立战略合作关系；与全美前五大银行之一的 Wells Fargo 合资成立交易行，成为西部地区最大的交易行；后又与"美林"、"运通"等合作开发业务。1999 年，汇丰以 97.36 亿美元的报价，收购了利宝集团旗下的 Republic National Bank of New York 银行及其子公司 Safra Republic Holdings，组成美国第十五大、纽约州第三大银行。对利宝银行的收购，奠定了汇丰集团在美国市场的根基。在 2002~2003 年，汇丰集团完成了对美国第二大消费金融银行 HI 的收购。HI 当时在全美消费金融领域的排名仅次于花旗集团，在 45 个州有 1 300 家分支机构。

2003 年，收购美国 Household International Inc.，改组成为 HSBC 金融公司。到 2005 年 12 月，HSBC 金融公司又收购了 Metris Companies Inc.，成为全美第五大 Visa 和 Master Card 发卡银行。汇丰集团通过 Household 为欧美等地 5 000 多万名客户提供消费信贷、信用卡、汽车贷款、物业按揭等方面的服务。

其次，汇丰集团走向南美市场进行大规模的并购活动。1996 年，汇丰集团通过收购巴西的银行进入南美市场，同时汇丰收购了濒临倒闭的巴西主要银行 Bamerindus，该银行在巴西的营业网点数排名第二，并拥有巴西第七大保险公司和第五大基金管理公司。1997 年，收购阿根廷第六大银行；同年在巴西成立附属机构汇丰巴西银行；接着又收购墨西哥瑞丰金融集团 19.9% 的股份；随后再度收购阿根廷 Banco Roberts SA；1999 年，阿根廷经济萧条进一步加深，汇丰则趁机加强在阿根廷的市场地位，收购了 8 个分支机构，并增加了对保险和年金业务的投入。2000 年汇丰收购美国大通曼哈顿银行在巴拿马的 11 家分行，成为巴拿马最大的商业贷款机构。2002 年汇丰控股收购 Grupo Financiero Bital, SA de CV（墨西哥第四大银行），更名为墨西哥汇丰；2003 年，收购墨西哥最大的消费金融银行；同年收购英国莱斯银行旗下巴西业务；2006 年收购巴拿马 Groupo Banistmo 和阿根廷 Banca Nazionale del Lavoro。

（5）在澳洲及非洲市场上的汇丰并购活动

到了 90 年代，汇丰才双管齐下，在新兴市场和发达市场皆进行了一系列新的扩张和并购行动。汇丰集团通过控制获多利有限公司的部分股份，而将并购活动推进澳洲和非洲等市场。

获多利有限公司在 1972 年建立于香港，专营商人银行业务，包括公司财务、专项融资、咨询服务以及基金管理等。目前，获多利在香港是属于领导性的商人银行，其在中东和大洋洲的附属机构，诸如获多利中东有限公司、获多利澳大利亚有限公司、获多利新西兰有限公司，则成为澳洲地区的主要的商人银行。①

　　1981年，汇丰收购赤道控股有限公司的控制性股权——赤道银行。该行的总管理处设于拿骚，专注于发展非洲市场，汇丰银行持有资本额的83.3%。1982年汇丰银行在埃及开罗创立埃及汇丰银行——前称埃及英国银行，占40%股权，后来增至90%。1986年香港上海汇丰银行在澳大利亚悉尼创立澳洲汇丰银行有限公司。

3. 花旗集团的并购

　　并购是花旗快步转向混业经营的全能银行的关键环节。花旗银行创建早期，其活动空间仅仅限定在美国本土，从纽约城市银行逐步发展成为国家特许银行。花旗银行于1902年在伦敦开设了第一家国外分行，并于同年进军中国上海，率先开始了跨国经营活动的尝试。1902年花旗银行在中国上海成立了美国在华的第一家银行分行，不久在中国相继设立了多家分行，从1914年开始到1939年，花旗银行已在美国以外的23个国家开办了100家分行，成为世界上最大的国际银行。50年代伴随着美国金融业并购的第二次浪潮，于1955年兼并了摩根财团的第二大银行——纽约第一国民银行，随后更名为第一花旗银行，此时花旗资产急剧扩大，实力增强，地位迅速上升，成为当时美国第三大银行，资产规模仅次于美洲银行和大通迈哈顿银行，形成了战后的一个新兴垄断财团——第一花旗银行财团。

　　60年代至70年代，花旗银行迎来自身发展的黄金时期。进入80年代，花旗银行面临着前所未有的快速发展态势。1980年，花旗银行的资产超过了美洲银行，成为世界第一大银行。1982～1985年一直保持着世界资产最大银行的桂冠。在国内，1981年花旗银行成功地收购了聚餐俱乐部（Diners Club）信用卡公司。1982～1984年，花旗公司收购了加利福尼亚州、佛罗里达州、伊利诺伊州和华盛顿特区的储贷协会，使其成为美国最大的银行控股公司。1986年花旗银行还收购了华盛顿特区的国民永久储蓄银行。在国外，花旗银行的跨国业务有了进一步的发展。1983年，花旗银行在历经30多年之后第三次回到中国，其北京、上海代表处和深圳分行相继开业。到1984年花旗银行的海外分行已增加到了231家。90年代，为了重新赢取美国全球金融霸权地位，美国的跨国银行展开了一系列具有进攻性和挑战性的并购活动。而花旗在这次并购中扮演先锋的角色。这一点可以从1994年花旗银行利润的地区构成非常明显地看出，其海外机构的强势发展状况：欧洲、中东和非洲占31%，北美占25%，拉美占23%，亚洲太平洋占

---

① 投资银行在英国称为商人银行。

21%。而花旗银行海外机构的资产与员工分别占到其总资产和员工总数的56.1%和45.6%，海外机构所产生的利润达50%以上。

在1998年10月8日，花旗银行与旅行者集团成功完成了合并，组成花旗集团。这次兼并是20世纪跨国银行业历史上全球最大的兼并案。"花旗集团"的诞生，不仅代表了21世纪金融服务向全能化方向发展的趋势，也揭示了21世纪银行业发展的方向。花旗银行的兼并案例不仅创造了美国之最，也创造了世界之最，成为世界上最大的全能金融集团。同时，花旗与旅行者集团合并案，当得到国会及美国总统克林顿批准后，该并购案例又成为美国推翻实行了67年之久的分业经营模式的《格拉斯—斯蒂格尔法案》的导火索，也就是说当克林顿签署了花旗与旅行者集团合并案后，不到一年的时间美国总统克林顿再度颁布了新的银行法，即《金融服务现代化法案》，该法案的颁布宣布美国从此实行金融业的全面混业经营。随后，在2001年花旗再度并购所罗门·史密斯·邦尼公司。而旅行者集团是从事保险业务的，所罗门·史密斯·邦尼公司是做投资银行业务的。到2004年花旗集团在全世界106个国家拥有3 000多个海外分支机构。但是从2002年开始，花旗陆续出售旅行者集团的保险业务，到2005年几乎全部撤出保险业务领域。在2006年完成了美国金州银行、韩国韩美银行、墨西哥国民银行等一长串金融机构的并购整合之后，花旗银行又获得了中国广东发展银行约36%的股权，打破了此前中国银行业政策规定的单一外资股东20%股权的上限。2007年1月29日，花旗银行再接再厉，宣布以1.3亿美元的现金收购全球最大的网上银行——英国埃格银行。

在新兴市场开发方面，花旗的跨境业务拓展能力也是世界一流的。例如，在韩国、马来西亚、越南等国，花旗银行都是抢先进入者。通过积极分设经营机构、不断扩展业务领域等手段，不仅能够迅速占领市场、扩大企业影响，同时还能对后进入的竞争者设置进入障碍，从而确保竞争优势。

因而，花旗银行自1812年成立以来，从一个纽约城市银行，经过约200年的发展与跨境经营及不断地开发新兴市场，同时也经历了十多次大规模的并购，目前已成为资产7 000多亿美元的全球最大金融企业。花旗的经营范围跨越了商业银行、投资银行、保险、基金、信托、租赁等多种业务，是一个规模巨大、服务全面的"金融百货公司"型的跨国金融集团，也是全能经营两大模式中，既可以称其为全能银行，又可以称其为全能经营模式的金融控股公司。

尽管自2007年美国次贷危机爆发以来，花旗集团所受损失和打击惨重，并且有可能要分拆成几个部分，但是任何人也无法否定其近200年来所取得的成就和其向全能银行发展过程中的成功经验。

二、我国商业银行并购发展态势

在国际银行业并购浪潮冲击下，在经济一体化和金融全球化的国际大环境的逼迫下，发展混业经营的全能银行是中国商业银行的必然选择。加入世贸组织后，集商业银行、投资、证券、保险业务于一身的混业式外资银行已陆续开向中国。外资金融机构混业经营模式（银行＋保险＋证券），即全能银行的优势将逐渐体现，从信用卡、保险、基金、股票到债券，均可在外资全能银行一站办妥。而中国的银行、证券公司、保险公司几乎都是单一资本、单一业务，居民和企业在银行办完银行业务，再去保险公司办理保险业务，然后还要去证券公司办理证券买卖和交易，不仅十分麻烦，浪费大量时间，而且交易成本大幅增加。正是在这样的竞争背景下，国内金融业纷纷在当前国家政策许可的范围内，共同创新业务品种，开辟新的业务经营领域，如银证合作、银保合作、银基合作。目前商业银行正致力于同保险公司、证券公司进行客户资源共享，研究、开发网上理财、网上银行、网上投保、网上证券交易等更多、更好的金融新产品及业务联合。

1999 年 1 月，人民银行宣布取消外资银行在华设立营业性分支机构的地域限制，从原来的上海、北京、天津、深圳等 23 个城市和海南省扩大到所有中心城市。截至 2004 年 10 月末，共有 19 个国家和地区的 62 家外资银行在中国设立了 204 家营业性机构。而外资金融机构参股境内商业银行的步伐，自 1996 年起一直没有停止过。特别是进入 2004 年，外资参股境内银行已达到政策的极限和前所未有的强度。从参股比例来看，兴业银行 24.98% 的股份由三家外资金融机构持有，成为外资参股比例最高的一家境内银行。从参股金额来看，汇丰银行持有中国第五大银行交通银行 19.9% 的股份，成为交行的第二大股东，并且有权参与该行董事会和高层管理。这些外资银行凭借其信誉和服务质量，拉走大批优质客户，使得国有银行利润降低，对分业经营、产品单一的国内银行造成巨大威胁。目前我国全能化金融集团的出现是国内金融业参与竞争的必然结果。

随着中国进入 WTO 后，国家对银行业 5 年保护期限的结束，2006 年年底银行业全线开放，美、日、德、英等国的全能银行在业务、资金、信誉、管理等多方面均具有明显优势。如果国内不尽快发展混业经营的全能银行，我国金融机构在竞争中处于劣势。为了使国内银行能"与狼共舞"，我国政府在 2003 年年底对中国建设银行和中国银行注资 450 亿美元，进行股份制改革。2004 年 6 月中国银行业监督管理委员会发布《城市商业银行监管与发展纲要》。自此，城市商业银行掀起改制高潮。在上海银行和南京城市商业银行引入外资战略投资者后，加拿大丰业和国际金融公司入股西安城市商业银行也获得银监会批准。北京市城市商业银行在 2004 年年底正式更名为北京银行。2004 年 12 月 6 日，佛山城市商业银行，通过被兴业银行并购的方式，开创了城市商业银行被国内股份制商业银行收购的先例。而中国政府在 2005 年又对中国工商银行注资 150 亿美元，同时注资三大证券公司。以上国家对银行业和证券业的注资和改革，其核心目的是保证国内银行、证券、保险业能够适应国际金融业竞争的需要，同时也是与国际经济接轨的需要，为迎接国外全能银行的挑战所做的一系列战略准备工作。

以我国境内银行业的新建与并购为例，福建兴业银行收购佛山市城市商业银行就是一个典型的并购例子，而招商银行采取新建的模式。2004 年 12 月 6 日，福建兴业银行正式收购佛山市城市商业银行。与此同时，招商银行也大举进军佛山市金融市场。但是招商银行却选择了新建方式。招商银行自己筹建在佛山市的分支机构。招行在佛山市建立分支机构，其可设立的网点数量不仅极其有限，并且网点报送银监会审批，需要较长时间，手续多。即使报批的网点全部得到批准，建立新网点的成本及各项费用是巨大的，同时新建网点不仅没有客户基础，而且需要大量的固定资产投入，还需要大批的营销费用及业务拓展费用。而兴业银行采取并购模式，直接沿用原佛山商行 24 家营业网点，成为佛山市网点最多的股份制商业银行。另外，兴业银行采取并购模式后，在利用佛山商行原有网点资源继续营业的同时，还可以直接利用原营业网点的优势开展业务，留住原来的客户，加快扩张的步伐，大大降低了成本，缩短了时间，提高了效率。特别值得关注的是，福建兴业银行收购佛山市城市商业银行（包括佛山市商行原有 24 个营业网点）总共出资 5 亿元人民币。同时接收了原 24 个网点的 3 亿元人民币存款，那么兴业银行并购总成本可以简单地看做只有 2 亿元。假如招商银行也要新建 24 个网点，每设立一个网点，按照 5 000 万元计算，总成本为 12 亿元，并且没有客户基础，更没有存款，所有业务都需要从头开始，12 亿元远远高于 2 亿元。可见，新建金融机构的成本大大高出并购所付出的成本。

并购必将改变中国，只有并购才能最快适应国际形势和国际环境对我国的要求。

【案例 10.1】

招商银行巨资收购香港永隆银行

招商银行（600036）2008 年 6 月 2 日发布公告称，招商银行正参与收购香港永隆银行，6月2日继续作停牌处理。有消息称，招商银行和永隆银行已于5月30日签署收购协议，招商银行将以每股156.5港元的价格收购永隆银行有限公司（Wing Lung Bank Ltd.）53.1%的股权。

在香港上市的中行、建行、工行、交行、招行及中信等6家中资银行中，招行的香港业务部分最弱，招行香港分行虽然拥有香港金融管理局颁发的全方位牌照，但由于网点、渠道及人才的限制，目前仅开展"两地一卡通"等零售业务和一些公司业务。而永隆银行拥有35家分行，在香港已有75年的历史，是当地知名的家族银行。招行银行如能收购成功，对其在港业务的开拓可谓如虎添翼。

资料来源：中国证券网——《上海证券报》。

第三节 商业银行的集约化经营发展趋势

一、服务渠道集中

商业银行的服务渠道主要包括柜台服务系统、电话银行服务系统、自助终端系统（ATM、POS、CDM）等服务体系的整合，使之集中为客户提供全方位的服务。例如美国的花旗集团专门成立了全球关系银行部，集中对全球1 400家最大的跨国公司提供交易服务、公司融资、贷款、信托与现金管理、外汇与证券交易、利率与货币调期、合并与收购咨询、租赁等各种GRB服务。

二、业务处理集中

银行业务处理系统集中就是把资金、会计、信贷、金融交易等所有业务处理子系统整合在一个大的业务处理系统内，集中批量处理各项业务，加快业务处理速度，为客户提供快捷高质量服务。

如花旗从80年代末期开始至1994年止，先后在亚洲、欧洲和美国本土建立四个区域化单证集中处理中心（processing center），2003年又对这四个中心进行了集成改造，使得四个中心连成一个有机的整体，成为一个能24小时处理全行全球业务的处理中心。同时，业务操作集中还表现为转向柜面业务常规化、后台处理集中化的趋势，即基层网点柜面人员只办理接票及其票单录入，而记账、复核、核算、清算、稽核、统计分析等复杂业务都交给后台办理。

三、数据分析处理集中

　　银行将所有数据存储和处理集中到数据信息系统中，进行集中统一处理数据。例如花旗集团集中数据处理中心是以网络为基础，集经营管理、业务处理和客户服务为一体的，具有统一、网络、集成、智能化特点的计算机应用系统。由单纯业务处理向业务处理、管理决策支持和客户服务有机结合发展。花旗银行，已实现全球业务单证集中到四个用网络连接的自动化程度非常高的单证处理中心处理。该处理系统能在四个处理中心的某个中心非上班时间自动将当地客户业务转到其他中心处理；系统有很强的识别功能，能自动将不同客户单证送给中心的相关工作人员，并自动将处理结果送到客户开户的有关分行。客户利用该处理系统，可全天候、非常便捷地办理各项业务。花旗的信息系统由四大部分有机构成：第一部分称为前台处理系统，是一些直接与客户关联子系统的集成，叫集成客户服务系统；第二部分称为后台处理系统，是银行内部处理各种业务子系统的集成，叫集成业务处理系统；第三部分称为数据仓库，是对全行重要数据信息进行统一模式处理和管理的数据管理系统；第四部分是银行管理层面使用的分析管理决策支持系统。

第四节　商业银行的网络化发展趋势

一、网络银行的界定

　　网上银行又称网络银行、在线银行，是指银行利用互联网技术，通过 Internet 向客户提供开户、销户、查询、对账、行内转账、跨行转账、信贷、网上证券、投资理财等传统服务项目，使客户可以足不出户就能安全便捷地管理与办理活期和定期存款、支票、信用卡及个人投资等业务，可以说网上银行是在 Internet 上的虚拟银行柜台。

　　网上银行包括两个层次含义，一是机构概念，指通过信息网络开办业务的银行；二是业务概念，指银行通过信息网络提供的金融服务，包括传统银行业务和因信息技术应用带来的新兴业务。在日常生活和工作中，我们提及网上银行，更多是指第二层次的概念，即网上银行服务。网上银行业务不仅是传统银行产品简单从网上的转移，其他服务方面和内涵也发生了一定的变化，而且由于信息技术的应用，又产生了全新的业务品种。

网上银行又被称为"3A 银行"，因为它不受时间、空间限制，能够在任何时间（anytime）、任何地点（anywhere）、以任何方式（anyway）为客户提供金融服务。

二、网络银行的特征

1. 依托迅猛发展的计算机和计算机网络与通讯技术，利用渗透到全球每个角落的互联网，突破了银行传统的业务操作模式，摒弃银行从店堂前台接柜开始的传统服务流程，把银行的业务直接在互联网上推出。

2. 个人用户不仅可以通过网上银行查询存折账户、信用卡账户中的余额及交易情况，还可以通过网络自动定期交纳各种社会服务项目的费用，进行网络购物。

3. 企业集团用户不仅可以查询本公司和集团子公司账户的余额、汇款、交易信息，并且能够在网上进行电子交易。

4. 网上银行还提供网上支票报失、查询服务、维护金融秩序，最大限度减少国家、企业的经济损失。

5. 网上银行服务采用多种技术来保证交易的安全，不仅用户、商户和银行三者的利益能够得到保障，而且随着银行业务的网络化，商业犯罪将难以找到可乘之机。

思 考 题

1. 论述国际银行业混业经营的发展趋势。
2. 简述全球第五次并购浪潮。
3. 阐述商业银行的网络化发展趋势。
4. 简述商业银行的集约化发展趋势。
5. 论述我国商业银行的综合化经营发展趋势。

各章练习题参考答案

第一章　商业银行导论
一、单项选择题
1. A　　2. D　　3. A　　4. A　　5. C　　6. A
二、多项选择题
1. ABCD　　2. ABC　　3. ABC　　4. ABCD　　5. ABD
6. BCD　　　7. BE
三、判断题
1. √　　2. ×　　3. √　　4. √　　5. √　　6. ×

第二章　商业银行资本管理
一、单项选择题
1. C　　2. B　　3. D　　4. B　　5. B　　6. A　　7. D
8. D　　9. B　　10. C　　11. A　　12. D
二、多项选择题
1. ABCD　　2. ABCD　　3. ABC　　4. ABCD　　5. AB　　6. BCD
7. BD　　　8. ABCD　　9. BC　　10. ABCD　　11. ABC　　12. AC
13. ABCD　　14. AD　　15. ABCD　　16. ABCD　　17. ACD　　18. ABD
19. ABCD
三、判断题
1. ×　　2. √　　3. ×　　4. √　　5. √　　6. √　　7. √　　8. ×
9. ×　　10. √　　11. √　　12. √　　13. ×　　14. √　　15. ×　　16. √
17. √　　18. √　　19. ×　　20. ×　　21. √　　22. √　　23. ×　　24. √
25. √　　26. √　　27. √

第三章　商业银行的负债业务
一、单项选择题
1. C　　2. B　　3. B　　4. A　　5. D　　6. A　　7. C　　8. D
9. B　　10. C　　11. A　　12. D　　13. B　　14. C　　15. A

二、多项选择题

1. ABC　　2. ABCD　　3. AC　　　4. ABD　　5. ABCD　　6. ABCD

7. BC　　　8. ABCD　　9. ABCD　　10. ABCD　11. BCD　　12. ACD

13. BCD　14. ABCD　15. ACD　　16. BCD　17. ABCD　18. ABCD

19. ABCD　20. BCD

三、判断题

1. √　　2. ×　　3. √　　4. ×　　5. √　　6. √　　7. ×　　8. √

9. √　10. √　11. ×　12. √　13. √　14. √　15. √　16. ×

17. √　18. √　19. √　20. ×　21. √　22. √　23. √　24. ×

25. √

第四章　商业银行现金与短期信贷及证券投资业务

一、单项选择题

1. B　　2. B　　3. B　　4. B　　5. C　　6. B　　7. C　　8. B

9. C　10. D

二、多项选择题

1. AD　　2. BCD　　3. ABCD　　4. AD　　5. ABCD　　6. BC

7. ABCD　8. ABC　　9. ABCD　　10. ACD

三、判断题

1. ×　　2. √　　3. ×　　4. √　　5. √　　6. ×　　7. ×　　8. √

9. ×　10. √　11. ×　12. √　13. ×　14. ×　15. √　16. √

17. √　18. ×　19. √　20. ×

四、案例分析题

1. B　　2. D　　3. C　　4. AB　　5. A　　6. A　　7. CD

第五章　商业银行的贷款业务

一、单项选择题

1. C　　2. A　　3. B　　4. D　　5. C　　6. D　　7. A　　8. C

9. B　10. A　11. C　12. A　13. A　14. B　15. A　16. D

17. A　18. D　19. B　20. B　21. A　22. B　23. D　24. C

25. D　26. D　27. B　28. D　29. B　30. C　31. B　32. D

33. B　34. C　35. B

金融学科核心课程系列教材

二、多项选择题

1. ABCD	2. ABCD	3. ABCDE	4. BD	5. ABCD
6. ABCDE	7. ABC	8. ABCD	9. ABCDE	10. CDE
11. ABCDE	12. ABC	13. ABD	14. BCD	15. ABC
16. ABCD	17. ABCDE	18. ABCD	19. BDE	20. ABCDE
21. ABCE	22. ABCDE	23. ABCDE	24. ACDE	25. ABCD
26. ABCDE	27. ABCE	28. ABCD	29. ABCD	30. ABE
31. ABC	32. BCD	33. ABC	34. ACD	35. AC

三、判断题

1. √	2. √	3. ×	4. ×	5. √	6. ×	7. ×	8. √
9. √	10. √	11. √	12. √	13. ×	14. √	15. ×	16. ×
17. √	18. √	19. √	20. √	21. ×	22. ×	23. ×	24. √
25. √	26. ×	27. ×	28. ×	29. √	30. ×	31. √	32. ×
33. √	34. ×	35. ×	36. √	37. √	38. √	39. √	40. ×

第六章　商业银行的表外业务

一、单项选择题

1. D	2. C	3. D	4. C	5. D	6. A	7. D	8. A
9. B	10. B						

二、多项选择题

1. ABD	2. ABCD	3. ABC	4. BCD	5. ABCD	6. ABC
7. ABCD	8. ABCD	9. ABCD	10. BC		

三、判断题

1. √	2. ×	3. ×	4. ×	5. √	6. √	7. ×	8. √
9. √	10. √	11. ×	12. √	13. √	14. ×	15. √	16. √
17. √	18. ×	19. √	20. √				

第七章　商业银行的国际业务

一、单项选择题

1. B	2. B	3. A	4. B	5. A	6. B	7. A	8. A
9. A	10. C	11. C	12. C	13. C	14. C	15. A	16. B
17. A	18. A	19. B	20. A				

二、判断题

1. ×   2. √   3. √   4. √

第八章　商业银行的风险及其管理

一、单项选择题

1. A   2. B   3. C   4. D   5. C   6. A   7. B   8. A
9. C   10. A   11. C   12. D   13. C   14. A   15. B   16. D
17. C   18. A   19. A   20. B

二、多项选择题

1. ABCD   2. ABCD   3. AD   4. ABD   5. ACD   6. AC
7. ABCD   8. ABC   9. ABCD   10. ABCD   11. ABD   12. AC
13. BD   14. ABD   15. ABCD   16. BCD   17. AD   18. ACD
19. ABCD   20. BCD   21. AB   22. ABC   23. ABCD   24. ABCD
25. ABC   26. BC   27. ABCD   28. ABCD   29. BCD   30. ABCD
31. ABCD   32. ABCD   33. CD   34. BC   35. ABD

三、判断题

1. ×   2. √   3. √   4. ×   5. √   6. √   7. ×   8. ×
9. √   10. √   11. ×   12. ×   13. √   14. ×   15. √   16. ×
17. √   18. √   19. √   20. √   21. ×   22. √   23. √   24. √
25. ×   26. √   27. √   28. √   29. ×   30. √   31. √   32. ×
33. √   34. ×   35. √

第九章　商业银行的绩效评估

一、单项选择题

1. C   2. A   3. B   4. A   5. B   6. C   7. A   8. D
9. B   10. B   11. A   12. A   13. B   14. A   15. D   16. B
17. B   18. D   19. A   20. D

二、多项选择题

1. ABC   2. ABCD   3. ABCD   4. ABCD   5. AC
6. ABCD   7. ABC   8. ABCD   9. ABC   10. ABCD
11. ABC   12. BCD   13. ABCD   14. BC   15. ABCD
16. ABC   17. ABCD   18. ABCD   19. AB   20. ABC

三、判断题

1. √ 　 2. × 　 3. √ 　 4. √ 　 5. √ 　 6. × 　 7. × 　 8. √

9. × 　 10. √ 　 11. √ 　 12. × 　 13. √ 　 14. × 　 15. √ 　 16. √

17. √ 　 18. × 　 19. √ 　 20. √

四、计算题

当银行计算出本年的贷款损失准备提留之后，需要将该数字作为增加项在资产负债表附录中反映出来；以往冲销的坏账若收回，也需要作为增加项在资产负债表附录中反映；而本年度宣布冲销的坏账额则作为减少项反映。

银行年初持有的贷款损失准备 250 万元，本年提取的 50 万元贷款损失准备作为增加项，本年注销贷款坏账 30 万元作为减少项，收回 25 万元已确认为坏账而核销了的贷款也作为增加项，即：

本年年末贷款损失准备项目的余额 $= 250 + 50 - 30 + 25 = 295$（万元）

参 考 文 献

［1］王志伟编著：《现代西方经济学主要思潮及流派》，高等教育出版社 2004 年版。

［2］吴易风主编：《当代西方经济学流派与思潮》，首都经济贸易大学出版社 2006 年版。

［3］希拉·赫弗兰著，傅晓青等译：《现代银行业》，中国金融出版社 2007 年版。

［4］夏德仁、李念斋主编：《货币银行学》，中国金融出版社 2005 年版。

［5］谢百三主编：《证券投资学》，清华大学出版社 2005 年版。

［6］易纲、海闻主编：《货币银行学》，上海人民出版社 1999 年版。

［7］易纲：《中国的货币化进程》，商务印书馆 2004 年版。

［8］余永定、张宇燕、郑秉文主编：《西方经济学》，经济科学出版社 2002 年版。

［9］徐文彬：《金融业混业经营的范围经济分析》，经济科学出版社 2006 年版。

［10］徐文彬：《全能银行发展路径研究》，经济科学出版社 2009 年版。

［11］战颖：《中国金融市场的利益冲突与伦理规制》，人民出版社 2005 年版。

［12］张强、乔海曙等主编：《金融学》，高等教育出版社 2007 年版。

［13］张亦春、郑振龙主编：《金融市场学》，高等教育出版社 2003 年版。

［14］中国人民银行研究局编：《中国人民银行金融研究重点课题获奖报告》，中国金融出版社 2009 年版。

［15］中国银行业从业人员资格认证办公室编：《公共基础》，中国金融出版社 2010 年版。

［16］周天勇主编：《城市发展战略研究与制定》，高等教育出版社 2005 年版。

［17］周延军编著：《西方金融理论》，中信出版社 1994 年版。

［18］庄毓敏、朱青编著：《新编财政与金融》，东北财经大学出版社 2007

年版。

[19] 全国经济专业技术资格考试用书编写委员会编：《经济基础知识》，辽宁人民出版社、辽宁电子出版社 2009 年版。

[20] 巴塞尔银行监管委员会编，中国人民银行译：《巴塞尔银行监管委员会文献汇编》，中国金融出版社 2002 年版。

[21] 白钦先、刘刚、郭翠荣编著：《各国金融体制比较》，中国金融出版社 2008 年版。

[22] 曹龙骐主编：《金融学案例与分析》，高等教育出版社 2005 年版。

[23] 傅建华主编：《上海银行发展之路》，中国金融出版社 2005 年版。

[24] 李志辉主编：《商业银行业务经营与管理》，中国金融出版社 2004 年版。

[25] 戎生灵：《金融风险与金融监管》，中国金融出版社 2007 年版。

[26] 孙文基、魏晓锋主编：《财政与金融概论》，经济管理出版社 2008 年版。

[27] 吴晓求等著：《金融危机启示录——中国人民大学金融与证券研究所中国资本市场研究报告（2009）》，中国人民大学出版社 2009 年版。

[28] 戎生灵著：《金融风险与金融监管》，中国金融出版社 2007 年版。

[29] 陈雨露、马勇著：《现代金融体系下的中国金融业混业经营：路径、风险与监管体系》，中国人民大学出版社 2009 年版。

[30] 谢平主编：《突围 2009 中国金融四十人纵论金融危机》，中国经济出版社 2009 年版。

[31] 郑先炳著：《解读花旗银行》，中国金融出版社 2004 年版。

[32] 郑先炳著：《西方商业银行最新发展趋势》，中国金融出版社 2002 年版。

[33] 李洁著：《银行制度创新与全能银行发展》，中国人民大学出版社 2003 年版。

[34] 叶辅靖著：《全能银行比较研究——兼论混业与分业经营》，中国金融出版社 2001 年版。

[35] 朱武祥、杜丽虹、姜昧军著：《商业银行突围》，机械工业出版社 2008 年版。

[36] 车迎新主编：《商业银行内部控制评价办法实施指南》，中国金融出版社 2006 年版。

[37] 陈胜权、刘亚飞编著：《解读摩根斯坦利》，中国金融出版社 2009 年版。

[38] 陈胜权、詹武编著：《解读高盛》，中国金融出版社 2009 年版。

[39] 郑先炳著：《解读摩根大通银行》，中国金融出版社 2008 年版。

[40] 庄毓敏主编：《商业银行业务与经营》，中国人民大学出版社 2005 年版。

［41］杨胜刚、姚小义主编：《外汇理论与交易原理》，高等教育出版社 2008 年版。

［42］D. B. 格拉迪等著：《商业银行经营管理》，中国金融出版社 1991 年版。

［43］江其务、周好文主编：《银行信贷管理》，高等教育出版社 2004 年版。

［44］周林主编：《商业银行贷款企业分析》，中国金融出版社 1998 年版。

［45］曾国坚、何五星著：《银行风险论》，中国计划出版社 1995 年版。

［46］范一飞、沈明主编：《商业银行票据与结算》，中国财政经济出版社 1998 年版。

［47］颜海波主编：《金融期货交易指南》，中国金融出版社 1993 年版。

［48］娄祖勤主编：《商业银行信贷管理》，广东经济出版社 1999 年版。

［49］王芳、张宗梁著：《银行业风险与防范》，经济科学出版社 1998 年版。

［50］巴曙松等著：《中国外汇市场运行研究》，经济科学出版社 1999 年版。

［51］黄铁军著：《中国国有商业银行运行机制研究》，中国金融出版社 1998 年版。

［52］江启堂著：《外汇买卖实务》，海天出版社 1993 年版。

［53］周祥生主编：《外汇银行业务》，浙江大学出版社 1991 年版。

［54］沈泽群编著：《银行外汇业务英语教程》，中国对外经济贸易出版社 1992 年版。

［55］王淑敏、符宏飞主编：《商业银行经营管理》，清华大学出版社、北京交通大学出版社 2007 年版。

［56］戴国强主编：《商业银行经营学》，高等教育出版社 2007 年版。

［57］谢太峰主编：《商业银行经营学》，清华大学出版社、北京交通大学出版社 2007 年版。